투자 ON

100억 버는 성공 투자 원리에 접속하라

투자 ON

100억 버는 성공 투자 원리에 접속하라

초판 인쇄 2022년 2월 10일
초판 발행 2022년 2월 15일

지은이 김병곤
펴낸이 이찬규
펴낸곳 북코리아
등록번호 제03-01240호
주소 13209 경기도 성남시 중원구 사기막골로 45번길 14
우림라이온스밸리2차 A동 1007호
전화 02-704-7840
팩스 02-704-7848
이메일 ibookorea@naver.com
홈페이지 www.북코리아.kr
ISBN 978-89-6324-840-0 93320

값 17,000원

100억 버는 성공 투자 원리에 접속하라

투자 ON

김병곤 지음

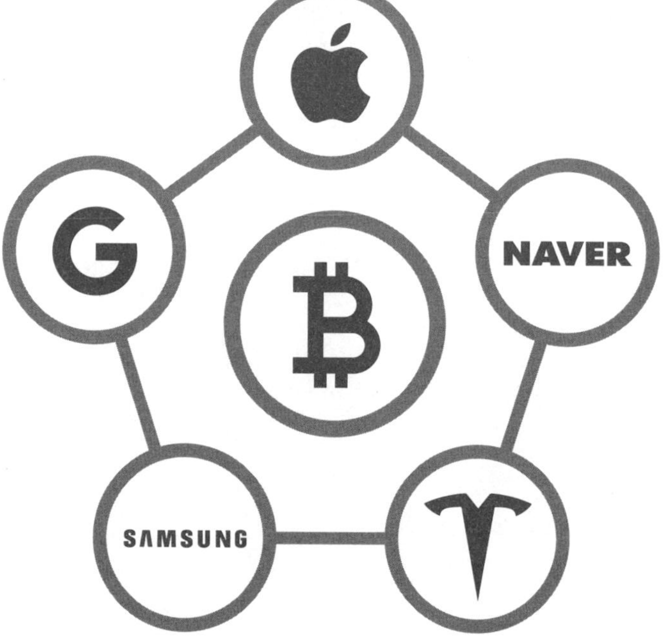

북코리아

추천사

불멸의 투자 성공 원리를 담은 책

김병곤 교수님은 한국경영정보학회 회장을 역임하신 경영학계의 리더이며, 다수의 논문을 국내외 주요학술지에 발표하셨고, 출중한 학문적 평가를 받아온 뛰어난 학자이십니다. 저는 오랫동안 김교수님과 학회활동을 함께 하면서 김 교수님의 학문적 역량과 리더십을 잘 알고 있습니다.

김 교수님은 그동안 주식투자 등 다양한 분야에서 실전경험을 쌓으셨고, 경영정보학을 전공한 학자답게 암호화폐의 초창기부터 투자하셔서 뛰어난 투자성과를 올리셔서, 저를 포함한 동료교수들의 부러움을 사셨습니다. 투자성과를 올리는 것에 만족하시지 않고, 학술적으로 깊이 있는 연구를 수행하셔서 투자의 지혜와 철학을 담은 책을 저술하셨습니다.

단순히 매매 기법이나 자산 증식의 노하우를 말하는 게 아니라 돈의 속성과 투자 철학, 금융 리터러시의 중요성을 강조하는 부분에서 오랜 투자 경험 및 연구에서 나오는 탄탄한 내공과 경륜을 느낄 수 있었습니다. 특히 투자의 신념화는 김 교수님이 제안하신 고유한 개념으로서 '현명한 투자자'의 마음가짐을 제시하셨습니다.

투자에 관심 있는 분들께 적극 추천 드리며 이 책을 통해 투자의 지혜를 얻으시기 바랍니다.

한인구

KAIST 경영대학 교수
전 한국경영학회장
공인회계사

추천사

투자 성공은 멘털 관리와 투자 신념화가 전부다

오랜 기간 동안 정보공학 분야에서 뛰어난 업적으로 국가 사회에 필요한 훌륭한 인재를 양성하시고 다양한 학술활동을 통해 삶의 철학을 공유하셨던 김병곤 교수님께서 드디어 투자 노하우를 공개하였습니다. 평소 공개석상에서 돈에 대한 말씀을 아끼셨던 분인데, 실제 투자로 수십억 원의 수익을 달성했다고 하니 놀라울 따름입니다. 그 비밀 문의 열쇠가 바로 이 책이라 생각합니다.

요즘 수도권을 중심으로 아파트와 건물 가격이 폭등하여 자기 노력과 상관없이 수억 원~수십억 원의 시세차익을 달성한 경우와는 본질적으로 차이가 있습니다. 독특한 투자 원칙과 비법 등으로 부동산이 아닌 주식과 펀드, 그리고 블록체인 기반의 암호화폐 투자로부터 얻은 수익이기 때문입니다. 또한 저자는 투자의 개념을 돈을 넘어 시간과 노력까지 포함시키고 불확실성에 대한 불안감 극복 등 우리 삶에 필요한 성공 로드맵을 보여주고 있습니다.

이 책은 투자의 철학, 이론과 실제를 다루고 있습니다. 주가지수, 재무제표, 차트분석 등을 설명하고 있지만, 교과서 내용이 아닌 실물경제에서 작동하는 메커니즘을 올바르게 이해시키고자 구성했습니다. 게다가 인간의 투자심리를 접목시켜 반드시 수익을 실현할 수밖에 없는 비법을 제시하고 있습니다. 물론 실행단계에서 상황판단과 의사결정 등 투자자 개인의 의지도 수반되어야 합니다.

4차 산업혁명과 지능화 시대를 살아가는 여러분에게 투자수익을 창출하고 미래를 대비하기 위해 이 책을 강력히 추천합니다.

임명환

한국에이아이블록체인융합원 원장
전 과학기술연합대학원대학교 교수

들어가는 글

주머니 속의 동전으로 영원한 경제적 자유를 얻는 법

세상 모든 것이 투자입니다. 투자는 자신이 가진 자산을 들여서 그 이상의 이익을 남기는 행위입니다. 서민들의 고혈을 빨아 먹는 고리대금업자의 살인적인 이자놀음이나 투전판에서 돈 내고 돈 먹기를 시전하는 야바위꾼의 사기행각이 아니라면, 세상의 모든 투자는 자산을 불리는 가장 합법적이고 일반적인 경제 원리입니다. 국가는 기업이 투자를 통해 생산력을 증대시키고 일자리를 확대하도록 여러 가지 혜택과 장려책을 씁니다. 정부는 개인이 투자와 저축을 통해 이윤을 남기고 그에 합당한 세금을 정해진 요율에 따라 납부하도록 격려하죠. 투자는 오늘날 자유주의 시대에 가장 일반적인 경제활동이자 가장 바람직한 자본 증식의 수단입니다.

투자는 인간의 역사와 함께 시작되었습니다. 투자가 있는 곳에 문명이 건설되었으며, 이익이 있는 곳에 자본이 몰렸습니다. 이미 기원전 1700년경 인류 최초의 성문법이라고 부르는 함무라비 법전에도 합법적인 투자의 경계를 정하고 있을 정도니까요. 서구에서 자리잡은 근대적 시장경제체제도 1602년 네덜란드 암스테르담에 주식시장이 처음 생기면서 시작되었다고 해도 과언이 아닙니다. 본래 네덜란드 동인도회사가 주식을 발행하기 위해 설립했던 증권거래소는 오늘날 거래소와 견주어도 거의 차이가 없을 정도로 동일한 방식으로 돌아갔습니다. 오늘날 가장 큰 주식시장으로 불리는 뉴욕의 증권거래소는 1792년, 런던의 증권거래소는 1801년에 설립되었습니다. 이들이 처음에 한 일은 투자자들이 쉽게 실적을 추적할 수 있도록 지수를 구성하는 일이었습니다. 우리가 TV 뉴스에서 매일 듣는 다우존스와 S&P지수 모두 햇수로 150년 이상 된 것들이죠.

길고 긴 투자의 역사를 통해 우리가 배울 수 있는 한 가지 불변의 교훈은 주식시장은 애초에 예측이 불가능하고 정치, 사회, 경제, 문화 등 수많은 내외 요인들에 영향을 받는다는 사실입니다. 이러한 불확실성uncertainty은 투자자들로 하여금 투자의 타이밍을 잡는 데 어려움을 겪도록 만들어왔습니다. 과거 파동이론에서부터 최근 프랙털 이론과 양자역학과 불확정성의 원리까지 학자들은 주식시장의 변동성에서 일정한 함수와 공리를 찾아내려고 발버둥 쳤지만 지금껏 그 어느 이론이나 설명도 이상적인 투자이론으로 충분하지 않았습니다. 어쩌면 주식시장은 처음부터 인간의 예측을 허용하지 않는 신들의 영역일지도 모릅니다.

하지만 희망은 여전히 남아 있습니다. 그것은 바로 투자의 역사에서 우리가 배울 수 있는 또 다른 교훈이 있기 때문입니다. 그건 바로 시간이 지나면 시장은 반드시 회복된다는 사실입니다. 뭇 사람들은 시장이 하락할 때 그나마 남아있는 자산이라도 건지려고 손절매를 하지만 결국 그러한 이들의 광기 어린 투매로 시장은 다시 불사조처럼 소생되곤 하죠. 돌이켜보면 시장의 극적인 하락에도 불구하고 주가는 언제나 원점을 회복했고 다시 우상향을 그렸습니다. 투자에 임하면서 장기투자를 진행해야 하는 이유가 여기에 있습니다. 이 책은 바로 이 부분에 천착하여 집필되었습니다.

투자의 수단

투자를 한다면 무엇을 걸고 할까요? 인간에게 투자의 수단은 두 가지밖에 없습니다. 바로 시간time과 돈money입니다. 돈 투자는 사람들이 쉽게 떠올리지만 시간 투자는 그렇지 않은 것 같습니다. 아마 돈은 눈에 보이고 시간은 보이지 않기 때문일지도 모르겠습니다. 그래서일까요? 푼돈을 아끼기 위해 자신의 귀중한 시간을 버리는 바보 같은 사람들이 우리 주변에 정말 많습니다. 돈과 시간은 모두 효용성에 있어 중요하지만 특히 돈과 달리 시간은 인간에게 한정된 투자 수단입니다. 누구도 하루 24시간 이상을 소유할 수 없기 때문입니다.

사실 돈도 일차적으로는 시간을 투자해서 벌어들인 자산입니다. 이 사실을 잘 보여주는 게 바로 최저임금이죠. 2022년 우리나라 최저임금은 시간당 9,160원입니다. 한 시간을 노동에 투자해서 벌어들이는 돈이 채 만 원이 되지 않습니다. 노동시장에서 가장 밑바닥에 있는 노동자들이 주 5일 나인-투-식스 열심히 일해서 월급으로 191만 4,440원을 버는 셈입니다. 2021년 대비 5.1% 인상된 금액이지만 한 달 생활하기에는 너무나도 빠듯한 돈입니다. 이것마저도 여야와 노사가 오랜 대화와 줄다리기 끝에 겨우 관철된 수준입니다.

물론 노동자마다 시간당 수입에 차이가 있습니다. 세계적인 갑부 빌 게이츠는 경영에서 손을 뗀 뒤에도 1초에 150달러 이상을 벌어들입니다. 이를 두고 『정의란 무엇인가』의 저자이자 하버드대학교 교수인 마이클 샌델은 한 강연에서 "게이츠는 출근하다가 길에 떨어진 100달러 지폐를 본다 해도 줍지 않을 겁니다. 허리를 구부려 돈을 집는 데 최소한 2초 이상 걸리기 때문이죠."라는 농담을 던졌습니다. 조만장자인 제프 베조스는 이런 게이츠를 훨씬 능가합니다. 「포브스」에 따르면, 그는 2021년 조강지처와 이혼하면서 지불한 40조 원대의 위자료를 제외하고도 1초당 평균 2,500달러를 번다고 합니다. 그의 1초는 우리 돈으로 300만 원가량의 가치가 있는 셈입니다.

옛말이 가난한 사람은 돈을 벌기 위해 시간을 쓰고, 부자는 시간을 벌기 위해 돈을 쓴다고 합니다. 그들은 돈이라는 자산을 투여해 비즈니스를 일으키고 직원들을 고용해 자신이 해야 할 노동을 대신하게 합니다. 즉 부자들은 하루 24시간이 아니라 수천 명의 분신들을 두어 수만 시간의 인생을 살아가는지도 모릅니다. 반면 우리는 그들에게 우리의 시간을 팔고 대가로 생활비를 받습니다. 우리가 하루 종일 회사에서 시간을 보내면서 우리의 라이프스타일은 대기업 사장이나 간부의 시간을 늘려주느라 노동에 얽매이게 됩니다. 가족 간에 소원해지고 취미생활이나 자기계발의 시간은 요원해집니다. 투자의 핵심은 우리가 돈을 벌기 위해 시간을 투여하는 함정에서 벗어나 돈이 돈을 벌어다주는 새로운 시스템으로 삶의 방식을 바꾸는 데에 있습니다.

자신이 지금 시간을 투자해서 돈을 버는지, 아니면 돈을 투자해서 시간을 버는지 알 수 있는 방법이 있습니다. 다음 주어진 질문들에 솔직하게 답해보세요. 아마 몇 개의 질문들은 여러분의 속을 긁

시간과 돈, 둘 중에서 어디에 투자하고 있나요?

1. 여러분은 매달 각종 청구서를 갚기 위해 직장에서 시간을 보내고 있나요, 아니면 유산을 만들 수 있게 해줄 일에 시간을 투자하고 있나요?
2. 여러분은 돈을 통제하는 일에 집중하고 있나요, 아니면 시간을 통제하는 일에 집중하고 있나요?
3. 여러분은 중요한 일을 하는 데 시간을 쓰고 있나요, 아니면 급한 일을 하는 데 시간을 쓰고 있나요?
4. 여러분은 직장동료와 보내는 시간이 더 많나요, 아니면 가족과 자녀, 친구, 연인과 보내는 시간이 더 많나요?
5. 여러분은 일에 들어가는 시간을 단축하는 데 돈을 쓰고 있나요, 아니면 일에 들어가는 돈을 절감하는 데 시간을 쓰고 있나요?
6. 여러분은 회사에서 주는 여행 일정에 맞춰 휴가를 내고 있나요, 아니면 여러분이 가고 싶을 때 아무데나 휴가를 낼 수 있나요?
7. 여러분은 충분한 돈이 없어서 불행하다고 느끼나요, 아니면 충분한 시간이 없어서 불행하다고 느끼나요?

어놓을 것이고 또 다른 몇 개는 여러분을 갑자기 우울하게 만들지도 모릅니다. 하지만 결국 질문의 답을 하나씩 찾으면서 삶의 우선순위와 투자의 원칙이 어디로 설정되어 있는지 깨닫게 될 겁니다.

흔히 '돈의 노예'라는 말을 많이 씁니다. 사실 돈의 노예는 본래 돈에 얽매여있는 사람이 아니라 돈을 벌기 위해 자신의 시간을 강탈당한 사람입니다. 그래서 돈의 노예의 반대말은 돈의 자유인이 아니라 시간의 자유인입니다. 의미 있는 투자는 시간을 투자해 돈을 버는 게 아닌 돈을 투자해 시간을 버는 겁니다. 이 책은 어떻게 하면 돈의 부자, 시간의 부자, 친구의 부자가 될 수 있는지 설명하고 있습니다. 저는 흙수저 출신으로 정말 아무 것도 없는 제로베이스에서 오로지 노동자산을 투자자산으로 옮기기 위해 평생 노력했던 평범한 투자자였습니다. 책이 말하고 있는 부의 로드맵 여덟 단계와 투자 신념화 7단계야말로 이런 제가 직접 경험한 투자의 원칙이자 여러분들에게 꼭 들려주고 싶은 저만의 비결입니다.

투자의 조건

투자에서 가장 중요한 조건은 두 가지 밖에 없습니다. 그것은 리스크 관리와 멘털 관리입니다. 투자는 원금을 잃지 않는 것에서 출발합니다. 세계적인 투자자 워런 버핏은 자신의 투자 원칙을 단 두 문장으로 정리했습니다.

원칙 1번, 절대로 돈을 잃지 말라.

원칙 2번, 절대로 1번 원칙을 잊지 말라.

잃지 않는 투자를 하려면 리스크를 잘 관리해야 합니다. 투자자들 사이에서 흔히 하이 리스크 하이 리턴high risk high return이라는 말이 회자됩니다. 말 그대로 위험이 클수록 보상도 커진다는 뜻입니다. 그런데 많은 투자자들이 이 말을 오해해서 높은 수익을 올리기 위해 쓸데없는 위험을 감수하는 '묻지마 투자'를 감행합니다. 무엇보다 리스크 관리는 본인이 리스크를 어느 정도까지 안을 수 있는지 자문하는 것에서 출발합다. 쉽게 말해, 백만 원을 투자한다고 했을 때, 그 백만 원이 나에게 있어도 그만 없어도 그만인 돈인지, 아니면 없으면 죽고 못 사는 돈인지 스스로에게 물어야 합니다.

다음 그림을 한 번 보시기 바랍니다.

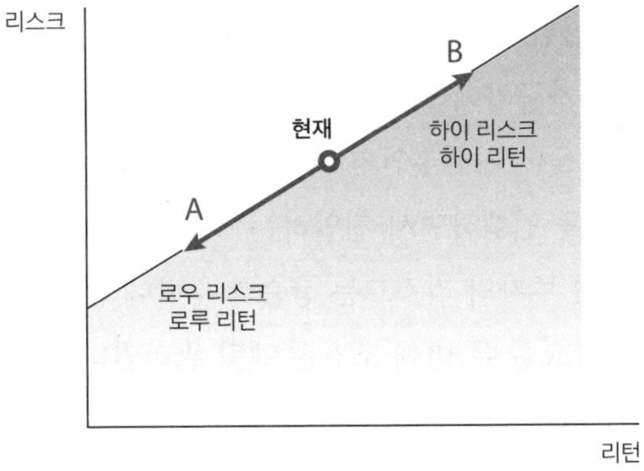

여러분들의 투자 성향을 알 수 있는 가장 간단한 좌표입니다. 자신이 현재 있는 위치에서 투자를 계획하고 있다면, 리스크를 내릴 수 있는 지점으로 이동하던지, 보상을 높일 수 있는 지점으로 이동해야 합니다. 투자 A가 수익을 조금 양보하더라도 리스크를 줄인 안전한 투자를 나타낸다면, 투자 B는 위험률을 높여 높은 수익률을 노리는 방식입니다. 투자 A에 적금과 채권 상품이 있다면, 투자 B에 주식과 암호화폐 상품이 있습니다. 여러분들은 어떤 방식으로 투자를 진행하시겠습니까?

너무 걱정하지 마시기 바랍니다. 투자 B를 지향하면서도 원금을 잃지 않고 안전한 투자를 할 수 있습니다. 그건 투자 공부와 경험입니다. 리스크는 경험치와 반비례합니다. 일례로 여러분에게 투자금으로 300만 원이 입금되었다고 가정해 봅시다. 어떻게 하시겠습니까? 신문을 펼쳐 놓고 무작위로 서너 개 주식을 뽑아 투자하시겠습니까? 당연히 안 그럴 겁니다. 어떤 종목이 잠재적으로 가장 큰 ROI를 가져다 줄 수 있는지 신중하게 따져보고 재무제표를 들여다볼 것입니다. 동시에 해당 주식이 어떤 섹터에 속하는지, 그 섹터가 경기에 민감한지 둔감한지, 금리와 환율은 어떤지 요모조모 다 따져볼 것입니다. 자신의 자동차에 들어가는 엔진오일이 어떤 성분으로 되어 있는지, 마시는 물이 지하수인지 수돗물인지 꼼꼼히 따지면서, 인생을 바꾸는 투자를 진행하면서 진입하는 주식의 성과와 회사의 재무구조도 모른다면 투자의 리스크는 상승할 수밖에 없습니다.

투자에서 중요한 두 번째 조건은 멘털 관리입니다. 사실 멘털 관리는 리스크 관리에 있어서 중요한 영향을 끼칩니다. 모든 투자자는 돈을 벌기 위해 투자합니다. 시장과 기업은 들여다보면서 정작 자신의 멘털은 들여다보지 않습니다. 외부 지표가 아무리 완벽해도 그걸 해석하는 자신이 색안경을 끼고 있다면 분석이 틀릴 수밖에 없을 겁니다. 많은 투자자들이 현란한 대박의 꿈에 도취되어 시장의 리스크를 간과하거나 자신의 그릇된 투자 습성을 과소평가하는 경향이 있습니다. 패닉에 빠진 투자자는 더 이상 합리적인 판단을 내릴 수 없습니다. 비이성적이었던 수많은 버블의 역사가 그 증거입니다.

투자자들 사이에서 이런 말이 돌아다닙니다.

서두른 투자는 필패다.

공부하지 않은 투자도 필패다.

빚내서 하는 투자 역시 필패다.

왜 빚내서 투자하지 말라고 하는 걸까요? 그건 멘털이 흔들리기 때문입니다. 빚투는 투자자의 마음을 조급하게 만들고, 원금을 잃을까 불안한 마음과 이자를 갚아야 한다는 부담감은 느긋하고 이성적인 투자 원칙을 허물어 버립니다. 그래서 저는 위 세 가지 명제에다 다음과 같은 명제를 하나 더 추가하고 싶습니다.

멘털 관리 안 된 투자는 100% 필패다.

평소에 공부하세요. 투자 경험치를 올리세요. 다양한 상품들로 포스트를 공략해 보세요. 이 책이 도움을 줄 겁니다. 경제지 한두 개는 꼭 읽고 틈 날 때마다 관심 기업들의 재무제표를 살펴보세요. 꼭 경제 관련 서적들만 읽지 말고 여러 분야의 책들을 두루 읽으시기 바랍니다. 시대의 흐름과 세상 돌아가는 방식을 모르면 투자의 방향을 잡기 힘들지 모릅니다. 투자는 주가株價에 있는 게 아니라 사람의 마음[人心]에 있기 때문이니까요.

말이 나와서 하는 말인데, 잠깐 '빚투'의 정의를 살펴보겠습니다. 많은 사람들은 투자와 투기를 가르는 분명한 경계로 여유자금을 꼽습니다. '투자는 여유자금으로 하는 것이다.'라는 명제는 투자자들 사이에서 신성불가침의 원칙으로 받아들여지고 있죠. 반대로 내가 가진 자금을 전부 투자하거나 금융권에서 일부 대출까지 받아 투자하는 건 대번 투기로 몰아세웁니다. 정말 그럴까요? 결론부터 말하면 전혀 그렇지 않습니다. 필자는 지금까지 15년 넘게 주식투자를 진행해오면서 투자자들 사이에서 여유자금이라는 말이 지니는 야누스적 속성을 종종 보아왔습니다. 여유자금이라는 말만큼 이율배반적인 단어도 따로 없을 거 같다는 생각이 한두 번 들었던 게 아닙니다. 왜 그럴까요?

이유는 간단합니다. 이 세상에 여유자금이란 존재하지 않기 때문입니다. 투자는 절대 여유자금을 가지고 하는 게 아닙니다. 투자는 내 시간과 돈, 모든 것을 거는 행위입니다. 콜로세움에 호출된 검투사를 보십시오. 그는 출전하게 되면 목숨을 내놓고 시합에 임합니다. 남을 위해서가 아니라 자신의 생존을 위해서 최선을 다합니다. 설렁설렁 내 여유시간을 활용해 남아도는 힘을 써서 여가를 즐기려고 원형경기장에 서는 게 아닙니다. 리스크를 감당할 수 있는지 없는지 스스로에게 물으십시오. 리스크는 어디에나 항존합니다. 자신이 떠안을 수 있는 리스크는 리스크가 아닙니다.

감사할 분들

책을 쓴다는 건 언제나 힘에 부치고 고독한 자신과의 싸움입니다. 여러 권의 책을 써왔지만 어느 것 하나 만만한 작업이 아니었습니다. 이번 책 역시 쉽지 않았습니다. 기획은 오래 전부터 해왔던 것이지만 실행에 옮기기까지 많은 시행착오와 번민, 일정의 번복이 계속되었습니다. 도중에 한두 번은 원고를 팽개치고 다 엎어버린 적도 있었습니다. 그럼에도 다시 마음을 잡고 앉아서 책을 마무리할 수 있었던 이유는 이 책을 통해 투자에 눈을 뜨고 재정적 자유를 향해 나아갈 많은 독자들의 행복한 얼굴을 생각했기 때문입니다.

집필에 도움을 주신 분들은 여기에 일일이 열거하기에도 부족할 만큼 많습니다. 그중에 부족한 원고를 꼼꼼히 읽고 유익한 조언을 해준 백숭기 작가님에게 감사의 마음을 전합니다. 또한 원고를 읽으시고 바쁜 와중에도 기꺼이 추천사를 써주시겠다고 흔쾌히 시간을 내주신 한인구 교수님과 임명환 원장님에게 지면을 빌어 감사를 드립니다. 책을 아름답게 꾸며주시고 출판해주신 북코리아 출판사의 이찬규 대표님과 편집부 직원분들에게도 감사의 인사를 드립니다. 마지막으로 늘 곁에서 사랑과 헌신을 베풀어준 아내 김려원과 존경과 사랑을 주었던 두 아들 재영, 재완에게 책을 바칩니다.

감사합니다.

2022년 2월

김병곤

목차

2부 투자의 이론

3부 투자의 실제

일러두기

1. 본문에 등장하는 단행본 저작은 『 』으로, 보고서나 논문, 잡지 및 기타 저작, 영화는 「 」으로 표기했습니다.
2. 본문에 등장하는 외래어는 기본적으로 국립국어원 외래어표기법을 따랐으며, 필요에 따라 한자, 영문 및 외국어를 병기했습니다. 표기법에는 어긋나지만, 제프 베조스처럼 이미 대중들에게 굳어진 이름들은 그대로 썼습니다. 외국인명은 특별한 경우를 제외하고는 본문의 가독성을 위해 생략했습니다.
3. 책이나 기타 자료에서 참고한 사항은 본문에 따옴표로 엮었으며, 각주를 달아 출처를 밝혔습니다. 본문의 일관성을 위해 필요하다면 인용문이라도 맞춤법과 띄어쓰기, 고유명사 등을 고쳤습니다.
4. 이 책의 모든 이미지는 저자의 판단하에 위키피디아나 구글, 핀터레스트 및 저작권이 해결된 소스에서 가져온 것으로, 그 외 도표와 그래프의 저작권은 출판사에 귀속됩니다.

On Investment

Philosophy on Investment

1부 투자의 철학

1
금융 리터러시

"돈은 도구에 불과하다.
돈은 당신이 원하는 건 뭐든지 가져다주지만
운전사인 당신을 대신하지는 못한다."
- 에인 랜드 -

돈은 중요하다. 필자는 일찍이 명제의 중요성은 반복을 통해 확보된다고 배웠다. 따라서 이 문장을 같은 페이지, 같은 단락에서 다시 한 번 반복해야겠다. '돈은 중요하다.' 같은 문장의 반복은 오타나 출판사의 실수가 아니다. 원고의 교정과 교열을 본 편집자가 잠깐 졸았던 것도 아니다. 그만큼 이 문장의 중요성을 강조하고 싶은 필자의 욕심에서 나온 동어반복이다. 진리는 모두 동어반복이다. 철학자 루트비히 비트겐슈타인은 모든 필연적 명제는 동어반복이라고 말했다. 중요한 말은 아예 침묵하거나 반복하거나 둘 중 하나다. 솔직히 지면만 여유가 있다면 이 문장으로 여러 페이지를 도배할 마음도 있다. 점잖은 대학교수가 쓴 투자서의 맨 앞에, 그것도 맨 첫 장에 이렇게까지 필자가 호들갑을 떨면서 돈의 중요성을 강조하는 이유는 독자들을 포함하여 거의 대부분의 사람들이 이 명백한 사실을 거의 이해하지 못하고 있기 때문이다. 거기엔 이유가 있다.

돈은 요물이다, 사람 나고 돈 났지 돈 나고 사람 났나, 돈은 일만 악의 뿌리다, 부자가 천국에 들어가는 것은 낙타가 바늘귀를 통과하는 것보다 어렵다, 돈은 돌고 도는 것이다, 황금 보기를 돌 같이 하라, 부자는 수치스러운 것이다, 부자는 부정한 방법을 써서 돈을 모은 게 틀림없다… 등등 생각나는 대로 썼지만 사실 이건 지극히 일부에 불과하다. 독자들이 말리지 않는다면 아직도 두세 장은 너끈히 쓸 수 있다. 이처럼 돈을 정의하는 문장들을 보면 한결같이 정형화된 공통점 하나를 발견하게 된다. 우리 인간은 이상하리만치 돈에 온갖 부정적인 레테르와 딱지를 붙여놓았다는 사실이다. 공공연히 돈을 찬양하면 마치 쥐도 새도 모르게 집단 수용소로 끌려갈 것처럼, 돈을 대놓고 좇으면 마치 속물이나 부도덕한 사람이라는 낙인이라도 찍히는 것처럼, 사회는 '돈=악'이라는 등식으로 우리를 길들이고 세뇌하고 지배한다. 너무 중요하고 필요해서 도리어 반어적인 표현을 쓰는 걸까? 꿀단지를 숨겨놓고 아이들에게 쓰디쓴 약이니 주변에는 얼씬도 하지 말라고 단단히 주의를 주는 욕심쟁이 할머니처럼, 돈이 갖는 위력과 권위 앞에 어쩔 수 없이 쪼그라들 수밖에 없는 소시민의 비겁함 때문일까?

사실 이 책의 출판은 주식과 펀드, 암호화폐에 투자해왔던 필자의 경험을 바탕으로 독자들에게 투자의 정석과 부의 로드맵을 소개하려는 데 그 목적이 있다. 그럼에도 필자가 '돈의 속성'이라는 사뭇 진지하고 철학적이기까지 한 주제를 굳이 책의 첫 장에 배치하겠다고 고집을 피운 이유는 투자에 앞서 무엇보다 우리가 돈의 개념부터 확고히 가질 필요가 있다고 믿었기 때문이다. 독자들 중에서 일부는 혹여 번거롭거나 따분하게 느껴질 수 있겠지만 꼭 이 챕터를 건너뛰지 말고 천천히 일독해 주시기를 바란다. 그리고 매 꼭지마다 필자가 투척한 질문에 가능한 한 솔직하게 답하기 바란다. 투자 비법을 알고 싶어서 책을 펼쳐든 것이지 이런 한가한 역사 이야기나 늘어놓는 글을 읽으려고 한 건 아니라고 투덜대기보다 경제에 대한 재미있는 인문서 한 챕터를 읽는다고 생각하면 좋겠다. 이를 통해 돈에 대한 사고방식이 바뀌기를 바란다. 성공적인 투자의 8할은 결국 돈에 대한 자신의 사고방식을 바꾸는 것에 있기 때문이다. 아마 전체적으로 이 책을 처음부터 끝까지 정독한다면 필자의 확신이 결코 과언이 아니었다는 걸 인정하게 될 것이다.

"성공적인 투자의 8할은
결국 돈에 대한 자신의 사고방식을
새롭게 전환하는 것에 있다"

돈의 물리학: *F=ma*

돈은 중요하다. 투자는 돈의 중요성을 인정하는 데에서 출발해야 한다. 일말 돈에 대해 가지고 있었던 한 톨의 부정적인 사고방식이라도 모두 털어내야 투자에 한 발 다가설 수 있다. 돈에 대한 부정 감정은 나도 모르게 무의식에 스며들게 되고, 이는 고스란히 내 행동으로 표현된다. 다시 이것은 바람직하지 않은 재무 행위와 투자로 직결된다.

반대로 돈의 맹신도 부정 감정만큼이나 위험하다. 사실 돈에 대한 맹신과 부정 감정은 동전의 양면과 같다. 둘 다 돈에 대한 명확한 그림을 그리지 못하도록 우리 인간들에게 착시를 선사하기 때문이다. '남는 건 돈밖에 없다.' '돈은 악착같이 벌어야 한다.'는 물신주의는 지금까지 무수한 가정을 파괴하고 직장인들을 골병들게 했다. OECD 국가 중에서 대한민국의 노동시간이 최하위에 머물러 있는 건 이 명제가 부정되거나 반박되지 않고 사회 내에서 유령처럼 버젓이 활개치며 돌아다니고 있기 때문인지도 모르겠다. 사회적 통념에 숨어 평소 돈에 대한 부주의나 잘못된 태도를 습관적으로 용인하진 않았는지 한번쯤 돌아볼 필요가 있다.

질문 1
나에게 돈은 무엇인가?

그렇다면 '돈은 중요하다.'라는 말의 의미가 무엇일까? 필자는 이 장에서 돈을 하나의 물리적 개념으로 보자고 제안한다. 물리物理는 다른 말로 사물의 이치다. 작게는 우리 몸속 세포의 탄생과 생장 및 소멸에서부터 크게는 우주 행성들의 운행에 이르기까지 모든 만물이 하나의 원리를 통해 돌아간다. 일찍이 철학자들은 만물의 구성요소를 놓고 토론을 벌였다. 탈레스는 만물의 근원을 물로 보았고, 피타고라스는 숫자로, 헤라클레이토스는 불로, 데모크리토스는 원자로 보았다. 사서삼경 중 하나인 『대학』에는 격물치지格物致知의 원리가 등장한다. 세상의 사물을 쪼개어 나누고 그 의미를 끝까지 궁리하는 공부가 바로 격물치지다. 돈에도 물리가 있다. 이 물리를 격물치지의 자세로 파고들어 세 가지 원리를 간취해보자. 이렇게 하는 이유는 돈에 대해 붙은 온갖 사회적 문화적 딱지를 떼어내고 돈이 지닌 본연의 속성을 제대로 파악하기 위해서다.

"돈에도 물리가 있다"

아이작 뉴턴은 만유인력의 법칙을 통해 삼라만상의 물리적 원칙들을 수식으로 정리했다. 1687년 『프린키피아』에서 그가 정립한 운동법칙은 세 가지로 구성되어 있다. ① 우리가 다 잘 알다시피, 제1 법칙은 **관성의 법칙**이다. 외부의 힘이 작용하지 않는 물체는 균일한 운동을 유지하려는 성질을 갖는다. 정지한 물체는 계속 같은 자리에 머무르려고 하며, 운동하는 물체는 동일한 속도와 방향을 유지하며 계속 운동하려고 한다. 우리는 흔들리는 버스 안에서 관성의 법칙을 쉽게 이해할 수 있다. 달리던 버스가 정류장에 정차할 때, 승객들은 모두 앞으로 쏠린다. 반대로 정차해 있던 버스가 다시 출발할 때, 승객들은 어김없이 뒤로 밀린다. 그렇다고 관성을 실험한답시고 괜히 브레이크를 밟아 급정거를 할 필요는 없다. 우리가 미처 깨닫기 전에 이미 관성이 우리의 일상을 지배하고 있기 때문이다. ② 뉴턴의 운동법칙 중에서 제2 법칙은 **가속도의 법칙**이다. 이는 $F=ma$라는 유명한 수식으로 표현될 수 있다. 여기서 m은 물체의 질량이며, a는 물체의 가속도를 뜻한다. 물체의 운동은 물체에 작용하는 힘의 크기와 방향에 따라 변한다. 이러한 운동의 변화를 가속도라고 한다. 이 원리에 따라 가속도는 힘에 비례하고 질량에 반비례한다. $F=ma$에서 m을 이항하면 $\frac{F}{m}=a$가 되기 때문이다. ③ 뉴턴의 제3 법칙은 **작용 반작용의 법칙**이다. 물체 A가 물체 B에 힘을 가하면, 동시에 물체 B는 물체 A에 같은 크기의 힘을 반대 방향으로 가한다. 밀고 당기는 힘은 두 물체 사이에 일어나는 상호 작용으로 두 물체가 서로 밀 때, 서로에게 작용하는 힘의 크기는 같지만 방향은 반대가 된다. 이때 물체 A의 힘은 작용, 물체 B의 힘은 반작용으로 부른다. 바로 여기서 만유인력의 법칙이 나왔다.

돈에도 관성이 있다. 정체된 돈을 다시 굴리려면 상당한 에너지가 든다. 반대로 흐르는 돈은 좀처럼 멈추게 할 수 없다. 돈은 흐르는 방향으로 흐르는 경향이 있다. 이를 물리학에선 **경로의존성**path dependence이라고 한다. 한 번 형성된 경로는 좀처럼 그 방향을 바꾸지 않는다는 말이다. 돈은 일정한 가치를 가진 추상적 개념이면서 동시에 물리적 실체기 때문에 투자를 하려면 돈의 경로의존성에 익숙해져야 한다. 이것이 '돈이 돈을 번다.'는 말의 속뜻이다. 노동자산을 일구는 데 만족한 A는 그 방향이나 경로를 바꾸거나 U턴하려고 하지 않는다. 마찬가지로 투자자산을 축적해온 B 역시 동일한 경로로 나아가려는 관성을 갖는다. 우리가 노동자산에서 투자자산으로 갈아타려면 제일 먼저 이런 관성을 깰 필요가 있다. 제대로 진입한 경로 위에서는 **모멘텀**momentum을 확보해야 한다.

질문 2

내가 벗어나기 힘든 경제적 관성에는
무엇이 있는가?

또한 모든 운동에는 질량과 가속도가 필요하다. 투자는 질량(m)에 해당하며, 믿음은 가속도(a)에 해당한다. 투자에 믿음이 곱해질 때 돈(F)은 강력한 힘을 발휘한다. 어떻게 하면 투자에 믿음을 곱할 수 있을까? 투자 경험밖에 없다. 이 부분에서 실전 투자 경험이 들어가야 한다. 경제를 공부하고 투자를 실천해서 재정 IQ, 즉 **금융 리터러시**financial literacy를 올려야 한다. 인생에서 가장 중요한 지식은 학교에서 가르치지 않는다. 이런 지식들은 몸소 터득하는 것이다. 베스트셀러 『부자 아빠 가난한 아빠』로 유명한 로버트 기요사키 역시 금융 지식은 학교가 아닌 부자 아빠로부터 배워야 한다고 말한다. 투자에 대한 습득력이 높아지면 돈은 더 빠르게 지갑 속으로 빨려 들어간다.

금융 리터러시

금융과 경제 전반에 대한 개념과 용어에 대한 이해력을 가리키는 것으로 '금융 문해력'이라고도 한다. 재정 관리에 대한 정보를 습득하고 돈과 금융상품에 대한 합리적인 결정을 내리는 데 중요한 이해력으로 꼽힌다. 주로 중년의 성인들이 청년이나 노년층보다, 남성이 여성보다, 교육 수준이 높은 개인이 그렇지 않은 개인보다, 고소득자가 저소득자보다, 선진국이 개도국보다 상대적으로 금융 리터러시가 더 높은 것으로 나타났다.

질문 3
내가 했던 투자 경험에는
어떤 것들이 있는가?

"투자에 믿음이 곱해질 때 커다란 수익을 창출할 수 있다"

마지막으로 모든 물체에는 작용 반작용의 법칙이 적용된다. 달리는 자동차는 바퀴를 돌려 땅을 밀어내고 땅은 반대로 바퀴를 밀어낸다. 하늘로 치솟는 로켓은 가스를 분사해서 땅을 박차고 오르며, 땅은 반대로 로켓을 하늘로 밀어준다. 모든 힘에는 플러스와 마이너스가 함께 작용하여 합이 0이 되도록 하는 제로-섬 게임zero-sum game과 같다. 모든 물체가 스스로 운동 방향과 속도를 변화시키려면 작용 반작용의 법칙을 이해해야 한다. 정지한 물체는 알짜힘net force이 가해질 때에만 운동한다. 외력이 존재하지 않는다면 알짜힘도 0이므로 물체 스스로 움직이지 않는다. 돈이 들어오려면 정지한 삶에 알짜힘을 가해야 한다. 알짜힘은 바로 돈에 대한 공부와 같다. 끊임없이 배우고 익히는 자세가 우리를 앞으로 나아가게 한다. 이를 위해 우리는 일상에서 버려야 할 습관, 도려내야 할 행동들을 결정해야 한다. 이 책은 이처럼 세 가지 물리법칙이 작용하는 돈의 속성을 명확하게 설명하기 위해 쓰였다. 일신우일신하는 일상의 개혁만이 성공적인 투자와 재정적 자유를 가져다줄 수 있다.

질문 4
내가 했던 돈 공부에는
어떤 것들이 있는가?

"일상에 알짜힘이 가해질 때
성공적인 투자에 도달할 수 있다"

1 관성의 법칙을 통해 투자의 모멘텀을 확보한다.

2 가속도의 법칙을 명심하라. 모든 운동에 붙는 가속도가 사실 제일 무서운 법이다.

3 투자에도 작용 반작용의 법칙이 적용된다. 투자를 위해 포기할 부분을 정하자.

이번 절에서 '돈의 물리학'을 배웠다면 다음 절에서는 '돈의 역사학'을 배워보자.

돈의 역사학: 조개에서 돈으로, 돈에서 비트로

인류가 돈을 사용한 역사는 대략 4만 년 전으로 거슬러 올라간다. 역사학자들은 고대 구석기 시대부터 선사 인류가 부싯돌과 돌도끼를 서로 교환할 때 화폐의 개념이 처음 쓰였을 거라고 추정한다. 그 이후 인류는 오랫동안 돈을 교환과 지불의 수단, 가치의 기준, 부의 축적으로 사용해왔다. 돈의 기원에 대해 학자들 사이에서 의견이 분분하지만, 예로부터 돈이 가치의 척도로서 문화적·상업적 교류를 촉진하고, 증여와 호혜주의를 가능하게 함으로써 상이한 공동체를 하나로 결속하고, 사회적 지위와 위계를 지속시키고, 국가의 통치와 권력의 발휘를 가능하게 했다는 데에는 이견이 없다. 언제부터 돈과 관련된 다양한 형태의 상호관계가 나타났는지 정확하게 알 수는 없지만 고고학적 유물들은 원시적 형태의 돈이 선물 교환과 부채 상환에 쓰였다는 사실을 증명한다. 여기에는 아메리카 대륙과 아프리카 대륙, 유럽, 아시아, 호주에서 사용된 조개껍데기 등이 포함된다. 오늘날 화폐貨幣나 매매賣買라는 한자에도 여실하게 남아있는 조개[貝]의 흔적은 당시 희귀한 조개가 교환의 매개로 사용되었던 역사적 사실을

한자에서 조개껍데기가 돈으로 쓰였던 흔적을 찾을 수 있다.

입증해준다. 화려하고 영롱한 색깔의 조개껍데기는 고대인들 사이에서 액운을 물리치며 복을 비는 제의적 역할을 갖고 있었으며, 가볍고 휴대가 간편하며 재질이 견고하고 마모가 되지 않아 돈의 용도로 사용하기 적합했다.

가장 잘 알려진 조개화폐 유물로는 무늬개오지cowrie가 있는데, 1758년 린네는 이 조개의 학명을 모네타리아 모네타Monetaria moneta로 지었다. 모네타moneta는 로마인들에게 재물의 여신 유노Juno를 의미했다. 이 단어에서 오늘날 영단어 머니money가 파생했다. 중국 상나라 때에는 조개껍데기를 화폐로 사용했다는 기록이 남아있다. 상商나라라는 이름에서 알 수 있듯이, 상업과 무역이 활발하게 일어났

모네타

그리스 로마 신화에 등장하는 돈의 여신으로 유노(Juno)의 별칭이기도 하다. 모네타는 본래 '경고하다'라는 뜻의 라틴어 '모니투스(monitus)'에서 나왔는데, '감시하다'라는 뜻의 영단어 '모니터(monitor)'도 여기에서 파생했다. 과거 카피톨리누스 언덕에는 주피터(Jupiter)의 아내 유노를 모시는 신전이 있었는데, 여기서 로마의 동전들이 주조되었다고 한다. 이후 모네타는 동전을 뜻하는 단어로 쓰이기 시작했고, 2014년 철저한 익명성을 목표로 개발된 암호화폐 모네로(Monero)에까지 그 흔적을 찾을 수 있다.

던 지역에서 조개껍데기는 지역과 사람을 연결해주는 매우 중요한 매개였다. 중국 윈난 지방에서는 17세기까지도 일상생활에서 조개화폐가 널리 쓰였을 정도다. 일찍이 아프리카 콩고와 앙골라 해안 일대를 지배하던 콩고왕국은 올리벨라 나나Olivella nana라는 바다달팽이 껍데기를 법정통화로 사용했다. 15세기 이후 유럽과 무역을 시작하면서 달팽이 껍데기들이 위력을 발휘했다. 포르투갈과 무역을 진행하던 당시 문헌에 따르면, 닭 한 마리에 조개 300개, 양 한 마리에 조개 2,000개를 주고받았다고 한다. 경제 질서를 위해 달팽이 채취는 왕국이 독점적으로 운영했고 개인이 잡거나 유통시킬 수 없었다. 이븐 바투타의 여행기를 읽어보면, 14세기까지 몰디브제도에서 조개껍데기가 돈으로 활발하게 쓰였던 정황을 찾을 수 있다.

물론 조개껍데기말고도 식물이나 곡물은 화폐로 쓰였던 흔한 물건이다. 고대 메소포타미아에서는 보리나 대추야자가 돈으로 쓰였으며 아시아권 사회에서는 쌀이 곧 돈이었다. 이를 **물품화폐**物品貨幣라고 부른다. 그런 의미에서 가축 역시 동일한 화폐의 기능을 갖고 있었다. 특히 소는 농경 목축사회에서 매우 중요한 가축이었기 때문에 동서양을 막론하고 화폐로 사용되어왔다. 『일리아스』나 『오디세이아』에는 고대 그리스에서 수소가 돈으로 유통된 기록을 찾을 수 있다. 사람들은 심지어 비교적 최근까지 화폐의 한 형태로 소와 같은 살아있는 동물을 사용하기도 했다. 아프리카 일부 부족들은 결혼지참금으로 사돈에게 애지중지 키운 소를 건네기도 한다. 남아프리카공화국의 지폐에는 아프리카 물소가 그려져 있기도 하다. 오늘날 주식을 뜻하는 스톡stock이라는 단어는 본래 가축livestock을 의미하는 단어였다. 경제학자들이 꾸준한 이익을 창출하는 사업을 일컬어 캐시

카우cash cow라고 부르는 데에는 다 그만한 이유가 있다.

"주식을 뜻하는 스톡은 본래 가축을 의미했다"

소금은 화폐의 기능을 갖고 있던 또 다른 물질이었다. 소금이 화폐로 사용된 건 2500년 전부터였다. 고대 세계에서 소금은 '화이트 골드white gold'라고 부를 만큼 중요한 자원이었기 때문이다. 멕시코 유카탄반도 칼라크물의 마야 유적지에서는 상인과 구매자가 소금을 교환하는 벽화가 발견되기도 했다. 고대 그리스에서는 소금을 노예 거래하는 데 돈으로 사용했다. 고대 로마 병사들에게 소금이 봉급으로 주어졌다는 사실은 소금salt에서 봉급salary이라는 단어가 파생한 것에서 알 수 있다. 로마와 소금 산지를 연결하는 소금의 길via salaria

소금의 길

티레니아 바다 근처에 살던 사비니아인들이 테베강 하구인 포르투스(Portus) 근처의 캄푸스 살리나룸(Campus Salinarum) 습지에서 소금을 캐서 242km 떨어진 로마로 운반하던 고대 무역로를 지칭한다. 소금의 길은 유럽의 많은 고대 소금길 중 가장 오래된 것들 중 하나로 몇몇 역사가들은 이를 통한 소금 무역이 로마 문명의 시작이었다고 주장한다. 아직도 여러 곳에서 고대 소금 무역로의 흔적을 찾을 수 있다.

은 실크로드와 맞먹는 필수적인 교통로이자 산업로였다. 훗날 베네치아공화국을 강성하게 만들어준 것 역시 소금이었다. 염전을 보유하고 질 좋은 소금을 유럽에 공급하면서 이탈리아반도에 상업과 금융업이 꽃피게 되었고, 이는 르네상스 문예부흥으로 이어졌다.

이후 인류는 금속이나 희귀한 돌로 시선을 돌렸다. “화폐의 역사에서 진정한 돌파구가 생긴 것은 그 자체로는 내재적 가치가 없는 돈, 그렇지만 저장과 운반이 쉬운 돈을 사람들이 신뢰하게 되었을 때다. 그런 화폐는 기원전 3000년에서 기원전 2000년의 중간쯤 고대 메소포타미아에서 출현했다. 은으로 된 세겔이었다.”* 구리와 운석, 철석, 흑요석, 호박琥珀, 구슬, 구리, 금, 은, 납덩이 등이 돈의 역할을 하기 시작했다. 최초의 통화 형태인 메소포타미아 세겔shekel은 거의 3000년 전에 출현했다. 가장 오래된 것으로 알려진 조폐국은 기원전 650년과 600년으로 거슬러 올라가며, 그곳에서 리디아와 이오니아의 귀족들은 자신들의 호위병들에게 월급을 주기 위해 인장印章을 찍은 은화와 금화를 사용했다.

기원전 6세기에는 지금의 터키 지역에서 최초의 금화가 만들어졌다. 헤로도토스의 『역사』를 읽어보면, 금화를 유통시킨 리디아왕국의 크로이소스가 등장한다. “크로이소스는 일반 유통을 위해 표준화된 순도를 가진 최초의 금화 크로이세이드Croeseid를 찍어낸 것으로 유명하다. 고고학적 발굴과 여러 문헌을 보면, 실제로 그가 만든 금화는 당시 여러 방식으로 유통되었다. 크로이세이드가 출현하기 이전에도 엘렉트룸Electrum이라는 주화가 있었지만, 불순물이 섞인

* 유발 하라리, 『사피엔스』, 조현욱 역, 김영사, 260.

크로이세이드

리디아왕국의 수도 사르데이스(Sardis)는 예로부터 상업의 요충지였기 때문에 불순물이 섞이지 않은 신뢰할 만한 금화의 유통이 필요했다. 크로이소스(Croesus)는 금과 소금을 함께 넣는 방법으로 순도를 높였고 그렇게 만들어진 금화가 크로이세이드였다. 이후 크로이세이드는 고대 지중해 문명의 표준 통화로 자리 잡았다. 크로이세이드의 범용성 덕분에 리디아왕국은 지중해 무역의 패권을 쥐게 되었다. 크로이소스가 세계 7대 불가사의 중 하나로 꼽히는 에페소스 아르테미스 신전을 지을 수 있었던 것도 금화 때문이었다.

조잡한 금화였기 때문에 가치가 들쭉날쭉했다. 훗날 기술이 발달하면서 가열한 소금으로 정제된 금을 얻을 수 있었고, 비로소 순도 높은 금화 크로이세이드가 탄생했다."* 이후 전 세계적으로 납과 구리, 은, 금으로 된 많은 양의 동전들이 발견된 것은 특히 유럽, 아시아, 북아프리카에서 동전이 오랫동안 상품을 거래하는 매개로 인식되었음을 암시한다. 로마와 이슬람 지역, 인도, 중국 동전의 광범위한 유통은 전근대적인 상업이 기원전 1250년부터 기원후 1450년까지 번성했다는 사실을 알려준다.

기록에 의하면, 우리나라는 기원전 957년경 자모전子母錢이 사

* 최종훈, 『부자의 역사』, 피톤치드, 61.

용되었고, 기원전 109년 마한에서는 처음으로 동전이 주조되었으며, 동옥저에서는 금은무문전金銀無紋錢이 사용되었다고 한다. 이후 삼국시대에는 화폐제도가 발달한 중국으로부터 각종 주화가 들어왔다. 고려 성종은 996년에 건원중보乾元重寶라는 우리나라 최초의 철전鐵錢을 만들었다. 1097년에는 화폐를 만들고 관리하는 주전관이 설치되었고, 1102년에는 해동통보海東通寶가 발행되었다. 조선 세종은 1423년 조선시대 최초의 동전인 조선통보朝鮮通寶를 발행했다. 1678년에는 조선시대 대표적 화폐이자 전국적으로 유통된 최초의 화폐로 사용되었던 상평통보常平通寶가 발행되었다. 1866년, 흥선대원군은 경복궁을 새로 짓고 군비를 조달하기 위하여 당백전當百錢을 발행했으나 급격한 물가상승을 초래하여 2년 만에 폐지되기도 했다.

상평통보

상평통보(常平通寶)는 조선시대에 주조된 화폐로 단위는 문(文)이었다. 1633년, 인조 11년에 김신국(金藎國)과 김육(金堉) 등의 주청으로 상평청(常平廳)을 설치하고 처음 주조되었다. 1695년, 숙종 말기부터 전국적으로 사용되면서 상평통보는 조선의 대표적인 화폐로 유통되었다. 10문이 1전, 10전이 1냥, 10냥이 1관과 같았고, 숙종은 400문을 은 1냥에 고정시켰다. 가장 먼저 당일전을 발행했고, 그 뒤에 당이전과 당오전을 발행해 유통시켰다.

1888년, 고종은 통리군국사무아문統理軍國事務衙門 산하에 전환국典圜局을 설립하고 일환 은화, 오문 적동화赤銅貨, 십문 적동화 등 3종의 근대화폐를 주조했다. 1909년에는 중앙은행의 기능을 하기 위해 한국은행이 설립되었다.

일제침략기를 거쳐 해방과 함께 1950년 6월 12일 한국은행이 다시 설립되었으나 한국전쟁의 발발로 제 기능이 마비되었다. 휴전과 함께 이승만 정부는 1953년 1차 통화조치로 화폐단위를 원圓에서 환圜으로 바꾸면서 100:1의 비율로 100원이 1환으로 교환되었다. 5·16 군사쿠데타 이후 정권을 잡은 박정희 정부는 1962년 2차 통화조치를 단행한다. 군사정부는 과잉통화를 흡수해 물가상승 요인을 제거하고 퇴장자금을 양성화해 산업자금으로 활용한다는 명분으로 통화단위를 10:1로 절하하고 화폐 호칭을 다시 환에서 원으로 변경했다. 이로써 대한민국이 수립된 이후, 두 차례의 화폐개혁을 통해 화폐단위는 1,000:1로 절하되었고, 졸지에 전錢이란 단위는 소멸되었다.*

역사적으로 돈은 등장과 함께 정치적 통제 수단이 되었다. 왕과 귀족, 특권층들은 돈을 유통하여 세금을 물렸고 군대를 양성할 수 있었다. 돈은 계급을 만들어냈으며, 돈의 유통은 이를 공고히 고착시켜 왔다. 동시에 화폐는 집단 내에서 그리고 집단 간에 상품과 정보 및 서비스의 비폭력적 교류를 촉진하는 안정적이고 계량화된 수단을 제공했다. 역사를 통틀어 돈은 거래와 상호작용의 기억인 기록의 역할을 해왔다. 예를 들어, 수메르인들이 남긴 진흙 토판tablet에서는 오

* 박평식, 「한국 근현대 화폐사 연구의 성과와 과제」 참고.

늘날 흔히 볼 수 있는 외상 거래 내역이 발견되었고, 중세 유럽인들은 빚을 기억하기 위한 증거로 장부帳簿를 남기는 데 돈의 단위를 사용했다.

화폐의 역사가 보여주듯, 돈의 영향은 양면적이다. 그것은 재화와 서비스의 이동, 낯선 사람들 사이의 이주와 정착을 가능하게 했다. 그것은 사회경제적 특징과 다른 특징의 발전을 촉진하는 한편, 일부에게는 어마어마한 부를 가져다주었다. 돈은 개인적이면서 동시에 비인격적이다. 오늘날 세계적인 불평등은 사회적 안녕과 지속가능성의 척도로서의 화폐 유통과 깊은 관련이 있다. 오늘날 한쪽에서는 단돈 1달러가 없어 수천 명의 가난한 이들이 굶어죽는 상황과 맞물려 다른 한쪽에서는 아마존의 제프 베조스나 테슬라의 일론 머스크 같은 조만장자들이 탄생한 것 역시 돈과 부의 분배가 갖는 매우 이성적이면서도 아이러니한 양면을 보여주는 사례라 할 수 있다.

"돈은 개인적이면서 동시에 비인격적이다"

전자혁명을 지나 돈은 **디지털 화폐**digital money로 거듭났다. 지폐든 동전이든 물리적 형태로 존재하던 돈은 순수하게 전자적인 형태로 존재하는 비트로 변신했다. 디지털 화폐는 지폐나 동전처럼 물리적 공간을 점유하지 않은 상태에서 스마트폰이나 신용카드, 온라인 암호화폐 거래소와 같은 디지털 기술을 사용하여 교환되고 전송된다. 원자atom에서 비트bit로의 혁명이 일어난 것이다. 디지털 화폐는 법정화폐를 온전히 담아내고 표현할 수 있는 시스템을 갖추었다. 그 전형적인 시스템이 현금자동인출기ATM다. 이로써 온라인 상에 숫자로만 존재하던 화폐가 이 기기를 통해 물리적 화폐로 전환되는 마법이 가능해졌다. 나아가 디지털 화폐가 가져온 경제 시스템의 혁명은 마법을 능가하는 기적을 연출하고 있다. 디지털 화폐 덕분에 나라와 국경을 넘어 더 쉽고 빠르게 돈을 송금할 수 있게 되었다. 중앙은행이 통화정책을 시행할 때 그 과정을 간소화할 수 있게 되었고, 디지털 화폐에서 일반적인 암호의 사용은 위조 방지와 검열에 최적화된 거래를 낳았다. 이는 디지털 화폐가 더 이상 정부나 민간 기관에 의해 통제될 수 없다는 것을 의미한다.

나아가 디지털 화폐는 21세기 블록체인 기술을 만나면서 암호화폐로 진화를 거듭하고 있다. CBDC가 대표적이다. 이 새로운 개념의 암호화폐는 한 국가의 중앙은행이 발행하는 디지털 통화다. 이 통화는 법정통화와는 별개로 중앙은행의 권한과 신용에 의해 뒷받침

CBDC

CBDC는 '중앙은행 디지털 화폐'의 약자로 전자 형태로 중앙은행이 발행하는 화폐를 지칭한다. CBDC는 이용 목적에 따라 일반 거래에 사용되는 소액결제용 CBDC와 은행 등 금융기관 간 거래에 사용되는 거액결제용 CBDC로 구분된다. CBDC는 현금과 달리 관련 거래의 익명성을 제한할 수 있을 뿐만 아니라 정책 목적에 따라 이자 지급과 보유한도 설정, 이용시간의 조절도 가능하다.

되는 디지털 자산이 될 전망이다. CBDC는 정부와 시민 사이에 직접적인 연결고리를 구축함으로써 중개자 없이 정부의 통화정책을 보다 용이하게 시행할 수 있게 해줄 것이다. 공과금과 세금은 지금보다 더욱 원활하게 계량되고 수집되어 과거 팔레스타인의 세리와 같은 오명은 더 이상 찾아볼 수 없게 될 것이다. 국제통화기금IMF이 실시한 2021년 2월 조사에 따르면, 159개 회원국 중 약 111개국이 가까운 시일 내에 디지털 화폐, 혹은 CBDC를 도입하는 정책적 전환을 고려하고 있다.

암호화폐는 암호 기술을 사용하여 설계된 디지털 화폐다. 1세대 암호화폐인 비트코인과 2세대 이더리움과 리플 등 오늘날 1만 개가 넘는 암호화폐는 강화된 보안성과 익명성, 불역성을 제공하여 거래 기록의 변조를 방지하는 독특한 기능을 갖는다. 2017년 이후, 암호화폐 투자 시장이 본격적으로 형성되면서 전체 시가총액과 가치가 급상승했다. 2021년 7월, 암호화폐 시가총액은 이미 2조 달러를 돌파했다. 전문가들은 암호화폐가 법정화폐를 대체하지는 않을지라도 향후 5년 이내에 법정화폐의 또 다른 파트너로서 제 기능을 할 것이라는 데에 큰 이견이 없다. 그 대표적인 움직임이 스테이블 코인의 등장이다. 테더와 같은 **스테이블 코인**stable coin은 일반 암호화폐의 가격 변동성에 대응하기 위해 개발되었다. 이를 통해 법정화폐와 가치를 연동시켜 시장에서 암호화폐가 하나의 화폐로서 기능을 할 수 있도록 했다. 비로소 돈은 물리적 형태를 벗어나 디지털 상으로 존재하는 암호가 되었고, 이는 다시금 물리적 화폐와 맞닿은 기술적 완성을 이루었다.

간략한 쩐의 경제사, 돈의 추이를 읽는 법

세계적인 팝그룹 아바ABBA의 노래 중에 「머니 머니 머니Money Money Money」라는 곡이 있다. 아바의 노래들을 엮어 창작한 뮤지컬 「맘마미아」에도 등장하는 이 곡은 15년 동안 코딱지만 한 호텔을 운영하느라 아름다웠던 청춘은 저물고 폭삭 늙어버린 주인공 도나가 오랜 친구인 타냐와 로지에게 신세 한탄하며 부른 노래다. 돈 많은 남자 하나 꼬여서 답답한 인생을 바꾸겠다는 가사 중에는 이런 대목이 나온다.

> 난 밤낮없이 일해
> 온갖 청구서를 내려고
> 슬프지 않아?
> 나에게 동전 하나 남아있지 않아
> 끔찍해
> 난 꿈같은 계획을 세우곤 해
> 돈 많은 남자 만나면
> 손 하나 까딱 안 하고
> 빈둥거리며 놀기만 할 텐데
> 돈, 돈, 돈
> 우스꽝스럽겠지
> 부자들의 세상에서는

돈의 속성을 제대로 안다면 노래 속의 도나처럼 호구 하나 건지려고 굳이 라스베이거스나 모나코로 떠날 필요가 없다. 일상에서 금융 리터러시를 습득하는 건 낙담과 자기연민으로 되지 않는다. 돈은 구름에 달 가듯이 구르면서 이런저런 명목들이 붙거나 빠진다. 그래서 초승달로 시작했던 돈이 보름달이 되었다가 다시 그믐달로 이지러지는, 이른바 돈의 주기가 발생한다. 이번 장에서는 돈의 주기를 파악하기 위해 반드시 알아야 하는 세 가지 항목인 금리와 세금, 환율에 대해 공부해보자.

1) 투자 전에 금리부터 알아야

'금융'에 대한 이해는 '금리'에 대한 이해라고 해도 과언이 아니다. 투자자가 금리를 이해하지 못하고 투자를 진행한다는 건 상상할 수조차 없다. 금리가 무엇이고 시장의 금리 조정과 정부와 은행권의 금리 정책이 경제에 어떠한 영향을 미치는지 따라가지 못하는 투자자는 돈의 속성을 결코 이해할 수 없으며, 따라서 한쪽 눈을 가리개로 가리고 야바위꾼의 내기에 돈을 거는 것과 진배없다. 왜냐하면 일단 돈이 내 수중을 떠나 시장에서 굴러가는 순간 이자라는 고약한 놈이 달라붙기 때문이다. 그렇다면 금리는 무엇이고 이자는 또 무엇일까? **금리**金利/interest rate는 돈을 빌려주고 받는 **이자**利子/interest의 비율을 말한다. 이자는 두 가지 상황에서 발생하는데, 하나는 돈을 빌려주면서 생기는 기회비용을 보상해주는 것이고, 다른 하나는 빌려준 돈을 떼일 위험에 대해 미리 보상해주는 것이다. 금리란 이와 같이 돈을 빌려준 데에 대한 대가로 지급하는 이자 원금에 대한 비율을 말한다.

복리

이자에 대한 이자, 원금과 그 원금을 운용하여 생기는 이자에 관한 계산 방법이다. 원금에 대해서만 이자를 붙이는 단리와 달리 복리는 원금뿐만 아니라 원금에서 생기는 이자에도 원금과 동일한 이율의 이자를 붙인다. 저축액이 클수록, 저축 기간이 길어질수록, 만기 후 실수령액이 증가하므로 월복리적금과 같이 시중에 나온 복리 상품에 투자하는 게 유리하다.

이자를 계산하는 방식에는 원금에 대해서만 이자가 붙는 **단리**單利와 원금에 붙은 이자가 원금에 계속 포함되는 **복리**複利가 있다. 단리가 산술급수로 증가한다면, 복리는 기하급수로 증가한다.

여기서 **기준금리**基準金利/base rate는 모든 금리체계의 기준이 되는 금리를 말한다. 정부의 정책금리이자 모든 금융권이 참고하는 기준이다. 콜금리나 CD금리, 예금금리 등 모두 이 기준금리에 따라 결정된다. 투자를 진행할 때 기준금리라는 말에 촉각을 곤두세우는 이유가 바로 여기에 있다. 기준금리는 우리나라의 경우 중앙은행인 한국은행 소속 금융통화위원회에서 국내외의 시장상황과 금융시장, 물가, 경제상황 등을 총체적으로 고려해서 매월 두 번째 목요일에 발표한다. 오늘날 이렇게 인위적으로 정부가 기준금리를 조절하는 이유는 시중에 풀리는 통화량을 조절하여 시장에 개입하려는 데에 있다.

경기가 과열된다고 판단한 경우에는 기준금리를 인상하고, 경기가 침체된다고 판단한 경우에는 기준금리를 인하하여 경제활동의 수준을 조절하는 것이다. 이처럼 한 나라의 기준금리 기조는 현재 시장의 체질을 가늠할 수 있는 바로미터가 된다.

"기준금리는
시장의 상황을 가늠하는 바로미터다"

그렇다면 기준금리를 인상할 때와 인하할 때 시장에는 어떤 영향을 미칠까? 금리 역시 수요와 공급에 의해 결정된다. 우선 기준금리가 내려가면 이자율이 내려가는 결과가 일어나기 때문에 시중에 돈이 많이 풀리게 된다. 금리가 낮아지면 더 많은 사람들이 더 많은 돈을 쉽게 빌릴 수 있기 때문이다. 시중에 돈이 많아지면 소비가 늘고 투자가 활성화될 것이다. 집이나 자동차 같이 돈이 많이 드는 내구재 구입이 늘어날 수밖에 없다. 반면 금리가 높아지면 사람들이 소비보다는 저축을 늘리게 될 것이다. 금리가 오르면 투자비용이 증가하기 때문에 기업들은 투자를 줄일 것이다. 한국은행이 시중으로부터 돈을 거두어들이기 위해 금리를 올리는 방식 말고도 가지고 있는 채권을 시장에 내다 팔면 시중에 돈이 줄어들고 채권 가격이 떨어져 금리가 올라가는 효과가 발생한다. 반대로 한국은행이 채권을 사들이면 시중에 돈이 늘어나고 채권 가격이 올라가 시중 금리는 떨어지는 효과가 일어난다.

기준금리↑ ⇒ 대출↓ ⇒ 소비↓ ⇒ 저축↑ ⇒ 투자↓

기준금리↓ ⇒ 대출↑ ⇒ 소비↑ ⇒ 저축↓ ⇒ 투자↑

기준금리가 투자에 중요한 기준이 되는 이유는 뭘까? 모든 은행들이 한국은행과 거래하기 때문에 한국은행이 발표하는 기준금리에 1차적으로 영향을 받을 수밖에 없다. 예를 들어, 기준금리가 1%라고 가정해보자. A은행이 한국은행에 가서 1%의 금리로 돈을 빌린다. 이 돈을 가지고 다시 시중에 풀거나 고객에게 빌려준다고 할 때, 기준금리에 자기들의 이자율을 더할 수밖에 없다. 1%를 주고 가져와 고스란히 1%로 빌려주면 아무리 열심히 영업을 해도 A은행은 남는 게 없기 때문이다. 그런데 이번 달부터 기준금리가 2%로 올랐다고 한다면 A은행 역시 그에 상응하여 이자율을 올릴 수밖에 없다. 결국 한국은행이 발표하는 기준금리는 시중 은행들이 고객들과 거래하는 이자율에 절대적인 영향력을 행사할 수밖에 없다. 한국은행이 기준금리를 올리거나 내릴 때 신문과 방송에서 야단법석인 이유가 이처럼 금리가 우리의 삶에 직접적인 영향을 미치기 때문이다. 또한 미국의 기준금리도 TV에서 종종 언급되는데, 이는 미국 **연방준비제도이사회**(연준)의 기준금리가 전 세계 경제에 적지 않은 파급력을 지니기 때문이다. 이유는 미국의 통화인 달러가 전 세계 시장의 기축통화로 쓰이기 때문인데, 경제적으로 내수보다 수출에 절대적으로 의존하는

연방준비제도이사회

연방준비제도이사회(연준)는 미국의 중앙은행으로 달러화를 발행하고 탄력적으로 운용하는 책임, 미국의 전반적인 은행 제도를 감독하고 규제하는 책임, 지급준비율을 설정하며 금리 정책을 담당하는 책임을 갖는다. 본래 뱅크런(bank run)의 발생을 예방하고 최소화하기 위한 용도로 준비금을 마련하던 기관이었다. 특히 연준의 금리정책은 세계 경제에 직접적인 영향을 미치는 것으로 알려져 있다.

우리나라의 경우 미국의 기준금리 정책에 더 민감하게 영향을 받을 수밖에 없다.

2) 투자에도 세금은 따라온다

『성경』에 보면, 세리稅吏 삭개오 이야기가 등장한다. 삭개오Zacchaeus는 내러티브에서 대표적인 악인으로 등장하는데, 예수가 그의 집에 머물자 사람들은 죄인의 집에 들어갔다고 비난한다. "예수께서 그곳에 이르사 쳐다보시고 이르시되, '삭개오야, 속히 내려오라. 내가 오늘 네 집에 유하여야 하겠다.' 하시니 급히 내려와 즐거워하며 영접하거늘 뭇 사람이 보고 수군거려 이르되, '저가 죄인의 집에 유하러 들어갔도다.' 하더라."(누가복음 19장 5-7절) 이후 삭개오가 예수에게 자신의 죄를 고백하는 장면을 읽어보면 당시 세리에 대한 대중들의 인식을 알 수 있다. "삭개오가 서서 주께 여짜오되, '주여, 보시옵소서. 내 소유의 절반을 가난한 자들에게 주겠사오며 만일 누구의 것을 속여 빼앗은 일이 있으면 네 갑절이나 갚겠나이다.'"(8절) 이처럼 세금을 징수하는 관리였던 세리는 근동지역뿐만 아니라 세계 여러 지역에서 부정적인 이미지를 받아왔다. 호환마마보다 더 무서운 게 세금이다. 오늘날 우리나라의 국세청에 해당하는 미국의 징세기관인 IRS가 정작 미국 국민들에게는 거의 악명 높은 테러집단으로 비춰질 만큼 평판이 나쁜 것도 이런 정서와 무관하지 않을 것이다.

대한민국 헌법 제38조는 "모든 국민은 법률이 정하는 바에 의하여 납세의 의무를 진다."고 명시되어 있다. 대한민국에는 엄연히 납세의 의무가 존재한다. **세금**稅金/tax은 국가나 지방자치단체가 필요한 경비로 사용하기 위하여 국민에게 강제로 거두는 금전을 말한다. 세금은 일반적으로 **직접세**와 **간접세**로 구분하는데, 직접세가 소득을 바탕으로 국가가 국민에게 직접 징수한다면, 간접세는 정부가 소비를 바탕으로 간접 징수하는 세금이다. 보통 물건을 구입할 때 포함되는 부가가치세가 대표적인 간접세다. 또한 세금은 징세의 주체에 따라 **국세**와 **지방세**로도 나뉜다. 국세는 국가가 국민들에게 징수하는 세금이다. 소득세나 법인세, 상속세와 증여세, 종합부동산세 등이 여기에 속한다. 반면 지방세는 지방자치단체가 국가로부터 받은 과세권을 행사하여 관할구역 내의 주민에게 과징하는 세금이다.

세금을 좋아할 사람은 세상에 없을 것이다. 요금이 일정한 재화나 서비스를 제공받고 그 대가로 내는 것이라면, 세금은 대가 없이 일방적으로 내기만 하는 돈이기 때문이다. 버핏이 자신은 세금을 너무 적게 낸다며 많이 버는 사람은 그만큼 많이 내야 한다고 주장한 적은 있지만, 이런 제스처도 버핏 정도의 자산을 일군 사람이나 언론 앞에서 부려볼 수 있는 자신감의 발로일 터다. 세금이 투자에 있어 왜 중요할까? 이유는 간단하다. '수익이 발생하는 모든 곳에는 예외 없이 세금이 붙는다.'는 명제처럼 투자로 인해 벌어들이는 모든 수익에 일정한 비율로 세금이 붙기 때문이다. 소위 **증권거래세**證券去來稅가 대표적이다. 증권거래세도 세금이다 보니 매수에는 붙지 않지만 수익이 발생하는 매도에는 붙을 수밖에 없다. 하나 주의해야 할 것은 손절로 이익이 나지 않아도 이 세금은 내야 한다. 상장주식의 증권거래세는 증권사에서 미리 원천징수하기 때문에 투자자가 별도로 신고할 필요는 없다. 2021년 기준 국내 코스피의 증권거래세율은 0.23%에서 2023년 0.15%로 인하되며 코스닥의 증권거래세도 0.23%에서 오는 2023년엔 0.15%까지 내려갈 예정이다.

"주식투자를 통한 소득에도 세금이 붙는다"

주식을 가족이나 다른 사람에게 넘겨줄 때에도 세금이 붙는다. 이때 세금을 **양도소득세**讓渡所得稅라고 한다. 양도소득세는 주식에 투자하는 모든 사람의 양도차익에 부과되는 건 아니고, 상장주식의 경우 지분율이 코스피 1%, 코스닥 2% 이상 혹은 종목별로 보유한 평가액이 10억 원 이상인 대주주에게만 부과된다. 소액으로 투자하는 개미 투자자들은 크게 신경 쓰지 않아도 된다. 매년 주주들에게 회사의 이익을 배당으로 돌려주는 경우가 있는데, 이때 나눠주는 배당금에도 **배당소득세**配當所得稅라는 세금이 붙는다. 배당소득세는 배당금액의 14%에 지방소득세 1.4%를 더해 총 15.4%가 부과된다. 이 역시 증권거래세처럼 증권사가 원천징수하므로 투자자가 별도로 신고할 필요는 없다. 만약 배당금으로 받은 금액이 이자소득 같은 금융소득을 포함하여 연간 2천만 원을 초과하면 급여 등의 다른 종합소득에 합산해서 종합소득세를 추가로 낸다. 이를 **금융소득종합과세**金融所得綜合課稅라고 한다.

최근 암호화폐도 과세 논란이 뜨겁다. 2022년 1월 1일부터 암호화폐 투자로 얻은 소득을 기타소득으로 분류해 세금을 매기겠다고 정부가 나섰다. 연간 매매차익에서 250만 원을 공제하고 남은 금액에 대해 22%의 세율을 적용하는 것을 골자로 하고 있다. 예를 들어 암호화폐 투자로 1,000만 원의 수익이 생기면 250만 원을 공제한 750만 원에 대해서 165만 원 정도의 세금을 내야 한다. 이에 대해 암호화폐 투자자들은 반발하고 있다. 무엇보다 암호화폐를 법적으로 정상적인 화폐로 인정하지 않으면서 세금만 걷으려 한다는 게 이유다. 청화대 국민청원 게시판에는 암호화폐에 대한 과세 정책을 폐지하라는 요구가 달리기도 했다. 이에 당정은 특히 암호화폐 투자에 적극 나서고 있는 2030세대의 반발을 의식해 금융소득에 대한 과세제도가 근본적으로 바뀌는 2023년까지 1년 유예하는 게 좋다는 의견이 돌았다. 대선을 앞둔 각 당의 후보들도 앞다투어 과세 시점을 2023년으로 1년 유예하고 공제한도도 대폭 상향하겠다는 공약들을 내놓았다. 이런 와중에 국회에서는 암호화폐 과세 시점을 2022년 1월 1일에서 2023년 1월 1일로 유예하는 내용의 소득세법 개정안이 2021년 12월 2일 국회 본회의를 통과했다. 이에 따라 과세는 2023년으로 연기되었으며, 비과세 공제한도 금액을 250만 원에서 5,000만 원으로 상향하는 법안은 국회 기획재정위원회에 보류되어 있다.

3) 환율에 민감한 투자자는?

돈은 국내에만 머무르지 않는다. 독자들이 이 책을 읽고 있는 시간에도 태평양을 건너고 대서양을 건너가고 있다. 미래 언젠가 전 세계가 동일한 화폐 단위를 쓰게 된다면 환율이라는 개념조차 없어질지 모른다. 이미 유럽연합EU은 유로존으로 통화를 묶었기 때문에 이런 전제가 그저 먼 미래의 공상만은 아닐 것이다. **환율**換率/exchange rate이란 사전적 의미로 국가 간 통화의 교환 비율을 말한다. 한마디로 원화와 달러 사이의 상대가격이다. 금리가 원금에 대한 이자의 비율이라면, 환율은 상이한 국가의 돈을 서로 맞바꿀 때 정해지는 자국 화폐의 비율이다. 미국의 1달러가 국내에서도 그대로 쓰인다면 환율의 영향을 받지 않겠지만, 엄연히 우리나라의 통화는 원화며 시중에서 은행을 제외하고 달러는 받아주는 곳은 거의 없다. 따라서 달러를 원으로 환산하여 그에 해당하는 비율의 금액을 바꾸어야 국내에서 경제활동을 이어갈 수 있다. 이때 기준으로 삼는 비율이 바로 환율이다. 환율 역시 금리와 마찬가지로 투자에서 매우 중요한 지표가 된다.

무엇보다 환율 인상은 국내 물가 상승을 가져온다. 수입은 상대적으로 축소되고 수출이 확대된다. 수출이 늘어나면 자연스레 국내 기업들의 이익도 그만큼 증가하기 때문에 주가가 오를 여지가 있다.

반대로 환율 하락은 수입이 확대되고 수출이 감소하기 때문에 국내 기업들의 이익이 감소하고 주가가 하락할 수밖에 없다. 물론 이러한 논리는 지극히 단순하고 원론적인 설명에 불과하다. 국내 투자자 입장에서 환율과 증시와의 관계는 호재와 악재를 구분하기 힘들 만큼 매우 다양하고 복잡한 변수들의 조정을 받기 때문이다. 특히 환율과 관련해서는 외국인 투자자의 매수-매도 움직임이 중요한 변수로 작용한다. 가만히 생각해보면 그럴 수밖에 없다. 외국인 투자자라면 주식을 매수할 때는 달러를 원화로, 매도할 때는 원화를 달러로 **환전**換錢/exchange해야 하기 때문이다. 당연히 국내에 투자를 시작할 때나 투자금을 회수할 때 해당 환율을 꼼꼼히 체크할 수밖에 없다. 투자자라면 한 푼이라도 환전 시 발생하는 **환차손**換差損을 피하고 반대로 **환차익**換差益은 실현하려 할 것이기 때문이다.

"환율과 관련해서는
외국인 투자자의 동향을 관찰하라"

환율 인상은 원화 가치의 하락을, 달러 가치의 상승을 의미한다. 반대로 환율 인하는 원화 가치의 상승을, 달러 가치의 하락을 의미한다. 전자를 원화가 **평가절하**depreciation되었다고 하며, 후자를 **평가절상**appreciation되었다고 한다. 결국 미래에 환율이 하락할 가능성이 있다고 할 때 외국인 투자자들은 국내 주식을 사들일 것이 뻔하다. 반대로 장차 환율이 상승할 가능성이 높아지면 외국인 투자자들은 국내 주식을 팔아치우려고 할 것이다. 환율의 변동이 고작 몇십 원에서 몇백 원을 오가는 수준이지만 이들이 밀고 들어오는 물량을 생각하면 이 작은 환율차만 잘 이용해도 엄청난 수익을 거둘 수 있다는 이야기가 된다. 상황이 이렇다 보니, 정부가 인위적으로 자국의 환율을 조정하는 경우에는 국제적인 제재를 받을 수 있다. 환율조작국이라는 오명과 함께 국제사회에서 경제적 발언권을 상실하게 되는 것이다.

이렇게 돈의 추이에 따른 세 가지 원리를 살펴보았다. 금리와 세금, 환율은 언뜻 단순해 보이지만 종종 투자의 원칙에서 커다란 위력을 발휘하는 변곡점이 된다. 현명한 투자자라면 이런 부분들을 보다 면밀하게 볼 수 있어야 현실에서 불패의 투자를 실현할 수 있게 된다. 이제 다음 장에서는 본격적으로 투자의 본질에 대한 이야기를 하도록 하자.

2
투자의 본질

"투자자들이 부동산으로는 돈을 벌고
주식에서는 돈을 잃는 이유가 있다.
부동산을 고를 때는 몇 개월을 고민하지만,
주식은 단 몇 분 만에 결정한다."
- 피터 린치 -

1626년, 북미 인디언들은 당시 네덜란드에서 신대륙으로 건너온 이주민들에게 오늘날 세계 굴지의 금융 기업들이 모여 있는 뉴욕의 맨해튼을 단돈 24달러에 팔았다고 한다. 물론 24달러가 오늘날의 가치로 따져 훨씬 값어치가 나갔을 게 분명하다. 존 템플턴은 당시 원주민들이 맨해튼을 팔고 받은 그 돈을 매년 8%의 복리 수익을 내는 은행 상품에 투자했다면, 300년이 지난 1926년에 그 투자금은 2,550억 달러까지 불어났을 거라고 말했다. 그 정도면 같은 해 미국의 1년 예산의 60배가 넘는 어마어마한 금액이다. 투자에 시간을 누적시킨 결과다. 워런 버핏은 복리의 위력을 산비탈에서 눈덩이를 굴리는 것에 빗댔다. 비록 초기에는 별 볼일 없는 적은 금액일지라도 시간이 누적되고 이자에 이자가 붙으면서 나중에는 엄청난 자산으로 불어나게 된다는 것이다. 이를 버핏은 **스노우볼 효과**snowball effect라고 불렀다.

버핏은 습관처럼 말한다. "내가 가진 부는 세 가지로부터 왔다. 미국에 살았던 것, 운 좋게도 장수 유전자를 가진 것, 그리고 복리다." 실제로 버핏은 11세에 처음 투자를 시작해서 지금은 97조 원의 재산을 가진 세계 최고의 갑부가 되었다. 그의 재산 형성 과정을 들여다보면, 오늘날 자산의 대부분은 최근 들어 쌓은 것이다. 일례로, 버핏은 88세에 845억 달러라는 어마어마한 부를 일궜는데, 그중에서 99%에 달하는 842억 달러는 그가 50세 이후에 주식투자로 번 돈이었다. 그는 1965년부터 2008년까지 44년간 투자로만 연평균 20.3%라는 수익률을 기록했는데, 그중 복리로 거둔 누적 수익률은 3,623배였다. 버핏에게 35년 전 100만 원을 맡겼다면 산술적으로 지금쯤이면 약 180억 원 이상의 수익으로 돌아올 것이다.

버핏을 위대하게 만든 비결은 복리가 마법을 부릴 때까지 그가 끈덕지게 기다렸던 인내심에 있다. 물론 그가 밝힌 대로 장수를 누린 것도 무시할 수 없을 것이다. 중요한 것은 지금 당장 투자를 해야 한다는 사실이다. 이번 장에서는 투자의 본질에 대해 이야기할 것이다. 투자에 임하는 투자자에게 가장 중요한 첫 번째 임무는 현실 점검을 통해 투자의 로드맵을 짜고 그 위에서 체계적으로 종잣돈을 모으고 분산투자와 가치투자를 실현하는 자세에 있다.

부의 로드맵 만들기: 투자 성공의 8단계 원리

여러분은 오늘 모 기업 영업부 팀장으로서 중요한 거래처와 미팅을 잡았다. 여러분이 소속된 회사의 올해 1사분기 영업 실적에 포함되어야 할 거래면서 동시에 내년 승진을 눈앞에 둔 여러분의 개인 실적에도 빠져선 안 될 중요한 프로젝트다. 며칠 전부터 PPT를 만들고 부장 앞에서 실전을 방불케 하는 시뮬레이션을 여러 차례 진행했다. 약속 당일, 미리 준비한 자료들을 서류가방에 챙겨 넣고 일찌감치 회사를 나선다. 서울 본사에서 부산 모처로 출장을 간다고 가정해보자. 약속 시간에 약속된 장소로 가기 위해선 충분한 연료가 채워진 안전하고 든든한 차가 필요하다. 하지만 제아무리 교통수단이 완벽히 갖춰졌다 하더라도 정작 약속 장소로 가는 길을 모른다면 아무런 쓸모가 없을 것이다. 몇 번 고속도로를 타고 무슨 톨게이트를 빠져 나와 몇 번 국도를 몇 시간 달려야 하는지 알려면 차에 장착된 내비게이션을 활용해야 한다. 마찬가지다. 영원한 자유를 가져다주는 인생의 부에 도달하기 위해서는 최소한의 종잣돈과 정확한 투자 수단, 그리고 부의 로드맵이 필요하다.

부의 로드맵은 부로 가는 최단거리를 표시해둔 지도다. 다만 지구상에 완벽한 지도란 존재하지 않는다는 점을 기억하라. 부의 로드맵은 정확한 축척을 통해 만들어지지 않았다. 이를 두고 철학자 조너선 스미스는 '지도는 영토가 아니다Map is not territory.'라고 말했다. 이는 무슨 의미일까? 무엇보다 지도는 제작자mapmaker의 의도와 철학이 반영될 수밖에 없다. 1402년, 조선 태종 2년에 제작된 「혼일강리역대국도지도混壹疆理歷代國都之圖」를 보자. 조선이 제작한 세계지도임

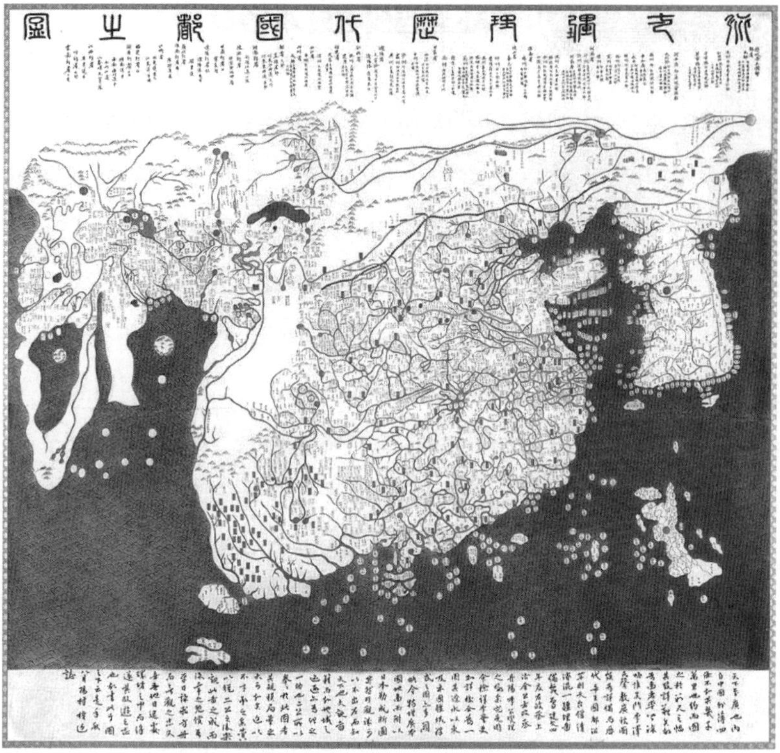

「혼일강리역대국도지도」, 한반도가 중국 대륙의 우측으로 밀려나 있다.
출처: ko.wikipedia.org

에도 불구하고 중앙에 중국 대륙이 그려져 있고 한반도는 오른쪽 귀퉁이로 밀려나 있다. 여기서 지도를 제작한 왕조와 관계자들이 갖고 있던 세계관을 엿볼 수 있다. 명나라가 세계의 중심이라는 중화中華 사상은 조선의 건국 세력들의 가치관이었고, 조선은 옆에서 대국을 섬기는 신하의 나라였던 것이다. 이런 지정학적 이해는 고스란히 지도에 반영되었다.

그렇다고 해서 부의 로드맵이 쓸모없다고 말할 수는 없다. 지도는 길을 찾기 위해 만들어졌다. 바닷사람들이 이용하는 지도에는 항로에서 피해야 할 암초와 험난한 지형, 물살이 빠른 곳과 해류가 지나가는 길목들이 빼곡히 적혀 있다. 당시 조잡한 항해술을 보완하도록 해안선과 좌표들, 밤하늘의 별자리 등이 그려져 있어 지도대로 항해한다면 틀림없이 육지에 도달할 수 있도록 제작되었다. 부의 로드맵 역시 부로 가는 지름길을 보여주도록 제작되었다. 이 길로만 간다면 누구나 투자에 성공하여 영원한 재정적 자유를 누리는 왕국에 도착할 것이다.

꿈과 목표 설정 및 드림 프레임워크에 관해서는 저자의 자전적 에세이 『퓨처드림』에 자세히 제시되어 있다. 필자의 삶과 투자 경험에서 정립된 부의 로드맵에는 크게 8단계의 원리가 순서대로 배치되어 있다. 성찰, 현실 점검, 결심, 목표 설정, 습관화, 내재화, 신념화, 성취의 단계로 나아간다. 이 순서는 앞뒤가 바뀌거나 바쁘다고 한두 개쯤 건너뛸 수 있는 게 아니다. 반드시 여덟 가지 단계를 순서대로 천천히 밟아나갈 때 목적지까지 안전하게 갈 수 있다. 물론 여기서 제시된 부의 로드맵은 이상적인 것이며 개인마다 형편에 따라 디테일은 얼마든지 서로 달라질 수 있다.

부의 로드맵: 투자 성공의 8단계 원리

1 성찰	삶의 목표, 행복의 기준, 존재이유
2 현실 점검	가족, 직업, 고용 형태, 여가, 재정 현황, 자산-부채 비율
3 결심	투자의 필요성, 종잣돈 모으기, 생활 개혁, 사고방식의 변화
4 목표 설정	투자 목표, 투자 계획, 단기 목표, 중장기 목표
5 습관화	투자 경험, 투자 습관, 나쁜 습관 없애기, 경제적 생활 습관화
6 내재화	투자 철학, 사고 전환, 긍정적 자기인식, 독서와 명상
7 신념화	투자 확신, 흔들리지 않는 신념, 위기관리
8 성취	재정적 자유, 안정과 행복, 세 가지 부자, 기부와 나눔

1) 성찰: 스스로에게 묻는 일생일대 가장 중요한 질문

우리는 모두 행복하기 위해 태어났다. 행복으로 가는 길은 서로 다를지라도 행복이 인생의 목적지인 건 모든 사람에게 동일하게 적용될 것이다. 행복과 관련하여 미국의 심리학자 에이브러햄 매슬로우Abraham H. Maslow는 인간에게는 충족되어야 할 **욕구**needs가 있다고 말했다. 이 욕구는 아래에서 위로 다섯 단계의 피라미드로 구성되어 있는데, 그는 밑에 깔려있는 욕구가 해결되어야 비로소 다음 단계의 욕구로 넘어갈 수 있다고 주장했다. 첫 번째 욕구는 먹고 자는 생리적 욕구의 단계며, 두 번째는 신체적·심리적 안전의 욕구, 세 번째는 사회적 소속의 욕구, 네 번째는 인정의 욕구, 그리고 마지막 다섯 번째 단계는 자아실현의 욕구이다.* 매슬로우에 따르면, 아래 네 가지 욕구는 부족과 결핍에서 행동으로 옮기도록 도움을 주는 동기부여가 되지만, 마지막 다섯 번째 단계는 다른 욕구와 달리 충족되면 될수록

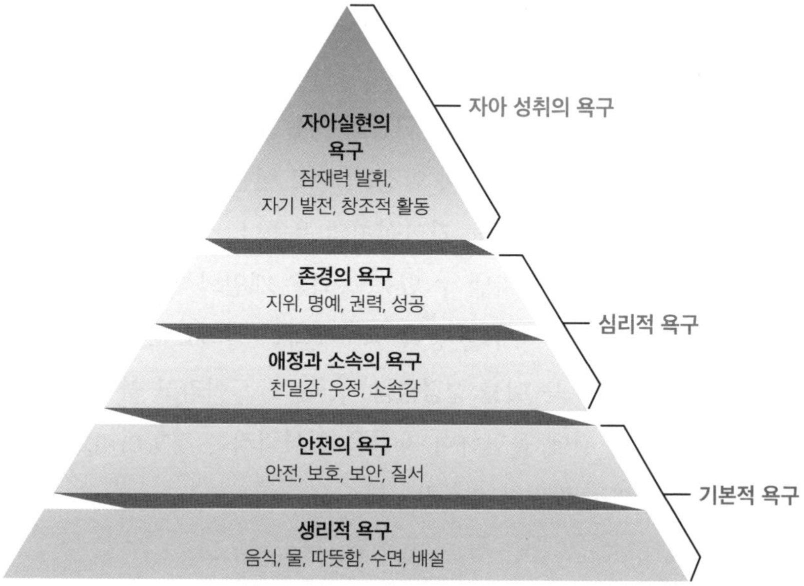

매슬로우의 욕구 피라미드

* 훗날 매슬로우는 여기에 인지적 욕구와 심미적 욕구를 더하여 총 일곱 단계의 욕구 피라미드를 제시했다.

욕구의 크기가 더 커진다고 한다.

인간이라면 누구나 생리적 욕구를 무시할 수 없다. 우리는 분명 먹고 마시는 존재임을 부정할 수 없으며 여느 동물들처럼 신체상의 쾌락과 생존 및 자기보존의 본능을 갖고 있다. 분명 건강한 몸은 궁극적인 행복이라는 분수의 밑변을 차지한다. 하지만 이런 행복감이 인생의 전부가 될 수 없다는 사실을 우리는 잘 알고 있다. 예수의 말씀처럼, 사람이 빵으로만 살 것이 아니기 때문이다. **함포고복**含哺鼓腹의 삶이 안정적으로 지속되기를 바라는 욕구 또한 행복감의 중요한 원천이다. 우리는 행복감을 위해 내가 속한 집단과 사회에 필요한 존재라는 **자기효능감**self-efficacy도 필요하다. 동시에 자신이 잘하는 것에 대해 인정을 받고 싶은 욕구도 무시할 수 없다. 미국 심리학의 아버지 윌리엄 제임스William James는 인간의 행동을 지배하는 가장 기본적인 원리가 다른 사람으로부터 인정을 받고 싶은 마음이라고 말했다. 그리고 가장 중요한 욕구는 자아실현의 욕구다. 스스로 성장하고 자신의 가치를 100% 끌어낼 수 있는 능력은 개인의 자아를 웃자라게 하며 단순히 육체적 욕구를 충족하는 것과는 질적으로 다른 만족감을 준다. 매슬로우는 이를 **절정경험**peak experience이라고 불렀다. 절정경험이란 어떤 것에 몰입하여 자신을 잊어버리는 경험이며, 만족의 정상에서 느끼는 짜릿한 행복감이다.

질문 5
나에게 행복의 기준은 무엇인가?

2) 냉철한 현실 점검

문제는 자신의 현실이다. 냉철한 자기이해와 현실 점검은 욕구 피라미드에서 내가 어떤 단계에 와있는지, 어떤 부분이 부족한지 깨닫게 한다. 절정경험은커녕 기초적인 의식주조차 갖추지 못했다면 행복은 요원할 수밖에 없다. '행복은 성적순이 아니잖아요.'를 외치는 열등생이 마음만은 우등생이라며 자위하듯, '행복은 아파트 평수가 아니잖아요.'를 외치는 무주택자가 월세를 전전하며 꾸역꾸역 정신승리로 버티는 데에도 한계가 있다. 진정한 도약은 현실을 냉엄하게 마주하는 데에서 시작한다. 돈이 없어서 불행하다는 걸 인정하라. 플라토닉 러브가 이 세상에 존재하지 않듯, 물적 토대를 거세한 플라토닉 행복이라는 것 역시 이념 속에만 존재할 뿐 세상에서는 찾아볼 수 없다. 위기에 빠진 GE를 세계적인 기업으로 탈바꿈시킨 잭 웰치Jack Welch는 그래서 이렇게 말했다. "현실을 과거의 방식이나 그대가 바라는 방식이 아닌 있는 그대로 바라보라."

현실 점검은 FORM의 단계로 한다. FORM은 각기 네 개의 단어로 구성된 두문자어acronym로 가족family과 직업occupation, 휴식과 여가rest & recreation, 그리고 금전적 여유financial freedom를 가리킨다. 이 네 가지는 앞선 단계에서 수행했던 성찰에 비추어 지금 내가 어느 좌표에 서 있는지 명확하게 깨닫도록 도와준다. ① 우선 가족은 사회 구성단위에서 가장 기초적인 단위로 삶의 만족도에 큰 영향을 미친다. 요즘에는 1인가구도 많이 늘었기 때문에, 자신의 상황에 맞는 가족 형태를 상정하면 되겠다. ② 그다음 현실 점검은 직업이다. 자신의 지금 하고 있는 일이 만족스러운지 돌아볼 수 있다. 여기서 직업이

현실 점검의 네 가지 영역

1 가족	지금 내 가족은 평안하고 행복한가? (싱글이라면, 지금 난 건강한가?)
2 직업	지금 나는 가족을 부양할 수 있을 만큼 안정적인 직업을 갖고 있는가?
3 휴식과 여가	지금 나는 만족스러운 휴식과 자기계발을 위한 여가를 누리고 있는가?
4 금전적 여유	지금 나는 위의 세 가지 항목을 뒷받침할 만큼 금전적인 여유가 있는가?

꼭 월급쟁이를 의미하는 건 아니다. 오늘날 직업의 개념과 형태도 전과는 많이 달라졌기 때문이다. ③ 그다음 현실 점검은 여가와 휴식이다. 직업 외에 사회활동과 취미활동, 종교활동, 그 밖의 다양한 개인적인 활동이 여기에 속한다. 최근 워라밸work & life balance과 욜로YOLO가 문화현상으로 부상하면서 직업보다 취미와 자기계발이 삶에서 더 중요한 가치를 갖는 요소가 되었다. ④ 마지막 현실 점검은 역시 금전적인 부분이다. 특히 가족과 직업, 휴식과 여가를 뒷받침할 수 있을 만큼 충분한 재정적 여유가 있는지 되돌아볼 필요가 있다.

질문 6

나는 지금 인생 계획에서
어디쯤 와있는가?

3) 결심은 빠를수록 좋다

세계적인 투자자 레이 달리오Ray Dalio는 자신의 책 『원칙』에서 투자의 원칙을 다음과 같이 제시했다. "1) 무엇을 원하는지, 2) 진실은 무엇인지, 그리고 3) 2)번의 관점에서 1)번을 달성하려면 무엇을 해야 하는지 스스로 생각하라."* 복잡한 시장을 분석하던 투자자치고는 매우 심플한 접근이다. 달리오의 이 접근에는 필자의 부의 로드맵과 일치하는 부분이 존재한다. 달리오에게 '1) 무엇을 원하는지'는 필자에게 1)번 성찰에서 다루었던 행복에 해당할 것이며, '2) 진실은 무엇인지'는 필자에게 2)번에서 다루었던 현실 점검과 일맥상통할 것이다. 그리고 '2)번의 관점에서 1)번을 달성하려면 무엇을 해야 할까?'는 필자가 지금 다루려고 하는 3)번 결심에서 그 답변을 찾을 수 있을 것이다. 이는 다음의 3단계 명제로 정리할 수 있다.

1. 내가 원하는 것은 행복이고 자아실현이며 진정한 나로 살아가는 것이다.
2. 그런데 지금 현실은 내가 원하는 것을 얻지 못하여 매우 불만족스럽다.
3. 현실을 타개하고 행복을 얻기 위해 나는 투자를 할 수밖에 없다는 결론을 내렸다.

* 레이 달리오, 『원칙』, 고영태 역, 한빛비즈, 11-12.

질문 7
나는 지금 투자를 결심했는가?

4) 목표 설정은 구체적으로

투자를 하기 위해서 사전에 준비해야 할 것들이 있다. 바로 목표 설정이다. 윔블던에서 최초로 우승을 차지했던 미국의 흑인 테니스 선수 아서 애쉬Arthur Ashe는 "그대가 있는 곳에서 시작하라. 그대가 가진 것에서 활용하라. 그리고 그대가 당장 할 수 있는 것들을 하라."고 말했다. 현실 점검과 결심, 목표 설정에 이르는 부의 로드맵을 정확히 드러내는 명언이 아닐 수 없다. 인생의 비극은 목표에 도달하지 못하는 게 아니라 도달할 목표가 아예 없는 것이다. 돌이켜 보건대, 투자보다 목표가 중요한 일은 인생에 많지 않다. 꿈이란 아무도 보지 못하는 것을 보는 능력이며, 목표란 그 꿈을 눈에 보이도록 만드는 힘이다. 목표는 그 자체가 경쟁력이다. 거의 대부분의 사람들이 투자에 뛰어들면서 목표라는 걸 갖지 않기 때문이다.

철강왕 앤드류 카네기Andrew Carnegie는 "행복해지고 싶다면, 그대의 사고를 통제하고 에너지를 키우고 희망을 불어넣을 목표 설정을 시작하라."고 말했다. 필자는 일찍이 자전적 에세이 『퓨처드림』에서 목표 설정의 노하우를 자세히 제시했다. 목표 설정은 소위 **드림 프레임워크**dream framework를 통해 설계되는데, 이는 각기 꿈dream과 목표goal, 그리고 계획plan을 구상하고 수립하는 것이다. 내가 진정으로 바라는 꿈을 찾아보고, 내가 세운 꿈을 이루기 위한 중장기 목표를 수립하며, 수립한 목표를 달성하기 위한 세부적인 계획을 짠다. 디쥐피(D→G→P)의 순으로 설계하고, 피쥐디(P→G→D)의 순으로 실천한다. 필자는 드림 프레임워크를 다음과 같은 도형으로 제시했다.*

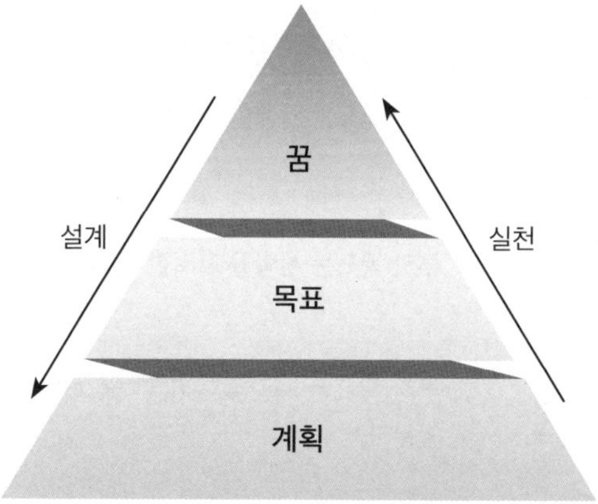

목표 설정: 드림 프레임워크

목표는 구체적이어야 한다. 구체적인 목표가 없는 투자는 일시적인 하락장에도 패닉셀을 남발하도록 부추긴다. 투자는 항상 구체적인 숫자가 동반되어야 한다. 또한 목표는 수치로 확인이 가능해야 한다. 측정이 불가능한 투자 목표는 제대로 세팅된 목표라고 할 수 없다. 무엇보다 목표는 실천 가능한 것이어야 한다. 모든 투자는 첫술에 배부를 수 없다. 과도한 욕심으로 시작한 투자가 투기로 변질되는 건 눈앞에 실천 가능한 목표를 세워두지 않았기 때문이다. 당연히

* 김병곤, 『퓨처드림』, 피톤치드, 55.

스마트SMART: 바람직한 목표 설정의 기준

1	구체적인 specific	투자 목표(종목, 섹터, 수익, 손실 등)가 구체적인가?
2	측정가능한 measurable	투자 목표(종목, 섹터, 수익, 손실 등)가 구체적인가?
3	달성가능한 achievable	투자 목표는 달성할 수 있는 수준인가?
4	현실적인 realistic	투자 목표는 상황을 고려한 현실적인 목표인가?
5	시간제한적 time-limited	투자 목표는 시간(보유 기간, 매수 매도 시점)의 제한이 있는가?

투자 목표는 현실적이어야 한다. 비현실적인 '빚투'나 능력에 맞지 않는 '영끌'은 패가망신의 지름길이다. 마지막으로 투자의 목표에는 반드시 시간의 제한을 두어야 한다. 시간이 빠진 투자는 자칫 엉뚱한 방향으로 흘러갈 수 있다. 캐나다의 억만장자 로버트 헤이야비치 Robert Herjavec는 "시간표가 빠진 목표는 단지 몽상에 불과하다."고 일갈했다. 바람직한 목표의 특성을 정리하면 소위 경영학에서 말하는 **스마트**SMART가 성립한다. 목표는 매우 구체적이고, 측정 가능하며, 달성 가능하고, 현실적이며, 제한된 시간 내에 이룰 수 있는 것들이어야 한다.

모든 스포츠에는 준비운동이 필요하다. 준비운동은 바쁘다고 생략할 수 있는 게 아니다. 충분히 몸을 풀지 않고 시합에 임했을 때는 자칫 부상을 입거나 충분히 만족할 만한 퍼포먼스가 나오지 못할 수 있다. 투자 역시 마찬가지다. 투자에도 반드시 필요한 '준비운동'이 있다. 여기에는 긍정적인 사고를 습관화하기 위해 자기계발서를 읽고, 국내외 경제의 흐름과 산업 동향, 각종 경제 지표와 현황을 습득하며, 구체적으로 주식과 암호화폐에 대해 그 개념과 원리를 공부하고, 이러한 토대 위에서 총체적인 투자의 마스터플랜을 수립하고 투자 방법과 전략을 구상하는 일 등이 포함된다. 이 부분은 매우 중요하기 때문에 뒤에서 보다 자세히 설명하겠다.

5) 습관보다 무서운 건 없다

실제로 부의 로드맵에서 가장 중요한 원칙이 바로 습관화다. 뇌과학자들은 하나의 행동 패턴을 습관으로 만드는 데 뇌가 매우 중요한 역할을 한다고 말한다. 평소 인지와 결정에 허비되는 에너지를 줄이는 방법으로 뇌가 고안한 것이 바로 습관이라는 메커니즘이다. 이에 대해 찰스 두히그는 『습관의 힘』에서 이렇게 말한다. "과학자들의 연구에 따르면 습관이 형성되는 이유는 우리 뇌가 활동을 절약할 방법을 끊임없이 찾기 때문이다. 어떤 자극도 주지 않고 가만히 내버려두면 뇌는 일상적으로 반복되는 거의 모든 일을 무차별적으로 습관으로 전환시키려고 할 것이다. 습관이 뇌에게 휴식할 시간을 주기 때문이다. 뇌가 활동을 절약하려는 본능은 우리에게 상당히 유리하게 작용한다. 뇌가 효율적이면 그만큼 뇌에 필요한 공간이 줄어들고, 따라서 머리 크기도 작아질 수 있다."*

습관의 힘은 무섭다. 한번 익힌 습관은 몸에 붙어 좀처럼 떨어지지 않는 거머리와 같다. 좋은 습관이든 나쁜 습관이든 무의식중에 튀어나온다. 1960년대 뉴욕발레단의 수석 발레리나였던 마르타 곤잘레스는 은퇴한 뒤 말년에 중증 치매에 걸리고 말았다. 그녀는 자신의 이름뿐만 아니라 예전에 자신이 발레리나였다는 사실조차 기억해내지 못했다. 그런데 하루는 그녀가 우연히 흘러나오는 백조의 호수를 듣자 갑자기 휠체어에서 발레를 추기 시작했다. 그녀의 대뇌는 과거의 모든 기억을 깡그리 잃어버렸지만 평생 그녀가 추었던 춤사위만큼은 몸이 기억한 것이다. 투자도 집중적인 연습으로 몸에 익혀야 하는 습관이다. 작은 성공들을 뇌가 기억하고 좋은 습관들로 익히면 운명이 바뀐다. 웬디 우드는 『해빗』에서 습관의 중요성을 강조했다. "당신이 선택한 리추얼ritual, 즉 반복적인 행동이 무엇이든 간에 거기에는 충분히 납득할 만한 이유가 있을 것이다. 무작위적 패턴이 습관이 되는 이유는 단지 우리가 늘 그렇게 해왔기 때문이다. 바보같이 들릴 수도 있지만 그것이 진실이다. 올바른 습관은 종종 우리가 알지 못하는 사이에 삶의 패턴을 규칙적이고 안정적으로 조율하고 어딘가에 깊이 몰두할 수 있게 도와준다."**

"투자도 습관이다
작은 성공들을 뇌가 기억하고
좋은 습관들로 익히면 운명이 바뀐다"

* 찰스 두히그, 『습관의 힘』, 강주헌 역, 갤리온, 39.
** 웬디 우드, 『해빗』, 김윤재 역, 다산북스, 310-311.

습관화habituation에는 좋은 습관을 습득하는 일도 있지만 동시에 나쁜 습관을 끊어내는 일도 포함된다. 이를 **탈습관화**dehabituation 또는 '**습관 끊기**'라고 한다. 습관화보다 탈습관화가 더 힘들고 그렇기에 더 중요하다. 그래서 데니스 웨이틀리는 "나쁜 습관을 끊는 건 불가능하다. 대신 좋은 습관으로 바꾸는 것만 가능할 뿐이다."라고 말했다. 나폴레옹 힐은 "나쁜 습관 하나가 좋은 습관 열 가지를 망가뜨린다."고 경고했다. 좋은 습관이 내 몸에 하나씩 옷을 입히는 거라면, 나쁜 습관은 이미 내가 입고 있는 옷을 하나씩 벗는 작업이기 때문이다. 이에 대해 제임스 클리어는 이렇게 말한다. "시간은 성공과 실패 사이의 간격을 벌려놓는다. 우리가 어디에 시간을 들였든 그것은 복리로 증가한다. 좋은 습관은 시간을 내 편으로 만들지만 나쁜 습관은 시간을 적으로 만든다. 습관은 양날의 검이다. 좋은 습관은 우리를 성장시키지만 나쁜 습관은 우리를 쓰러뜨린다. 그래서 매일 하는 일들 하나하나가 중요하다. 습관이 어떻게 작용하고, 또 어떻게 해야 우리가 좋아하는 것들로 삶을 채워나갈 수 있는지 알아야 위험한 칼날을 피할 수 있다."*

질문 8
나는 버리고 싶은 나쁜 습관이 있는가?

* 제임스 클리어, 『아주 작은 습관의 힘』, 이한이 역, 비즈니스북스, 39.

6) 내재화: 행동을 나의 것으로 만드는 기술

습관화는 체화體化, 즉 투자의 내재화內在化를 가져온다. 뇌 속에 습관의 프레임이 형성된 단계라고 할 수 있다. 내재화에는 절대적인 시간이 필요하다. 아무런 시간 소비도 없이 단번에 경험치를 끌어올릴 수 있는 방법은 세상에 없기 때문이다. 말콤 글래드웰은 『아웃라이어』에서 심리학자 앤더스 에릭슨의 논문을 인용하며 소위 **1만 시간의 법칙**10,000 Hours Rule을 주장했다. 그는 세계적인 바이올린 연주자와 아마추어 연주자 간 실력 차이는 대부분 연주 시간에서 비롯된 것이며, 우수한 집단은 연습 시간이 1만 시간 이상이었다고 주장했다. 어떤 분야의 전문가가 되기 위해서는 최소한 1만 시간 정도의 훈련이 필요하다는 것인데, 이는 정확히 매일 3시간씩 훈련할 경우 약 10년, 하루 10시간씩 투자할 경우 3년이 걸리는 양이다. 절대적인 법칙처럼, 글래드웰은 누구라도 하나의 분야에 능수능란한 경험치를 얻기 위해서 개인의 노력과 함께 물리적인 시간이 필요하다는 사실을 밝혀냈다.

투자도 마찬가지다. 투자의 습관은 투자의 체화를 완성한다. 마치 새로 입주한 아파트에 붙박이장처럼 일단 투자가 삶에 스며들게 되면 TV를 보든 뉴스를 듣든 모든 정보가 투자로 귀결된다. 일상이 투자가 되고 투자가 일상이 된다. 대화는 주식 정보로 채워지고 쓸데없는 연예인 가십이나 남의 뒷담화는 사라진다. 이를 두고 피터 린치는 다음과 같이 말했다. "당신 스스로 직접 투자하기로 결정했다면 독자적인 길을 가야 한다. 이는 최신의 기밀정보와 루머, 중개업자의 추천 및 각종 투자정보지의 관심종목 추천 따위를 자신의 이익을 위해 일단 무시하는 걸 의미한다. 당신이 일상에서 약간의 신경만 쓰면 직장이나 동네 쇼핑상가 등에서 월스트리트 전문가들보다 훨씬 앞서 굉장한 종목들을 골라 가질 수 있다."

질문 9
내게 내재화된 경험은 무엇인가?

7) 신념이 빵보다 중요한 이유

투자의 내재화는 투자에 대한 자신만의 철학을 정립하도록 이끈다. 이것은 단순히 투자의 노하우를 아는 데에서 그치지 않는다. 돈의 의미를 스스로 묻고 그 해답을 찾는 투자자가 된다. 이는 통계나 수치가 아닌 가치관에 대한 것이다. "사이먼 사이넥은 『나는 왜 이 일을 하는가』라는 책에서 지구상의 모든 조직은 자기들이 하는 일이 무엇what인지 알고 있다고 말한다. 이는 그들이 파는 상품이나 서비스다. 몇몇 조직들은 자기들이 어떻게how 일해야 하는지 알고 있다. 반면 매우 소수의 조직만이 자기들이 왜why 그 일을 하는지 알고 있다. 왜는 목적이다. 원인이자 신념이다."* 투자에 임할 때 목표 설정이 무엇을 할 것인가에 대한 답을 찾는 것이라면, 습관화가 어떻게 그것을 할 것인가에 대한 답을 얻는 과정이라 할 수 있다. 반면 이유는 철학

* 김병곤, 앞의 책, 146.

과 관련된 것이다. 이건 노하우와 노왓을 모두 알아야 나올 수 있는 고차원적인 질문이다. 이건 매슬로우가 말했던 욕구 피라미드의 정점에 올랐을 때 비로소 할 수 있는 물음이며 인생의 본질적인 이유에 대하여 답을 찾는 **빅 퀘스천**big question이다.

"철학을 가진 매우 소수의 투자자만이
왜 자신이 투자를 하는지 알고 있다"

철학은 상황에 대한 관점을 만들어준다. 나만의 관점이 없는 투자는 큰 수익을 내지도, 오래 지속하지도 못한다. 인터넷에 돌아다니는 수많은 레시피를 갖고도 우리가 제대로 된 요리 하나 만들지 못하는 것은 음식에 대한 나만의 해석, 나만의 관점이 없기 때문이다. 김현철은 『트릿』에서 이렇게 말한다. "모든 사람들은 같은 사안을 두고 서로 다른 관점을 갖는다. 예를 들어, 알파벳 N이 눈앞에 있다고 해보자. 화학자는 N을 보면서 대번 질소를 떠올릴 것이다. 물리학자는 N을 보면서 아마도 자석의 N극을 떠올릴 것이다. 영문학자는 N을 보면서 명사를 떠올릴 것이다. 반면 경제학자는 N을 보면서 모집단의 개체수를 떠올릴 것이다. 화학자는 N과 함께 수소 H를, 물리학자는 N과 함께 S극을, 영문학자는 N과 함께 동사 V를, 경제학자는 수익에 대한 N분의 1을 떠올린다. 각자의 관점이 같은 사물을 보는 데 얼마나 큰 영향을 미치는지 말해주는 예다."*

* 김현철, 『트릿』, 피톤치드, 237-238.

질문 10

나만의 투자 철학은 무엇인가?

8) 성취: 돈과 시간, 친구의 부자

부의 로드맵은 경제적 꿈과 목표를 달성하는 성취로 완성된다. 성공의 정의는 사람마다 다를 수 있지만 성공의 결과는 대부분 비슷하다. 삶의 여유가 생기면서 덩달아 대인관계가 넓어지고 세상을 바라보는 지평이 함께 넓어진다. 투자는 시간과 돈을 맞바꾸는 사슬에서 벗어나 돈이 돈을 버는 시스템으로의 진입을 가능하게 한다. 이를 통해 돈의 부자에서 출발해 시간의 부자, 그리고 친구의 부자가 된다. 일에서 어느 정도 벗어나는 삶이 가능해야 돈과 시간과 친구(관계)의 복을 누릴 수 있다. 아들이 그랜드캐니언이 보고 싶다면 당장 티켓을 끊고 미국으로 날아갈 수 있는 시간의 자유, 딸이 고열로 끙끙 앓고 있다면 일에 구애받지 않고 옆에 앉아서 이마에 냉수건을 갈아줄 수 있는 선택의 자유, 유럽 여행을 간다면 함께 갈 동료와 벗들이 있는 친구의 자유가 있는 삶이 투자자가 꿈꾸는 진정한 성취의 모델이다. 아무리 돈이 많아도 함께 누릴 수 있는 친구가 없다면 얼마나 불행한가? 아무리 시간이 많아도 쓸 돈이 없다면 얼마나 우울한가? 아무리 돈이 많아도 여행을 가고 나만의 여유를 즐길 시간이 없다면 이 또한 얼마나 안타까운가?

여기서 한 가지 더! 성취에는 나눔이 반드시 들어가야 한다. 우

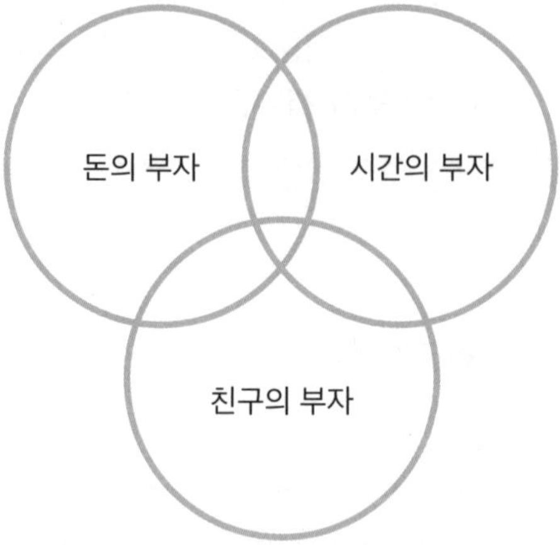

투자를 통한 이상적인 성취 모델

리는 모두 크고 작은 일정한 공동체에 속해 있으며 그 공동체에서 내가 부여받은 역할의 분량은 내 성취로 인해 커지기 때문이다. 공동체가 각 개인에게 주는 역할은 각자가 감당해야 할 의무이기도 하다. 의무와 책임을 방기하는 구성원은 범죄자 아니면 무임승차자다. 성공한 투자자는 자신이 있는 곳에서 자신의 성취를 나누고 봉사할 수 있는 여유가 있는 사람이다.

질문 11

인생에서 내가 이룬 성취에는
무엇이 있는가?

지금 본인의 상황을 다음 도표에 채워보자.

현재 나의 상황 체크 기록

건강	신체-정신적 건강, 활력	
직업	직업선택, 평생직업, 자기실현	
가족	화목, 자녀교육, 가족 건강	
재정	돈, 투자, 여유, 경제적 자유	
배움	학업, 자기계발, 평생학습	
친구	인간관계, 모임, 클럽	
시간	여유, 휴식, 여행, 취미, 종교	
나눔	봉사, 헌신, 기부, 가치관	
철학	모범적 인생, 세계관, 우주관	

부자 되기 위한 경제적 생활의 습관화

『명심보감』에는 '대부유천 소부유근大富由天小富由勤'이라는 말씀이 있다. 큰 부자는 하늘이 내리고 작은 부자는 근면이 만든다는 뜻이다. 잘못 생각하면 마치 거부가 되는 건 인간의 노력이 아닌 타고난 운명에 달린 것이라는 착각을 하게 만드는 문장이다. 이를 자칫 잘못 이해하면 근면함이 인간의 운명을 이기지 못하고, 노력이 하늘이 내린 재기才氣를 앞서지 못한다는 숙명론에 빠질 수 있다. 오늘날 천문학적인 재산으로 회자되는 아마존의 제프 베조스와 테슬라의 일론 머스크가 이 말에 얼마나 동의할지 모르겠지만, 공교롭게 두 거부 모두 하늘을 넘어 우주를 향해 우주선을 만들고 있으니, 자수성가형 인물self-made man을 아메리칸 드림을 이룬 이상적인 선구자로 여기는 미국인이라면 대부야말로 노력이 만들어낸 거라고 주장할 것 같다.

1) 태도가 전부다

부의 로드맵을 짜는 것보다 더 중요한 건 실천하는 것이다. 아무리 완벽한 지도를 가지고 있는 여행가라도 이탈리아 피렌체의 두오모 성당을 찾아가는 길을 직접 걷기 전까지는 그저 방구석 탐험가에 불과하다. 로마의 성聖 시스티나 성당 천정에 그려진 미켈란젤로의 성화를 감상하는 일도 사실 인천국제공항 발권대에서 항공권을 끊는 것에서부터 출발하기 때문이다. 결국 부의 로드맵이 자신에게 의미 있는 인생 지도가 되기 위해서는 먼저 그 로드맵대로 일상에 과묵하게 디디고 있던 발을 떼어 앞으로 움직이는 게 전제되어야 한다. 필자는 '태도가 전부다Attitude is everything.'라는 말을 부의 로드맵으로 가는 첫 번째 비결이라고 믿는다.

부의 로드맵을 실천하고 삶의 습관으로 습득하는 데에 필요한 자세로 네 가지가 있다. ① 첫 번째는 지금 당장 하라는 것이다. 세계 최고의 스포츠용품 브랜드 나이키 CF의 캐치프레이즈 '저스트 두잇Just Do It.'으론 부족하다. 뒤에 '지금 당장'을 붙여 '저스트 두잇 롸잇 나우Just Do It Right Now.'라야 한다. 투자는 내일 하는 게 아니다. 마음먹었을 때, 생각났을 때, 한 푼이라도 생겼을 때 하는 것이다. 어디 내놔도 남부럽지 않은 거창한 부의 로드맵, 꿈과 비전만 놓고 보면 알리바바의 마윈이나 소프트뱅크의 손정의 뺨을 때리고 갈 수준이지만, 지금 당장 하지 않는 계획이나 꿈은 한낱 달콤한 몽상에 불과하다. 의무로 주어지는 현장 답사나 필드워크field work를 일절 하지 않고, 자신의 서재 안락의자에 앉아 '피그미 부족의 생활과 문화는 분명 이러이러할 것이다.'라고 머릿속에서 논문을 쓰는 19세기 인류학자들을 가리켜 흔히 '안락의자 철학자armchair philosopher'라고 멸칭했다. 투자에 있어서만큼은 절대 '안락의자 투자자'가 되어선 안 된다. 안전지대를 박차고 투자의 세계로 과감히 발을 들여라.

"안전지대를 박차고
투자의 세계로 과감히 발을 들여라"

질문 12
투자에 대한 나의 태도는 어떤가?

② 두 번째 조언은 계획을 체계적으로 실천하라는 것이다. 투자는 급한 마음에 얼렁뚱땅 넘어갈 수 있는 게 아니다. 부의 로드맵은 단순히 여윳돈을 굴려서 약간의 수익을 노리는 걸 목적으로 하지 않는다. 인생 자체를 바꾸는 습관, 영원한 재정적 자유를 향한 날갯짓이다. 급하다고 아무렇게나 투자에 임할 순 없는 건 바로 그 때문이다. 사소한 투자의 원칙을 중요하게 여겨야 한다. ③ 세 번째는 절대 남과 비교하지 말라는 것이다. 투자 포트폴리오는 개인의 상황과 현실에 따라 천차만별일 수밖에 없다. 괜히 나이와 배경을 개입시키지 말라. "난 이 나이 먹도록 모아 놓은 돈도 없고 대체 뭐했나?" 자칫 자기연민으로 빠질 수 있다. 투자 습관을 내 삶의 일부로 습득하는 데 가장 무서운 적이 바로 자기연민이다. 자기연민은 언뜻 나를 보살피는caring 것처럼 느껴지지만 조금만 찬찬히 뜯어보면 자신의 삶을 저주cursing하는 것일 뿐이다. 버핏은 "잭팟을 터뜨렸다고 말하는 사람들을 부러워하지 말라. 이것이 성공적인 투자의 핵심"이라고 말했다. ④ 마지막으로 결과보다는 방향에 집중해야 한다. 지독한 현실 점검을 통해 지금의 내 좌표에 실망하기보다 지금 내가 나아가는 방향이 맞는지 점검하는 게 필요하다. 방향만 제대로 설정한다면 결국 원하는 재정적 자유에 도달하는 건 시간의 문제라는 걸 깨닫게 될 것이다.

1	지금 당장 시작하라. 오늘 아니면 내일은 없다. 마음먹었을 때 실천한다.
2	체계적으로 실천하라. 사소한 원칙을 소중히 여긴다. 일관성을 유지한다.
3	남과 비교하지 말라. 자기연민에 빠지지 않는다. 방식은 서로 다를 수 있다.
4	결과보다는 방향에 집중하라. 방향만 맞으면 결국 시간의 문제다.

2) 종잣돈을 모아라

루소는 "돈은 다른 돈의 씨앗이다. 첫 번째 1개의 금화가 두 번째 백만 개의 금화보다 얻기 더 힘들다."고 말했다. 작은 씨앗 하나가 온 숲을 이루는 기적을 우리는 익히 알고 있다. 웅장한 돌탑도 사실 밑바닥에 머릿돌 하나를 놓는 것에서 출발했다. 꿈과 목표를 갖고 자그마한 겨자씨 하나를 심는 농부가 큰 결실을 거두는 것처럼, 부의 로드맵에서 가장 중요한 첫 단추는 종잣돈을 모으는 것이다. **종잣돈**seed money는 말 그대로 씨앗이 되는 돈이다. 농사를 짓던 옛 어른들은 종자와 모종의 소중함을 잘 알고 계셨다. 그해 농사는 종자와 모종을 구하는 것에서 시작한다. 수십 평 아니 수천 평 농사의 시작도 자그

마한 종자로부터 출발한다.

투자 역시 종잣돈에서 출발한다. 15년 전 필자가 처음 주식을 샀을 때 수중에 단돈 300만 원의 종잣돈이 있었다. 지금은 그 돈이 귀중한 씨앗이 되어 수십억 대 자산으로 불어났다. 앞으로의 수익은 필자가 상상할 수도 없을 만큼 크게 불어나 있을 것이다. 만약 필자에게 당시 300만 원이라는 종잣돈이 없었다면, 지금처럼 재정적 안정과 금전적 자유를 확보하지 못했을 것이다. 필자가 세운 종잣돈의 기준 역시 앞서 말한 다섯 가지 목표 설정의 원칙에 기초했다. 구체적이고, 측정 가능하며, 실현 가능하고, 현실적이며, 시간의 제약이 있어야 했다. 얼마의 돈을 언제까지 무엇을 통해 확보할 것인가 정확하게 플랜을 세우고 움직였다. 투자의 모습은 모두 다르겠지만, 결국 돈의 씨앗seed을 모으는 공식은 다음과 같이 하나밖에 없다.

SEED: 종잣돈을 모으는 공식

Save	모아라. 모으는 게 이기는 거다. 악착같이 모으는 데에는 장사 없다.
Erase	제거하라. 쓸데없는 소비와 지출을 줄이고 나쁜 경제 습관을 없애라.
Earn	벌어라. 파이를 키우면 그만큼 더 빨리 종잣돈을 마련할 수 있다.
Develop	개발하라. 미래를 위해 자신을 계발하고 공부하는 습관을 몸소 익혀라.

질문 13
나는 지금 종잣돈을 모으고 있는가?

처음부터 몇 천만 원으로 시작할 수 있는 직장인은 거의 없다. 작은 금액부터 시작해서 천천히 불려 나가는 것이다. ① 이 과정에서 **저축**save은 필수다. 돈은 모래와 같다. 굳게 잡은 것 같지만 어느새 돌아보면 손가락 사이로 다 빠져나가고 없다. 저축은 이렇게 빠져나가는 모래를 병이나 포대자루에 담아두는 것이다. 한번 들어온 돈은 절대 나갈 수 없는 돈의 트랩trap을 만들어야 한다. 가장 좋은 트랩은 정기적금통장이다. 왜 적금일까? 돼지저금통이나 보통저축통장은 돈이 들고나는 데 자유롭다 보니 일정한 돈을 정기적으로 넣지도 않고 갑자기 목돈이 필요할 때 곶감 빼먹듯 솔솔 꺼내 쓰기 쉽기 때문이다. 반면 정기적금은 시간과 액수가 정해져 있기 때문에 의지가 약한 자신의 멘털을 잡는 데 도움이 된다. 그렇게 해서라도 스스로를 창살 안에 가둬 자유보다 강제를 택하는 것이다. 5년, 10년은 너무 길다. 눈 딱 감고 1년 만기 정기적금에 가입하고 알뜰히 절약하고 살뜰이 모아라.

저축과 함께 필요한 건 불필요한 지출 습관을 없애는 일이다. ② 돈이 샐 수 있는 여지를 원천 봉쇄하고 나쁜 소비 습관을 **제거**erase하는 것이다. 관심을 갖지 않으면 돈은 여기저기서 줄줄 빠져 나간다. 저축은 무조건 소비를 줄이는 데에서 출발한다. 필자는 흔히 이것을 지출의 댐을 쌓는 것에 비유한다. 처음엔 비버의 통나무댐 수준에 머물러 있을지 모르지만, 점차 수심이 깊어지고 수량이 많아지면

트랩	푼돈을 모으는 바구니, 보통저축통장	→ 정기적금통장
댐	지출을 막는 벽, 신용카드	→ 체크카드

대규모 토목공사를 방불케 하는 수력발전댐으로 진화할 수 있다. 자산 대비 부채 비율을 줄이고 고정비와 외식비, 사치와 문화생활에 쓸데없이 빠져 나가는 잡비를 줄여야 한다. 수원水原에서 흘러나온 한 방울의 물을 가두는 것에서 출발한 댐이 일개 도시 전체의 불을 밝힐 수 있는 막대한 양의 전력을 생산하는 것처럼, 그렇게 가둬둔 자잘한 자금은 거대한 종잣돈이 되어 우리 인생의 불을 밝히는 폭발적인 에너지를 만들어낼 것이다.

질문 14
나에게 나쁜 소비 습관에는
무엇이 있는가?

종잣돈은 어느 순간부터 수입을 늘리는 것에서 탄력을 받는다. 저축과 제거에는 한계가 있다. ③ 결국 인생을 바꾸는 투자를 위해서는 더 벌어야earn 한다. '난 지금 이미 최선을 다하고 있는데 어디서 수익을 창출하라는 거지?' 반문할 수 있다. 벌이가 뻔한 유리지갑의 직장인에게 월급 말고 별도의 추가 수입을 확보하라는 주문이 가혹하게 들릴 수 있다. 하지만 가만히 생각해보면, 우리가 적지만 한 달에 수십만 원을 더 벌어들일 수 있는 기회는 얼마든지 주변에 널려 있다. 사실 우리가 너무도 잘 알고 있지만 선뜻 하고 싶지 않을 뿐이다. 명심하라. 투자의 기간을 단축하고 레버리지를 극대화시키려면 덩어리를 키워야 한다. 이를 위해 보다 근본적으로는 소비적 사고에서 생산적 사고로 전환해야 한다. 돈이 생기면 이 돈으로 뭘 살까가 아니라 이 돈으로 뭘 벌까가 되어야 한다.

> **질문 15**
> 현재 내가 어디서 추가 수입을
> 벌 수 있는가?

마지막으로 종잣돈은 자신을 계발하는 것에서 완성된다. 종잣돈은 여윳돈을 굴리는 사채놀음이 아니다. ④ 우리처럼 자산이 일천한 일반 직장인들에게 돈은 부동산 개발에서 나오지 않고 꿈의 개발develop에서 나온다. 갭투자나 부동산 경매로 여기저기 부산히 돌아다니지 말고 그 시간에 앉아서 투자서와 자기계발서를 읽고 공부를 하는 게 낫다. 자신의 일상도 개발하지 않고, 부동산 개발에만 혈안이 되어 있는 이들이 많다. 모두가 대박을 좇지만 대부분은 쪽박을 찬다. 일부 운대가 맞아 큰돈을 벌었다 하더라도 평소 자기계발에 인색한 결과 내공과 수양 부족을 드러내고 패가망신한다. 물론 책에서 얻는 지식에는 한계가 있다. 능숙함과 노련미는 경험에서 우러나온다. 이 부분은 매우 중요하기 때문에 뒤에서 자세히 설명하겠다.

"종잣돈은 자기계발로 완성된다"

3) 투자를 연습하라

투자의 성공은 평소 부단한 연습에서 나온다. 연습을 거치지 않고 이룰 수 있는 성취는 없다. 미국의 성형외과의사였던 맥스웰 몰츠Maxwell Maltz는 성형수술을 받은 환자들이 변한 외모를 가지고 자신의 일상으로 되돌아가기 위해서는 반드시 '마음의 성형수술'이 필요하다고 말했다. 마음의 성형수술이란 달라진 외모만큼 내면도 달라질 수 있도록 매일 실천하고 연습하는 것에서 얻어진다. 사이코-사이버네틱스Psycho-Cybernetics라는 분야를 창시한 그는 『성공의 법칙』이라는 책에서 이렇게 말했다. "'기억하고, 걱정하고, 신발끈을 묶을 수 있는 정도의 능력만 있다면'이라는 대목은 사이코사이버네틱스로 원하는 결과를 성취하는 것이 얼마나 쉬운지를 드러내는 핵심이다. 다만 삶에서의 부정적인 성향을 바꾸는 데 필요한 건 아주 사소해 보이는 작은 성공들(신발끈 묶는 법을 배우거나 자기 이름을 쓸 줄 알게 된 것)뿐이라는 사실을 믿을 수만 있으면 된다. 이 메커니즘이 실패가 아닌 성공을 향하도록 만들려면 스스로를 대견하게 생각했던 단 하나의 경험만 있으면 된다. 그런 작은 성취를 기억하고 활용하면 자아 이미지를

사이코-사이버네틱스

맥스웰 몰츠의 동명 저서에서 기원한 사이코-사이버네틱스는 프레스콧 레키(Prescott Lecky)가 개발한 이론을 이용해 자아 개념을 조절하는 인지행동기법과 노르베르트 비너(Norbert Wiener)와 존 폰 노이만(John von Neumann)의 사이버네틱스 이론을 결합한 것이다. 종국에 사이코-사이버네틱스는 몸과 마음의 연결과 통합을 성공의 핵심으로 정의한다. 이 개념은 이후 지그 지글러(Zig Ziglar)나 토니 로빈스(Tony Robbins), 브라이언 트레이시(Brian Tracy) 같은 자기계발 전문가들에게 깊은 영향을 미쳤다.

개선해 나갈 수 있다."*

'연습이 대가를 만든다Practice makes perfect.' 투자를 결심했다면 투자를 연습하는 것만큼 투자에 가까이 다가가는 건 없다. 생각만으로 세상은 바뀌지 않는다. 능숙한 낚시꾼은 장비가 아닌 경험에 비례하여 물고기를 낚는다. 낚시에 적합한 물과 때를 귀신 같이 알아내는 자신만의 축적된 경험은 단순히 책에서 배운 지식을 능가한다. 작은 성공은 과거의 자기 이미지self image를 바꾸고 보다 큰 성공으로 나아갈 수 있는 배포와 자신감을 준다. 안톤 체홉은 "지식을 곧장 실천에 옮기지 않는다면 그 지식은 쓸모없는 것"이라고 말했다. 지금 투자

* 맥스웰 몰츠, 『맥스웰 몰츠 성공의 법칙』, 신동숙 역, 비즈니스북스, 54.

를 연습하라. 단돈 만 원도 좋다. 반복된 연습이 당신을 대가로 만들어줄 것이다. 버핏은 고작 11살 때 아빠의 서재에서 주식투자에 관한 입문서를 읽고 모 회사의 주식 3주를 매수했다. 이 작은 투자가 불어나 그가 고등학교를 졸업할 때쯤에는 6,000달러라는 금액이 되어 있었다.

노동자산과 투자자산

필자가 보기에 유형과 무형을 통틀어 일반인들이 보유하고 있는 자산에는 크게 두 가지 자산이 존재한다. 하나가 노동자산이고 다른 하나가 투자자산이다. 경제학에서 말하는 용어는 아니지만 필자는 자산을 이렇게 구분하는 것만큼 극명하게 자산의 상이한 가치를 보여주는 그림이 없다고 생각한다. 이러한 자산의 구분은 전적으로 어떻게 자산을 형성하는가, 즉 자산 형성 방식에 따른다. 말 그대로 **노동자산**勞動資産**은 육체적 노동으로 벌어들이는 수입, 즉 근로소득을 말한다**. 노동자산은 시간과 돈을 맞바꾸는 일이다. 노동자산은 몸과 육체적 힘을 기본 자산으로 한다. 따라서 사고나 질병으로 몸이 아프거나 노동력에 문제가 생기면 당장 노동자산은 제로로 돌아간다. 현대사회에서 실업급여나 보험 등 안전장치가 없는 건 아니지만, 결국 시간의 문제일 뿐 노동력 상실이 삶의 질 저하와 극빈층으로의 전락을 가져오는 건 정해진 사실이다.

대표적인 노동자산가에는 직장인과 자영업자, 특수직 노동자 등이 속한다. 시간당 임금의 차이만 존재할 뿐 이들이 노동자산을 벌어들인다는 데에는 차이가 없다. 직장인과 공무원은 아마 이 중에서 가장 아래쪽에 놓인 사람들일 것이다. 취업과 함께 연차와 서열, 직급에 따라 연봉이 정해지고 수입은 그 연봉의 테두리에서 크게 벗어나지 않는다. 우리가 하루 24시간 주어진 시간의 제한이 있기 때문에 투잡, 쓰리잡을 뛰고 싶어도 벌이에 한계가 있을 수밖에 없다. 자영업자의 현실은 더욱 막막하다. 장사가 잘 돼도 걱정이다. 창업 후 5년 이내에 10곳 중 9곳은 망하기 때문에 트렌드와 유행에 따라 끊임없이 업종과 간판을 바꾸어줘야 한다. 이들은 자신의 노동에 들어가는 비용을 대수롭지 않게 여기지만 근로자 한두 명의 몫은 거뜬히 대신한다. 그런 점에서 소위 '사'자 직업도 예외는 아니다. 시간당 수입이 높을 뿐 이들 역시 폐업하는 순간 수입의 원천은 소멸된다.

반면 투자자산은 노동자산과 전혀 다른 개념의 수입이다. **투자자산**投資資産**은 돈이 돈을 부르는 방식의 자산이다.** 속칭 '돈 놓고 돈 먹기'인 셈이다. 투자자산은 경험과 정신적 힘을 기본 자산으로 한다. 자신이 자리를 지키고 있지 않아도 돈이 알아서 굴러가기 때문에 시간과 공간에서 자유를 얻게 된다. 이처럼 돈을 만드는 시스템을 창출한 투자자산가들에는 투자자와 자산가, 인세수입가 등이 포함된다. 소위 '큰손'은 시장에서 돈을 굴리며 이자로 수입을 얻는다. 가수나 작가 등 크리에이터들 역시 작업을 통해 완성된 결과물에서 나오는 저작권료를 통해 수입을 벌어들이기 때문에 여기에 속한다. 당연히 수입에 한계가 없으며 지속적인 매출을 통한 자산 증식이 가능하다. 「호텔 캘리포니아」를 부른 그룹 이글스의 리더 돈 헨리와 멤버들은 지금까지 2억 장이 넘게 팔린 단 한 장의 앨범으로 투자자산을 확보한 셈이다. 그들이 노래를 창작할 때 들였던 창의성과 노력은 이후

노동자산과 투자자산 비교

노동자산	투자자산
시간 × 돈	돈 × 돈
육체, 물리적 힘이 자산	경험, 정신적 힘이 자산
피고용인, 직장인, 자영업자	투자자, 인세수입자
시간과 돈을 맞바꾸는 방식	돈이 돈을 버는 방식
하루 24시간이라는 한계가 있음	시간의 한계가 없음
건강과 직결되어 있음	건강과 큰 관계가 없음

로도 안정적이고 지속적인 수입원을 만들어 주었다.

노동자산을 비하하는 게 아니다. 인간에게 노동만큼 신성한 활동이 없다. 노동이 없는 삶이 자유로운 삶이고 성공한 삶이라고 믿지 말라. 하다못해 미래 유토피아인 '멋진 신세계'에서도 반나절은 모두가 노동에 참여한다. 문제는 노동이 강요되었을 때다. 몸은 천근만근이고 뼈와 마디는 욱신욱신 쑤신다. 넘어가지 않는 새벽밥을 급히 삼키고 떨어지지 않는 발바닥을 간신히 옮기며 회사가 있는 지역 행 버스에 오른다. 욕지기가 목구멍까지 넘어오지만 이번 달 카드값에 밀린 청구서를 떠올리며 '오늘만 참는다.'를 수없이 되뇐다. 품에 꼬깃꼬깃 접어놓은 사직서는 언제쯤 세상의 빛을 볼까? 자발적 노동은 운동이지만, 강요된 노동은 고역이다. 피트니스센터에서 뛰는 10킬

로미터 트레드밀은 돈 한 푼 나오지 않지만 즐거운 유산소운동으로 다가온다. 하지만 엘리베이터 없는 산동네 빌라를 오르내리며 배달 음식을 들고 나르는 내 발걸음은 일당에 잔업수당까지 챙겨주는데 어째서인지 말 그대로 중노동으로 느껴진다. 내가 즐겁게 선택한 노동은 상賞이지만, 억지로 선택한 노동은 벌罰이다.

투자자산은 나에게 노동에도 선택권을 준다. 노동자산에 매몰된 사람은 노동에 선택권이 없다. 당장 아프면 그나마 있던 선택권마저 강탈당한다. 그럼에도 이들은 돈이 중요하지 않다고 입버릇처럼 말한다. "난 돈을 앞세우지 않아. 마음만 먹으면 돈은 언제든지 벌 수 있어. 내가 지금 돈이 없는 건 단지 벌지 않았을 뿐이야." 하지만 이들은 자신들이 그토록 무시하는 '돈 때문에' 노동시장에 내몰린다. 그리고 한 푼이라도 더 주는 회사로 쉽게 이직한다. 그러면서 주변에는 "돈 때문이 아니라 회사의 장래를 먼저 봤다."고 말한다. 반면 투자자산을 추구하는 사람은 마인드가 전혀 다르다. 이들은 돈을 매우 중요하게 여긴다. 돈이 삶에서 얼마나 필요하고 절대적인 가치를 지니는지, 동시에 돈이 삶의 선택지를 얼마나 다양하게 만들어주는지 잘 알고 있으며 또 진심으로 그 사실에 동의한다. 그들은 괜히 돈 앞에서 허세를 부리거나 만용을 부리지 않는다. 푼돈을 매우 소중히 여긴다. 위대한 투자는 별 볼일 없는 푼돈으로 출발한다는 사실을 경험적으로 안다. 부채나 이자, 정기적으로 나가는 비용에 매우 민감하다. 역설적으로 이들은 돈에 철저하기 때문에 돈에 휘둘리지 않는다.

노동자는 현재를 살고 투자자는 미래를 산다. 역설적으로 노동자는 현재의 시간을 돈과 맞바꾸다 보니 늘 허덕이는 삶을 산다. 투자자는 미래의 시간을 위해 현재를 투자하다 보니 점점 여유로운 삶

노동자와 투자자의 마인드 차이

노동자의 마인드	투자자의 마인드
내게 돈은 중요하지 않아	내게 돈은 매우 중요해
돈은 언제든지 벌 수 있어	돈은 있을 때 관리해야 해
지금 돈 때문에 일하는 거 아냐	돈과 일은 별개의 문제야
이 돈 가지고 뭘 살까	이 돈 가지고 어디에 투자할까
그까짓 푼돈 가지고 뭘 하나	이 푼돈을 얼마로 불릴까

을 산다. 결국 노동자는 현재도 살지 못하고 미래도 살지 못한다. 반면 투자자는 현재도 미래를 위해 살고 미래도 현재처럼 살 수 있다. 노동자는 돈만 생기면 당장 뭘 사먹을까 어디로 놀러갈까만 고민한다. 투자자는 돈이 생기면 어디에 투자할까 돈을 얼마로 불릴까만 궁리한다. 노동자는 자신이 쥐고 있는 돈 너머에 올해 '신상' 아이템과 스스로 작성한 '머스트-해브must-have' 아이템만을 본다. 공돈(사실 인생에 공돈은 없다)이 들어오면 그들은 이렇게 외친다. "어머 이 돈으로 이거 이거는 꼭 사줘야 해!" 반면 투자자는 자신이 쥐고 있는 돈 너머에 그 돈이 몰고 올 더 큰 돈뭉치를 본다. 목돈이 들어오면 그들은 이렇게 외친다. "자, 이제 이 돈으로 시간을 사자!"

"노동자는 현재를 살고 투자자는 미래를 산다"

투자의 우선순위

시쳇말로 '조물주 위에 건물주'라는 말이 회자되고 있다. 너나 할 것 없이 '갓물주'를 꿈꾸지만 부동산에 투자할 수 있는 재력을 가진 이들이 많지 않다. 2020년부터 오르기 시작한 아파트값은 2021년 들어서면서 천정부지로 치솟아 '벼락거지'라는 신조어까지 탄생했다. 벼락거지는 면하려고 '영끌'해서 받을 수 있는 대출을 모두 받아 기어코 상투를 잡은 서민들은 언제 터질지 모르는 시한폭탄 돌리기를 하고 있는지도 모른다. 우리나라 사람들은 모두 아파트병에 걸렸다. 부동산 광풍이 단순히 정부의 정책 실패를 넘어 사회의 빈익빈 부익부를 가름하는 시금석이자 한 정권을 끌어내릴 만큼의 정치적 명분이 되는 거악巨惡의 상징처럼 굳어졌다. 아파트값이 오르면 오른다고 난리, 떨어지면 떨어진다고 난리다. 서울의 아파트 단지에 대한 연구로 소르본대학에서 박사학위를 받은 프랑스의 지리학자 발레리 줄레조는 『아파트 공화국』이라는 책에서 "한국의 아파트 단지는 권위주의 산업화의 구조적 특성, 여기서 비롯된 계층적 차별 구조와 획일화된 문화 양식을 가장 잘 보여주는 사례이자 그 산물"이라고 일갈했다. 이 문제는 서구형 자산 모델과 한국인들의 자산 모델을 비교하면 확연히 드러난다. 개인 자산 비율을 보면, 미국을 비롯한 G7 선진국은 주식이나 예금 같은 동산의 비율이 70%에 달하는 반면, 우리나라의 경우 반대로 집이나 땅 같은 부동산의 비율이 70%에 이른다. 1960년대 이후 압축 근대화를 이루며 성장한 우리나라는 모든 면에서 '땅이 있어야 떵떵거리는 부자'라는 그릇된 자산 개념을 갖게 되었다. 이는 수백 년의 시간을 거쳐 자유시장 경제체제와 근대화를 이룬 서구에서 좀처럼 찾아보기 힘든 문화다. 필자는 이를 선진국형 자산 구조라고 부르며, 개인적으로 선진국과 유사한 자산 비율을 유지하려고 노력하고 있다.

1) 부동산 투자는 나쁜가?

필자는 부동산 투자를 나쁘게 생각하지 않는다. **부동산**不動産은 매우 위력적인 자산이다. 특히 우리나라의 경우, 아파트의 투자 가치는 지금까지 한 번도 떨어진 적이 없다. 필자 역시 아파트 매매를 통해 부동산 투자를 성공적으로 해왔다. 주변에도 실제 돈이 있으면 사라고 말하고 싶다. 그런데 대부분은 오를 대로 오른 아파트에 진입할 수 있는 돈을 갖고 있지 못하다. 이미 서민들의 눈높이를 한참 뛰어넘은 이 시대의 아파트는 투자처로는 언감생심이다. 상황이 이렇다 보니 무리해서 대출을 끼거나 융자를 내서 아파트를 산다. 사실 만만치 않은 부채를 떠안다 보니 아파트의 소유등기만 내 앞으로 되어있을 뿐 실질적 주인은 은행인 경우가 태반이다. 개중에 "난 우리집 안방만 샀고 나머지 방들은 은행이 샀어."라며 자조적인 농담을 하는 이들도 있다.

그런데 심각한 문제는 다른 데 있다. 부동산에 엄청난 자산(부채를 포함해서)이 묶여 있다 보니 현실적으로 다른 금융상품에 투자할 여력이 없다는 것이 보다 큰 문제다. 은행 빚을 갚느라 허리띠를 졸라매다 보니 실제로 주식이나 펀드에 눈을 돌릴 틈이 없다. 술자리에서 동료들을 만나 이야기를 들어 보면 대충 이런 이야기들을 많이 하는 것 같다. "벼락거지를 면하려고 좀 무리해서 아파트를 샀는데 정작 그 비싼 아파트는 고작 밤에 잠만 자러 갈뿐 하루 종일 아무도 없이 비워져 있고, 남들에게 잘 보이려고 할부로 외제차를 샀는데 정작 그 비싼 자동차는 하루 종일 주차장에 세워두고만 있으니 내가 요즘 무슨 짓을 하고 사는지 모르겠어." 지금 동료들의 발언은 술김에 몇 마디 내뱉는 넋두리쯤으로 치부할 수 없는 투자에 있어 매우 중요한 맹점을 정확히 보여주는 말이다. 즉 대한민국 국민들 모두가 지금 병적으로 부동산에 매몰되어 있다 보니, 주식이나 펀드 등 다른 투자를 할 수 있는 기회비용을 잃고 있다는 사실이다. 아파트와 중형 세단에 돈을 깔아두다 보니 투자 루트가 너무 단순해졌고, 그 결과 우리의 의도와 상관없이 다른 투자처로 흘러갈 돈의 흐름을 중간에서 가로막고 있다는 사실이다. 물이 고이면 썩고 돈이 고이면 마른다.

"무리한 부동산 투자는 돈의 흐름을 막는다"

투자의 파이프라인은 다양해야 한다. 한 곳이 마르거나 막히면 다른 곳에서 수입을 보전해야 한다. 명심해야 할 것은 충분한 자금이 있다면 당장 부동산에 투자하라. 하지만 '부동산에만' 투자해서는 안 된다. 이 책을 읽는 거의 대부분의 독자들은 지금 이 조언을 100% 따를 수 있는 재정적 여유가 없다고 필자는 생각한다. 그렇기 때문에 주식과 펀드, 암호화폐에 투자해야 한다. 부동산보다 주식투자가 더 시급한 첫 번째 이유는 부동산 투자에는 처음부터 어마어마한 목돈이 들어가지만, 주식투자에는 그렇게 큰돈이 들어가지 않는다는 점이다. 모든 일에 우선순위가 중요하듯, 투자에도 우선순위priority가 있다. 그 우선순위를 알아보자.

2) 그렇다면 저축이나 금 투자는?

주식은 기본적으로 **위험자산**危險資産에 속한다. 위험자산이란 일정 기간의 투자를 통해 얻을 수 있는 수익률이 불확실하고 가격 변동성이 큰 자산을 말한다. 쉽게 말해, 위험자산은 원금 손실의 위험이 있는 자산이다. 내가 묻어놓은 자금이 언제든지 휴지조각으로 변할 수 있다는 위기감이 상존한다. 반면 **비위험자산**非危險資産은 투자 수익률이 확정적이고 가격 변동성이 낮거나 거의 없는 안전자산을 말한다. 일반적으로 투자업계에서 비위험자산은 국채를 의미하며 그 외 주식과 펀드는 위험자산으로 분류된다. 물론 세상에 위험이 제로인 자산이란 이론적으로 존재하지 않는다. '위험사회'를 살고 있는 오늘날 본인이 소유한 자산이 무엇이든 줄어들거나 수익을 내지 못하는 경우를 상정할 수 있다. 비위험자산으로 분류되는 국채조차도 최근 국가 디폴트나 미국의 신용등급 하락 등 여러 시장 리스크에 노출될 소지가 있기 때문이다. 그럼에도 그 위험의 범위와 정도에 있어 주식과 암호화폐를 능가할 수준의 변동성을 갖고 있지 않기 때문에 대부분 이런 구분에 이의를 제기하지 않는다.

저축예금은 비위험자산의 대표적인 형태다. 물론 과거 고금리하에서 저축예금은 가장 안정적으로 자산을 늘릴 수 있는 비위험자산의 역할을 충실히 했다. 하지만 경제가 안정된 선진국에서는 저금리 기조가 일반화되어 은행에 자산을 맡겨두는 기간이 길면 길어질

수록 시장보다 자산 가치가 도리어 줄어드는 마이너스 현상이 벌어지고 있다. **명목금리**名目金利와 **실질금리**實質金利의 괴리가 발생한 것이다. 미국의 경우, 현재 1년 예금 금리가 0.1~0.2% 수준이며, 일본의 은행 1년 예금 금리는 그보다 더 낮은 0.025~0.03% 수준을 유지하고 있다. 우리나라도 예외는 아니어서 지금 당장은 0.3% 수준이지만 앞으로 이들 나라처럼 더 낮아질 것이 분명하다. 문제는 이처럼 예금 금리로 인해 자산의 가치가 줄어드는 상황을 경제 원리에 둔감한 일반인들이 체감하기란 쉽지 않다는 데에 있다. 물가상승률과 세계 경제 흐름, 미국 연준의 금리 정책 등을 감안하면 비위험자산이 이제 실질적으로 위태로운 자산이 될 확률이 높다. 금리가 물가상승률을 넘지 못할 경우에는 예금도 원금 손실이 가능한 위험자산으로 떨어질 수 있다.

위험자산과 비위험자산의 구분이 모호해지는 이유는 또 있다. 대표적인 비위험자산으로 분류되는 금 역시 주식과 마찬가지로 물가나 정치적 이슈, 국제 정세 등 다양한 변수에 따라 변동성이 높다. 1999년 8월에 온스 당 251달러였던 금이 2008년 글로벌 금융위기 때에는 1,000달러를 가뿐히 넘어 2011년 말 1,900달러를 찍었다. 2018년, 1,300달러 대까지 떨어진 국제 금 가격은 등락을 거듭하며 2021년 12월 10일 기준 1,771달러를 기록하고 있다. 석유 역시 마찬가지다. 원유의 등락폭은 지금까지 단기간의 금값을 상회했으며, 세계정세와 맞물려 너무 외부변수가 많이 작용하는 상품이기 때문에 석유는 위험자산에 놓일 수 있다. 특히 4차 산업혁명에 따른 전기차 상용화 문제, 거기다가 탄소배출량에 대한 국제적 여론도 좋지 않기 때문에 앞으로 원유의 상품가치는 더욱 유동적이다. 결국 진정한 위험자산이 무엇인지 개인마다 상황마다 시대마다 얼마든지 그 정의가 달라질 수 있고 실지로 달라지고 있다.

> "실질적으로 최근에는
> 위험자산과 비위험자산의 구분이
> 점점 모호해지고 있다"

위험자산과 비위험자산

위험자산	비위험자산
일정 기간의 투자 수익률이 불확정적이고 가격 변동성이 큰 자산	투자 수익률이 기대 수준 내에서 확정적이고 가격 변동성이 적은 자산
상장 주식 비상장 주식 주식혼합형 펀드 암호화폐	정기예금/적금 금리연동보험 국공채 금, 달러 채권혼합형 펀드

3) 투자에도 포트폴리오가 필요하다

투자의 우선순위를 정하는 것은 투자의 **포트폴리오**(portfolio)를 짜는 것과 같다. 사람마다 얼굴과 성격이 다른 것처럼, 각자의 투자 포트폴리오 역시 다를 수밖에 없다. 각자가 가진 자산의 크기와 투자 경험,

포트폴리오

투자자가 투자한 금융상품의 목록을 명세서 형태로 표현한 것을 말한다. 어떤 것은 안전성을, 또 어떤 것은 수익성을 고려하여 투자할 때 위험과 수익에 따라 분산투자가 가능하다는 원칙에 기반하여 만들어진다. 노벨상을 수상한 경제학자인 해리 마코위츠(Harry Markowitz)는 일찍이 포트폴리오를 통해 자산을 분산투자하면 위험자산의 손실을 감소시킬 수 있다고 주장했다. 그의 포트폴리오 이론에 따르면, 투자자들이 수익과 위험을 각기 평균과 분산으로 이해해야 이득을 얻을 수 있으며 소위 '계란을 한 바구니에 담지 말라.'는 명제가 이를 요약한다고 한다.

근로소득의 형태, 심지어 지역과 나이에 따라 전혀 다른 포트폴리오가 가능하다. 투자자는 투자 경험과 철학에 따라 자신만의 포트폴리오를 만들고 신념과 확신을 가지고 뚝심 있게 밀어붙이는 자세가 필요하다. 주변의 이야기와 소문에 흔들리거나 초심을 잃어 금세 투자금을 회수하거나 반대로 과도하게 불리는 투자 방식은 모두 포트폴리오를 믿지 못하고 즉흥적으로 투자의 우선순위를 바꾸는 행동이다. 이런 투자 습관은 필패와 패가망신을 부르는 그릇된 접근이다. 남들이 사니까 우르르 매수하는 '팔랑귀' 투자자들이 잃지 않아도 되는 투자금을 잃고서 뒤늦게 후회한다. 이들에게는 처음에 시간이 좀 걸리더라도 자신의 자금 상황과 철학에 맞게 안정적으로 설계된 포트폴리오가 필요하다. 그런 의미에서 최적화된 포트폴리오야말로 성공 투자의 기본이자 주춧돌이라고 할 수 있다.

투자의 포트폴리오를 짤 때에는 위험자산(주식)과 안전자산(채권)의 비중을 결정하는 게 제일 중요하다. 여기서 투자자의 투자 방향과 투자 철학은 상관성을 갖는다. 뒤에서 자세히 살펴보겠지만, 수익(리턴)은 언제나 위험(리스크)과 나란히 간다. 수익과 위험의 관점에서 단순화하면, 위험자산인 주식은 high risk high return이고 안전자산인 채권은 low risk low return인 셈이다. 위험보다 안전을 추구하는 투자자라면 주식보다는 채권의 비중을 높이고, 안전보다 수익을 추구하는 투자자라면 채권보다 주식의 비중을 높일 것이다. 필자의 오랜 경험으로 볼 때, 위험 대비 수익률로 가장 이상적인 포트폴리오는 위험자산과 안전자산의 비중을 60:40으로 잡았던 포트폴리오였다. 안전자산의 비중이 높아질수록 변동성이 작아지고 손실 폭이 낮아서 안전한 투자를 할 수 있지만 기대수익률이 떨어지는 건 감수해야 한다. 반대로 위험자산의 비중이 높아질수록 변동성이 커지기 때문에 손실이 발생했을 때에는 예상 외로 희생이 클 수 있다는 걸 감안해야 한다.

"위험자산과 안전자산의 비중을
맞추는 게 포트폴리오"

포트폴리오를 보면 투자자의 투자 성향을 금세 파악할 수 있다. 심지어 투자자의 연령과 성별도 가늠할 수 있다. 통계적으로 볼 때, 젊을수록 위험자산의 비중이 높으며, 나이가 많을수록 안전자산의 비중이 높다. 평균적으로 남성일수록 위험자산의 비중이 높으며, 여성일수록 안전자산의 비중이 높다. 이는 어찌 보면 당연한 이야기다. 젊을 때는 혹여 투자에서 일부 손실을 보더라도 만회할 수 있는 여지가 있으나, 나이가 들거나 은퇴 이후에는 투자 손실이 곧 생활수준과 삶의 만족도 하락을 의미하기 때문이다. 이처럼 생애 주기에 맞춰 투자의 포트폴리오를 조정할 수 있을 것이다. 이를 리밸런싱이라고 하는데 3부에서 자세히 살펴보도록 하겠다.

위험자산과 안전자산을 적절히 배분했다면, 그다음으로 실물자산과 대체자산을 더해 포트폴리오를 확장할 수 있다. 부동산이나 금, 원자재, 선물 같은 상품들이 추가되면 보다 입체적인 포트폴리오가 가능하다. 여기에 암호화폐도 포함시킬 수 있을 것이다. 현금이나 달러를 가지고 있는 것도 많은 투자자들이 실행하고 있는 투자 방식이다. 외환과 관련해서는 환차익을 노리는 FX를 고려해볼 수 있을 것이다.* 이처럼 다양한 금융상품들을 바구니에 넣으면 포트폴리오의 구성이 완성된다. 포트폴리오에 담긴 상품들이 서로 상관관계가 낮으면 위험률은 낮아지고 수익률은 올라간다. 일반적으로 주식과 채권은 시세가 반대로 흐르는 음의 상관관계를 갖기 때문에 리밸런싱을 통해 수익을 높일 수 있다.

* FX란 Foreign Exchange의 줄임말로 외환 시장을 일컫는다.

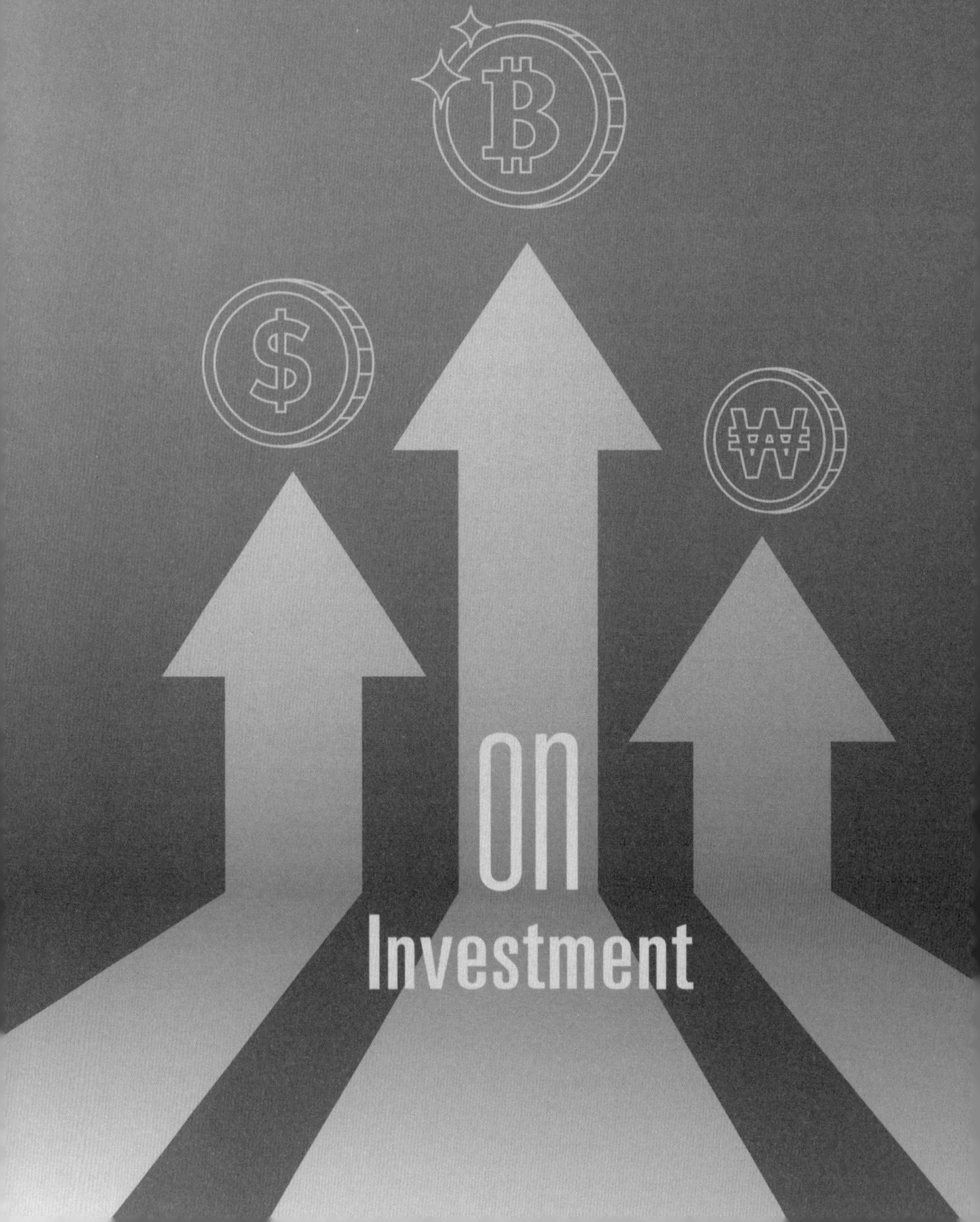

ON Investment

Theoria of Investment

2부 투자의 이론

3
주식투자부터 시작하라

"지식에 대한 투자가 최고의 이윤을 남긴다."
- 벤자민 프랭클린 -

'중국의 우버'로 불리며 자동차 호출 및 공유플랫폼의 상징과 같았던 디디추싱滴滴出行이 2021년 6월, 44억 달러(한화로 약 5조 2천억 원)를 조달하며 뉴욕증권거래소에 성공적으로 상장할 때만 해도 신생 중국기업의 성공을 의심하는 전문가는 거의 없었다. 이보다 7년 전 중국 최대의 전자상거래 플랫폼인 알리바바가 250억 달러에 상장했던 것과 비교하면 공모가가 5분의 1에 불과했지만, 뉴욕증권거래소에 상장한다는 건 단순히 미국 시장만을 노리는 게 아니라 전 세계에 기업의 이름을 알리는 상징적인 사건이기에 디디추싱의 미래는 전도유망해 보였다. 필자 역시 중국으로 출장 갈 때마다 해당 앱을 종종 애용했던 터라 중국 현지에서 디디추싱의 위력을 익히 알고 있었다. 그래서 기업의 상장 소식이 전해지자마자 아주 소액 매수를 진행했다.

그런데 상장한 지 얼마 되지도 않아 6개월 만인 2021년 12월 상장폐지를 결정했다는 뜻밖의 소식이 들렸다. 자세한 이유는 알려지지 않았지만 전문가들은 중국 공산당이 기업에 압력을 가했다는 설이 파다했다. 미 정부기관에 중국 관련 정보가 넘어갈 것을 두려워했던 공산당은 계획 단계부터 디디추싱의 IPO를 적극 막아섰다는 후문이다. 그러한 정부의 강요를 무시하고 중국 공산당 100주년 기념일을 하루 앞두고 전격 해외 상장을 발표한 디디추싱이 괘씸죄에 걸렸다는 게 정설로 받아들여지고 있다. 디디추싱의 도둑 상장을 계기로 중국 정부는 같은 해 7월 100만 명 이상의 사용자를 거느린 기업은 해외 상장을 진행하기 전 정부의 보안 심사를 반드시 받도록 정책을 손보았다. 정부 허락 없이는 어느 중국 기업도 해외 상장을 못 하게 하겠다는 조치다.

이처럼 주식시장에 기업을 공개하고 주식을 팔아 사업 자금을 마련하는 회사를 주식회사株式會社라고 한다. 주식회사는 시장에서 자사 주식을 판매하기 위해 기업 공개와 같은 일정한 절차를 거쳐야 한다. 법으로 정한 절차를 거쳐 공개적으로 주식을 판매하는 것을 시장에 올린다 하여 상장上場/listing이라고 부른다. 디디추싱 역시 뉴욕증권거래소에 상장하면서 기업의 전반적인 재무 구조와 실적을 공개했다. 중국 공산당은 바로 이 지점이 정치적으로 불편했던 셈이다. 그런데 상장된 기업의 주식이 더 이상 거래소에서 사고팔 수 없게 제외될 수가 있는데, 이렇게 상장이 중단되는 것을 상장폐지上場廢止/delisting라고 한다. 대부분의 경우에는 기업의 입장에서 파산이나 경영 악화 등 재정에 큰 문제가 발생해 해당 주식에 투자를 고려하는

중국발 모바일 플랫폼의 성공 신화를 썼던 디디추싱은
뉴욕증권거래소에 상폐를 결정했다.
출처: pandaily.com

투자자에게 손실이 예상될 때 상폐가 진행된다. 디디추싱처럼 재무 구조의 문제가 아닌 정치적 요인으로 자발적인 상폐를 단행하는 경우는 상당히 예외적인 사례에 속한다.

주식의 기본기

신문을 통해 접한 디디추싱의 상폐 소식이 독자들에게 어떤 뉴스로 다가갔는가? IPO는 뭐고 상폐는 또 뭔지 전혀 모르겠다고 신문을 덮어버린 건 아닌지… 주식투자의 여부를 떠나 주식은 이미 우리 경제에 중요한 동력이자 일상생활에 깊숙이 연루된 경제지표가 되었다. 주식과 관련한 개념과 정보는 현대를 사는 대부분의 국민들에게 기초적인 경제 상식으로 통하며 사회관계에서 때와 장소를 무론하고 흔히 주고받는 주요 화제話題가 되었다. 자신이 로빈슨 크루소처럼 무인도에서 살아가지 않을 거라면, 최소한 나스닥이 뭐고 코스닥이 뭔지, 대체 사이드카는 뭐고 어닝쇼크는 뭔지, 데드캣바운스는 뭐고 배당락은 뭔지 알아야 한다. 이번 장에서는 주식투자를 하기에 앞서 꼭 알아야 할 주식의 기본기를 압축해서 공부하고자 한다. 지면 관계상 간단하게 정리하고 넘어가는 부분이 많다. 비록 설명이 짧은 곳이 있더라도 그 부분이 중요하지 않은 건 아니기 때문에 꼼꼼히 읽고 이해하기 바란다.

1) 주식은 상장으로 꽃을 피운다

주식株式/stock은 주식회사가 발행한 유가증권有價證券이다. 언뜻 종이쪼가리에 불과해 보이지만, 1주라도 갖고 있으면 누구라도 해당 주식을 발행한 회사의 주인이 될 수 있다. 이때 주식을 보유한 사람을 주주株主/stockholder라 하는데, 주주는 법적으로 회사의 운영에 대해 보유한 주식만큼의 발언권을 갖기 때문이다. 그렇다면 회사는 주식을 왜 발행할까? 자금을 안정적으로 확보하기 위해서다. 창업주가 돈이 많다면 주식을 따로 발행할 이유가 없을 것이다. 사재私財를 쓰면 누구의 간섭을 받을 필요도 없고 이익을 투자자와 나눌 이유도 없다. 실지로 주식을 발행하지 않고 기업을 경영하는 사업가들도 많다. 하지만 대부분의 경우, 소프트뱅크의 손정의 같은 사람의 투자를 받거나 은행 같은 시중 금융권이나 정부 유관기관에서 창업에 필요한 자금을 빌려야 한다. 이것마저 여의치 않다면 그다음으로 생각해볼 수 있

는 방식이 주식 발행이다. 회사가 주식회사의 요건만 갖춘다면 빠르고 안전하게 사업 자금을 융통할 수 있다. 물론 창업주 입장에서는 회사의 경영 정보를 공개하고 주주와 영업이익을 나누어야 하는 의무가 주어진다. 당장 운영 자금이 필요하다고 주식을 마구 팔아서는 경영권을 방어하지 못할 수도 있다는 점에 유의해야 한다.

주식은 자본주의 경제의 꽃이다. 사업가 입장에서는 주식을 통해 기업을 일으키는 데 필요한 자금을 확보할 수 있고, 주주 입장에서는 투자를 통해 기업가와 함께 경영에 참여할 수 있다. 주식이 오르면 차익을 얻을 수도 있고 배당금을 통해 정기적으로 별도의 수입을 챙길 수 있다. 회사는 금융권에 손을 벌리지 않아도 공모주를 통해 원활한 자금을 융통할 수 있어 좋다. 경영이 악화되어 파산이라도 하면 금융권에서 대출 받은 돈은 고스란히 부채로 남지만, 주식은 자금을 마련한 뒤 다시 갚을 필요가 없기 때문에 부채 의존도를 낮추고 재무 안정성을 높일 수 있는 합리적인 자금 마련의 수단이 된다. 오늘날 대부분의 회사들이 주식회사를 표방하는 이유가 바로 여기에 있다.

주식회사가 발행하는 주식에는 크게 두 가지 종류가 있다. 거래소에서 유통될 수 있도록 발행된 **상장주식**上場株式과 거래소 밖에서 사고파는 **비상장주식**非上場株式이 그것이다. 상장주식은 해당 회사가 **기업공개**를 통해 거래소에 상장을 하면서 발행하는데, 이때 기업공개의 과정을 흔히 IPO라고 한다. 비상장기업이 IPO를 통해 상장기업으로 거듭나는 건 시장의 평가를 공개적으로 거쳤다는 의미가 되기 때문에 기업 입장에서 의의가 크다. 주식회사가 자사의 주식이 증권시장에 상장되는 데 부단한 노력을 경주하는 이유가 여기에 있다.

IPO

Initial Public Offering의 약자로 비상장기업이 정해진 절차에 따라 투자자들에게 새로 주식을 발행하거나 기존 주식을 매출하여 유가증권시장 또는 코스닥시장에 상장하는 행위를 말한다. 유가증권시장의 경우는 자기자본 300억 원 이상과 3년 이상의 업력을 가진 기업이 100만 주 이상을 발행해야 최소한의 IPO 요건을 갖출 수 있다. 코스닥의 경우에는 자기자본 10억 원 이상과 시가총액 90억 원 수준의 기업이어야 한다.

투자자 입장에서도 업력과 수익, 재무 건전성과 자본 비율, 회계, 경영 상황을 정확히 알 수 있기 때문에 안정적인 투자가 가능하다.

2) 증자와 감자

신규 사업 진출이나 사세 확장, 합병 등으로 회사는 창업 이후에도 꾸준히 자금이 필요하다. 자본금 외에 추가로 발생하는 자금의 필요는 어떻게 충당할까? 주식회사는 두 가지 방식으로 추가 자금을 끌어 모을 수 있다. 첫 번째는 창업자나 경영진이 보유하고 있는 주식을 팔아 돈을 융통하는 것이다. 이렇게 시장에 나오는 물량을 흔히 **구주**舊株/old shares라고 한다. 이 경우 시장에 유통되는 주식의 총량에는 변동이 없다. 반면 기존 주식은 그대로 두고 새로 주식을 발행해서 자금을 모으는 것을 **신주**新株/new shares라고 하는데, 이때는 주식의 총량이 늘어나게 된다. 이처럼 신주를 통해 회사의 자본금을 늘리는 방식을 시장에서는 흔히 **증자**增資/capital increase라고 한다.

증자는 방식에 따라 유상증자와 무상증자로 나뉘는데, **유상증자**有償增資/SEO는 주식을 발행해 이를 시장 가격(유상)에 팔아 자금을 모으는 것을 말한다. 유상증자는 시장에서 유통되는 전체 주식량이 늘어나는데, 주식이 많이 풀리면 주식 가치가 희석되기 때문에 기존 주주들에게는 악재로 여겨진다. 유상증자를 통해 주식가격이 일시적으로 떨어지는 현상을 **권리락**權利落이라고 한다.* 반면 **무상증자**無償增資/UEO는 주식을 발행해 기존 주주들에게 무상(공짜)으로 나눠주는 것을 말한다. 암호화폐에서 흔히 거론되는 **에어드롭**air drop과 유사하다. 무상증자를 통해 기업은 수익으로 쌓인 잉여금을 자본금으로 돌려 더 탄탄한 재무 구조를 만들 수 있다. 기존 주주들에게는 지분대로 주식을 공짜로 나눠주기 때문에 호재로 여겨지지만, 회사의 자본이 늘어나는 건 아니기 때문에 무상증자로 자신이 투자한 회사의 가치가 본질적으로 달라지는 건 아니라는 걸 알아야 한다.

증자가 있다면, 감자도 있다. **감자**減資/capital decrease는 기업이 자본금을 일부러 줄이는 것을 말한다. 증자에도 유상과 무상이 있듯이, 감자에도 방식에 따라 유상감자와 무상감자가 있다. **유상감자**有償減資는 현재 회사의 규모에 비해 자본금이 지나치게 크다고 판단하여 자

* 물론 유상증자라도 반드시 권리락으로 이어지는 건 아니다. 2021년 1월, 대한항공이 아시아나항공을 인수하기 위해 3조3천억 원 규모의 유상증자를 단행하겠다고 발표했는데, 국내 통합 항공사 탄생에 대한 시장의 기대감으로 도리어 주가는 상승했다.

본금을 줄이기 위해 시장에서 주식을 사들여 소각해버리는 것을 말한다. 쉽게 말해, 유상증자의 반대라고 생각하면 된다. 반면 **무상감자**無償減資는 잉여금이 낮아 결손금이 발생할 것을 우려해 자본금에서 잉여금 쪽으로 자금을 옮길 때 활용된다. 무상감자는 결국 주주들에게 보상을 해주지 않으면서 기업의 자본을 줄이는 것이기 때문에 보통 주식시장에서 악재로 본다.

증자와 감자를 말하면서 액면분할과 액면병합을 짚고 넘어가지 않을 수 없다. 주식가격은 액면가와 공모가, 시장가로 나눌 수 있는데, **액면가**額面價는 주식에 적혀 있는 주가로 해당 주식이 처음 발행되었을 때의 가격을 말한다. 액면가는 주식을 발행하는 기업이 선정한다. **액면가 × 총발행주식수 = 자본금**이 된다.* 반면 **공모가**公募價는 회사가 자사 주식을 불특정다수에게 프리미엄을 붙여 판매하는 주가를 말한다. 회사가 희망하는 가격을 희망공모가라고 하고 시장에서 청약을 통해 결정된 가격을 확정공모가라고 한다. **시장가**市場價는 주식시장에서 실재 매수자와 매도자 사이에서 거래되는 실거래가격을 말한다. **시장가 × 총발행주식수 = 시가총액**이 된다. 당연히 시장가는 액면가나 공모가보다 높을 수도 낮을 수도 있다. 높다라면 기업에 대한 시장의 평가가 좋은 것이고, 낮다라면 반대로 평가가 안 좋은 것이다. 즉 시장가는 해당 기업에 대한 시장의 평가를 알 수 있는 바로미터가 된다.

회사가 과도하게 오른 시장가를 조정하기 위해 주식의 액면가

* 보통 상장회사의 경우 액면가와 발행가(發行價)는 동일하지만, 비상장회사가 액면가로 발행한 주식이 나중에 상장되면 액면가와 발행가가 달라질 수 있다.

를 낮추는 경우가 있다. 이를 액면분할이라고 한다. **액면분할**額面分割은 자본금의 증감 없이 기존 시장에서 거래되는 주식의 액면가를 일정 비율로 분할하여 주식수를 늘리는 것을 말한다. 말 그대로 주식을 잘게 쪼갠다는 것이다. 액면분할을 실시하면 기존 주주들이 보유한 주식수는 그 배수만큼 늘어난다. 회사는 액면분할을 통해 추가적인 증자 없이 주가를 올리고 더 많은 소액 투자자들의 유입을 유도할 수 있다. 삼성전자의 경우, 2018년 1월 액면가를 5,000원에서 100원으로 50 대 1 액면분할을 했다. 2022년 현재 삼성전자의 시장가는 8만 원 전후를 오가고 있다. 네이버 역시 2018년 5 대 1 액면분할을 했으며, 카카오도 2021년 5 대 1 액면분할을 감행했다. 애플의 경우는 더 드라마틱하다. 애플은 1987년 2 대 1 액면분할을 시작으로 2000년과 2005년에는 2 대 1, 2014년에는 7 대 1, 재작년인 2020년에도 4 대 1의 액면분할을 하며 총 다섯 차례나 주식을 쪼개왔다. 이 밖에 월마트나 마이크로소프트, 코카콜라 등 세계적인 기업들은 액면분할이라는 방식을 통해 주식 거래를 활성화시켰다.

반면 **액면병합**額面倂合은 주식의 액면가를 올리기 위해 기존의 주식들을 합치는 것을 말한다. 앞서 말한 액면분할과는 반대되는 것이다. 액면분할이 자본의 증가를 가져오지는 않지만 주주들의 입장에서 심리적인 상승효과가 있다면, 액면병합은 실질적으로 자본의 감소를 가져오지는 않더라도 시장에서 유통되는 주식 물량이 줄어들기 때문에 심리적인 감소효과가 있다. 다시 말해서, 실질적인 증자와 감자를 단행하지 않고도 회사는 액면분할과 액면병합을 통해 시장에 일정한 영향을 줄 수 있다는 말이다. 액면분할이 지나치게 높은 시장가를 낮춰 거래를 활성화시키려는 데 목적이 있다면, 액면병합은 지나치게 낮은 시장가를 올려 인기 없는 저가주低價主라는 이미지를 탈피하려는 데 목적이 있다. 보통 액면분할이 시장에서 인기 있는 기업들이 시도한다면, 액면병합은 시장이 외면하는 회사들이 단행하는 편이다. '동전주'의 이미지를 벗기 위해 2021년 국내에서만 11개 회사가 액면병합을 고시했다.

3) 배당은 주식의 열매다

주식이 자본주의의 꽃이라면 배당은 주식의 열매와 같다. 차익 실현이 주식투자의 주된 목적이지만, 배당 역시 주식이 주는 또 다른 매력 중 하나다. **배당**配當/dividend은 회사가 그해 낸 영업이익을 주주들에게 지분에 따라 배분하는 것을 말한다. 물론 회사가 수익을 냈을 때의 이야기다. 해당 회계연도에 영업이익을 내지 못한 회사는 주고 싶어도 배당을 줄 수가 없다. 당연히 배당을 주는 회사가 그렇지 않은 회사보다 재무적으로 안정적이라고 말할 수 있다. 회사가 배당을 준다는 건 사업을 잘 해서 이익잉여금이 쌓여 있다는 뜻이기 때문이다.

아마도 투자자에게 가장 중요한 질문은 '나는 배당금으로 얼마를 받게 될까?'일 것이다. 이를 알기 위해서는 주식투자에 대하여 배당이 어느 정도 나오는가 비율을 구해야 한다. 비율은 배당금을 현재 주가로 나눈 값인데, 이를 **배당수익률**dividend yield ratio이라고 부른다. 이 값을 통해 투자자는 현재 주가로 주식을 매수할 경우 배당으로 몇 %의 수익률을 올릴 수 있는지 가늠할 수 있다. 주식을 1주라도 가지고 있는 주주라면 배당수익률에 따라 주당배당금을 받을 수 있는 권리가 있다. 여기서 **주당배당금**dividend per share은 1주당 실질적으로 받을 수 있는 배당금을 말한다. 주당배당금이 높은 회사의 주식을 시장에서는 '고배당주'라고 한다. 이처럼 주당배당금을 알면 한 기업이 배당을 얼마나 잘 주는 회사인지 배당성향을 알 수 있다. **배당성향**dividend payout이란 기업이 벌어들인 순이익에서 배당금을 얼마나 지급하는지 그 비율을 나타내는 지표를 말한다. 배당성향은 당기순이익 중 배당금으로 나가는 비율인데, 주당배당금을 주당순이익으로 나눈 값을 백분율로 표현한다. 배당성향이 높은 기업은 일정 기간 동안 거두어들인 순이익 중 주주에게 높은 비율로 이익을 분배하는 기업이다. 결국 배상성향이 높은 회사의 주식에 투자하면 회사가 주는 배당으로 안정적인 소득을 얻을 수 있다.

두 번째로 중요한 질문은 '그렇다면 배당금은 언제 받게 될까?' 일 것이다. 배당은 주주총회의 의결에 따라 분기마다 이뤄지는 경우도 있고, 연말에 한 번 이뤄지는 경우도 있다. 전자를 **분기배당**分期配當이라고 하고 후자를 **연말배당**年末配當이라고 한다. 배당을 분기에 하는지 연말에 하는지는 회사마다 다르다. 우리나라 국민의 10명 중 1명이 보유하고 있다는 '국민주' 삼성전자가 분기배당을 하는 반면, 우리나라 대표 반도체주 SK하이닉스는 연말배당을 진행한다. 각 기업의 배당 관련 정보는 증권 정보 플랫폼인 세이브로SEIBro.or.kr나 네이버 금융finance.naver.com, 다음 금융finance.daum.net 등 포털사이트에서 확인할 수 있다. 주주가 배당금을 받으려면 배당기준일 이틀 전까지는 해당 주식을 보유하고 있어야 한다. **배당기준일**配當基準日이란 기업이 배당을 시행할 때 해당 주주들을 결정하는 기준이 되는 날로 바로 다음 날 주식을 팔아도 배당금은 받는다. 배당금을 노리고 주식을 샀다가 배당기준일이 지난 다음 날 바로 매도하는 이들 때문에 기업의 배당기준일이 지난 시점에서 보통 해당 주식의 주가가 떨어지는데, 이를 **배당락**配當落이라고 한다. 이렇게 배당기준일 다음 날 해당 주식의 주가가 떨어지는 날을 **배당락일**配當落日이라고 한다. 배당금에 대한 세금은 소득세 14%와 지방소득세 1.4%를 원천 징수한 뒤 주주의 계좌로 입금된다. 만일 배당금이 2천만 원 이상일 경우에는 종합소득과세가 징수될 수 있다.

"배당은 주식의 꽃이다"

상황이 이렇다 보니 매수와 매도를 통한 차익 실현보다는 배당금을 노리고 주식투자를 하는 이들이 생겨나게 되었다. 이런 투자자들은 배당성향을 보고 투자할 회사를 고르는데, 우선주가 그런 목적으로 탄생한 주식이다. **우선주**preferred stock는 이익 배당이나 기업 청산 및 파산 시 우선하여 투자자가 배당을 받을 수 있는 주식이다. 반면 우선주와 달리 보통주가 있는데, **보통주**common stock는 우선주처럼 배당 우선권은 없으나 주주로서 주주총회에 참석해서 투표권을 행사할 수 있는 권리가 있는 주식이다. 이 둘을 아주 쉽게 구분하자면, 우선주가 오로지 배당을 노리는 '깡통주'라면 보통주는 거기에다가 주주총회에 참석해서 발언할 수 있는 초대장까지 끼워진 주식이라고 할 수 있다. 따라서 우선주가 보통주보다 시장에서 약간 저렴한 편이다. 삼성전자의 경우, 보통주가 8만 원 대에서 주가가 형성된다면, 우선주는 대략 7만 원 대에 포진해 있다.

주식시장의 원리

시장market이라는 영단어는 표식mark과 같은 어근을 갖고 있다. 예로부터 시장은 특정한 지점에 사람들이 모여서 물물교환을 하던 장소였다. 마켓이라는 단어에는 그 두 가지 의미가 동시에 들어 있었다. 독일어로는 이 관계가 더욱 극명하게 드러난다. 우리가 익히 알고 있는 바와 같이, 마르크Mark가 독일의 화폐 단위, 즉 돈을 지칭하는 단어라면, 마르크트Markt는 시장이라는 뜻이다. 한마디로 시장은 사람도 돈도 모이는 곳이다. 사람과 돈과 물건이 모이면 자연스레 무역이 발생한다. 바로 마켓이라는 단어가 무역을 의미하는 라틴어 메르카투스mercatus에서 파생된 건 다 이유가 있다. 상인을 뜻하는 머천트merchant가 여기서 나왔다. 오늘날 영어권에서 흔한 성명으로 쓰이는 마크도 상인이라는 뜻을 가지고 있다. 오늘날 마켓은 그 범위가 넓어져 다양한 공간에서 유형무형의 재화와 서비스를 취급한다. 물론 주식도 상품이기 때문에 마켓이 존재한다.

1) 거래소가 내 손 안에

주식시장도 일반 시장과 마찬가지로 사람과 돈이 모이는 특정한 장소가 존재한다. 바로 **증권거래소**證券去來所/stock exchange다. 각국은 자국의 증권거래소를 별도로 두고 있는데, 미국에는 뉴욕증권거래소nyse.com가 있으며, 일본에는 도쿄증권거래소jpx.co.jp, 중국에는 상하이증권거래소sse.com.cn 등이 있다. 한국에는 한국거래소krx.co.kr가 있다. 각국의 증권거래소는 각 기업이나 정부가 발행한 주식이나 채권 같은 유가증권이나 그 밖의 파생상품 등을 거래할 수 있도록 중개하는 역할을 갖는다. 한국거래소는 2005년 1월 27일 기존에 산재하던 한국증권거래소와 한국선물거래소, 코스닥증권시장, 코스닥위원회 등 4개 기관이 통합되어 설립되었다. 한국거래소 내에는 여러 개의 별도의 시장이 존재하는데, 상장된 기업들의 주식을 거래하는 유가증권시장(코스피시장), 정보기술 등 유망 벤처기업들의 주식을 거래하는 코스닥시장, 창업 초기의 중소 벤처기업들의 주식을 거래하는 코넥스시장, 그 밖의 선물 및 옵션 등을 거래하는 파생상품시장 등이 활발히 운영된다. 2022년 2월 기준으로 한국거래소의 코스피시장에는 약 940여 개의 기업이 상장되어 있고, 코스닥시장에는 1,480여 개의 기업, 코넥스시장에는 130여 개의 기업이 상장되어 있다. 한국거래소는 투명한 거래를 위한 법적 테두리를 제공한다. 이 밖에 비상장기업들을 위한 별도의 거래시장도 존재하는데, 한국금융투자협회가 별도로 운영하는 K-OTC가 그것이다. OTC는 Over The Counter의 약자로 거래소를 거치지 않고 주식이나 채권, 선물 및 파생상품을 사고파는 장외거래場外去來를 의미한다. 아직 거래소에 공식적으로 상장되지 않은 비상장기업이나 중견기업, 벤처기업, 중소기업 등이 여기에 속한다. 2022년 2월 기준으로 140여 개 기업의 주식이 거래되고 있다. 이들 중에 이후 정상적인 상장 절차를 거친 기업들은 K-OTC에서 한국거래소로 이전할 수 있다.

오늘날 증권거래소는 인터넷의 보급과 모바일앱의 등장 때문에 과거 물리적 공간으로서의 역할은 거의 상실했다고 봐야 한다. 인터넷이 보편화되지 않았을 때에만 하더라도 투자자가 여의도에 있던 증권거래소에 직접 방문하여 수기로 매수표를 작성하여 주식 거래를 해야 했다. 그것이 여의치 않을 때에는 증권사 직원에게 전화를 넣어 일일이 투자 종목을 불러주고 **대리매수**代理買受를 진행할 수밖에 없었다. 하지만 오늘날에는 개인이 가입한 증권사의 온라인 플랫폼이나 모바일앱을 통해 직접 거래를 진행할 수 있게 되었다. 사실 이 시스템도 이전처럼 복잡한 물리적 과정이 단축되었을 뿐 각 증권사가 고객들의 주문에 따라 대리매수를 해주는 것은 변함이 없다. 증권사 플랫폼은 대부분 HTS와 MTS 등 두 가지 종류로 나뉘는데, 전자를 **홈 트레이딩 시스템**Home Trading System, 후자를 **모바일 트레이딩 시스템**Mobile Trading System이라고 한다. HTS는 개인 PC에 주식창을 띄워놓고 주식거래를 진행할 수 있는 모든 인터페이스를 제공한다. 인터넷만 된다면 집에서든 카페에서든 어디서든 노트북을 가지고 실전투자가 가능하다. 반면 MTS는 HTS를 고스란히 모바일로 옮겨놓았다고 보면 된다. MTS의 등장으로 개인 투자자들은 더 이상 장소에 구애받지 않고 주식투자를 진행할 수 있게 되었다. 참 편리해진 세상이다. HTS가 증권사나 자산투자운용사 같은 기관들부터 개인에 이르기까지 전업 투자자들이 주로 이용하는 플랫폼이라면, MTS는 보

HTS와 MTS

HTS	MTS
홈 트레이딩 시스템	모바일 트레이딩 시스템
PC로 구동	스마트기기로 구동

통 일반 투자자나 개미들이 주로 이용하는 시스템이다. 이 부분은 뒤에서 자세히 설명하겠다.

2) 개미들의 반란

시장이 있는 곳에는 사고파는 사람도 있어야 한다. 주식시장에서 투자자는 크게 세 종류로 나뉜다. 개인 투자자와 기관 투자자, 그리고 외국인 투자자가 그것이다. 개인 투자자는 주식이나 채권 같은 유가증권에 투자하는 모든 개인을 일컫는다. 자신이 직접 주식을 거래하든지 아니면 전문가에게 맡겨 간접 투자를 하든지 대부분 개인 투자자의 범주에 들어간다. 업계에서는 소위 '개미'라고도 불리는데, 국내 주식에 투자하면 '동학 개미'로, 해외 주식에 투자하면 '서학 개미'로 부른다. 일반 개미들보다 자본금이 큰 개미들도 있는데, 이들을 '슈퍼 개미'라고 부른다. 보통 개미들은 투자 포트폴리오를 구성할 줄 모르고 지표들을 분석할 수 있는 안목이 없다 보니 매매타이밍을 잘 못 잡는 경우가 종종 있다. 일정한 투자 기준이나 전략 없이 감정적이고 충동적인 투자를 진행하기 때문에 작전 세력에 놀아나거나 손절 및 투매도 서슴지 않는다. 시중에 나와 있는 소위 '투자 비법서'에 목을 매거나, 거금을 들여가며 자칭 투자 전문가들의 주식 강연회나 세미나, 리딩방을 좇아다닌다.

반면 기관 투자자는 은행이나 회사, 증권사, 보험사, 자산운용사에서부터 정부 기관이나 지자체 같은 단체들에 이르기까지 개인이 아닌 단체로 주식시장에 진입한 투자 주체를 말한다. 개인 투자자의 반대 개념이라고 생각하면 된다. 금융권이나 은행, 증권사, 투자를 대행하는 회사들이 대표적인 기관 투자자들이며, 국민연금 같은 연기금을 관리하는 기관들도 기관으로 분류된다. 이들은 개인 투자자에 비해 막강한 자본금과 전문적인 분석 및 포트폴리오를 토대로 시장에 진입하기 때문에 개인보다는 성과도 잘 내는 편이다. 반면 **외국인 투자자**는 말 그대로 국내 투자자를 제외한 해외 투자자를 총칭한다. 90년대 후반, 국내 금융시장이 개방된 이래로 주식시장에서 외국인 투자자의 비중은 꾸준히 늘어왔고, 오늘날 국내 증시에서 없어선 안 될 핵심 투자 세력이 되었다. 뉴스를 주의 깊게 들은 경우라면 알겠지만, 외국인이 어떻게 움직였는가에 따라 주로 그날의 증시 분위기가 결정된다.

3) 국내 지수를 읽는 안목

뉴스에 종종 등장하는 코스피와 코스닥은 무엇을 가리킬까? 코스피와 코스닥은 시장을 지칭하기도 하지만, 해당 시장의 지수를 나타내기도 한다. **지수**指數/index는 특정 기준을 갖는 통계치를 총칭하는 용어로 보통 경제지표를 나타내는 지수에는 물가지수와 생산지수, 소비지수 등이 있다. **코스피지수**KOSPI는 코스피시장의 주가를 가리키는 지수로 국내 주식시장을 대표하는 지수기 때문에 '**한국종합주가지수**'라고도 한다. 코스피시장은 1959년 개장하여 삼성전자나 SK하이닉스, 셀트리온, 카카오, 네이버, POSCO, LG전자 등 국내 굴지의 기업들이 상장되어있는 주식시장이다. 코스피지수는 기준 시가총액을 기준시점의 시가총액으로 나눈 값으로 한국거래소가 매초마다 공시한다. 2021년 6월 25일에 첫 3,300포인트를 돌파했고 2022년 2월 기준으로 2,700포인트를 오르내리고 있다. 이로써 국내 코스피시장의 규모는 1980년 기준으로 대략 31배 이상 성장했다고 말할 수 있다.

코스피지수 중에서 특히 **코스피200지수**라는 게 있는데, 코스피시장에서 상위 200개의 대표 기업의 주가만을 종합하여 반영한 지수다. 코스피지수는 구성 종목이 너무 많아 시장의 대표성을 갖기 어렵다고 판단하고 시총을 견인하는 대형 우량주 중심의 지수의 필요성이 대두되면서 만들어졌다. 현재 코스피200지수에 속하는 구성종목은 코스피 시가총액의 80% 이상을 차지할 정도로 영향력이 크다. 코스피200지수를 기준으로 산업에 따라 구성종목을 더 세분화하는 **섹터지수**라는 것도 만들어지고 있다. 2022년 2월 기준 코스피200지수는 360선을 오가고 있다. 이처럼 코스피지수는 투자자들이 종합시황을 파악하고 향후 투자 방향을 결정하는 데 매우 중요한 기준점이 된다. '지수만 잘 봐도 주식투자의 반은 먹고 들어간다.'는 말이 있을 정도다. 이 부분은 매우 중요하기 때문에 뒤에 3부 투자의 실제에서 보다 자세히 다루겠다.

기업이 코스피시장에 상장되기 위해서는 자기자본 300억 원 이상, 연간매출액 천억 원 이상, 연간이익 50억 원 이상, 주식발행수 100만 주 이상이라는 요건을 갖추어야 한다. 물론 이는 최소한의 법적 기준이며 회사가 일정한 요건을 갖추었더라도 무조건 코스피시장에 상장될 수 있는 건 아니다. 자기자본비율과 3년 이상의 업력에 대한 엄격한 심사와 기업 공개가 선행되어야 한다. 물론 상장된 기업이라 해도 정해진 요건을 지속적으로 충족시키지 못하면 시장 질서와 투자자의 피해를 막기 위해 **상장폐지**上場廢止 당할 수도 있다. 2016년부터 2020년까지 5년간 우리나라에서 상장폐지된 기업은 134개나 달한다. 상장폐지가 결정되면 대략 일주일 동안 투자자들이 보유한 주식을 정리할 수 있는 기간이 주어지고 그 이후에는 장내 거래가 중단된다. 상폐된 주식을 장외시장에서 거래할 수는 있으나 거의 제 값을 받을 수 없기 때문에 휴지조각이 되고 만다.

반면 **코스닥지수**KOSDAQ는 IT와 BT, CT 및 벤처기업들의 자금조달을 목적으로 1996년 7월 개설된 첨단 벤처기업 시장의 지수를 지칭한다. 코스피지수가 미국의 다우존스지수를 모방한 것이라면, 코스닥지수는 미국의 나스닥지수를 벤치마킹한 것이다. 코스닥시장에 있는 기업들은 대개 몸집을 불려 코스피시장으로 넘어가는 것을 목표로 한다. 엔씨소프트나 아시아나항공, 셀트리온, 카카오, 현대중공업 등이 코스닥에 있다가 코스피시장으로 넘어간 대표적 기업들이다. 코스피지수와 마찬가지로 코스닥지수 역시 기준 시가총액을 기준시점의 시가총액으로 나누어 산출한다. 2004년 당시 증권업협회가 관리하던 코스닥지수의 기준지수를 100에서 1,000으로 10배로 상향했다. 2021년 1월 26일, 코스닥지수가 장중 1,000을 돌파했으며, 2022년 2월 기준으로 880포인트를 오르내리고 있다.

이 외에도 한국거래소가 코스피와 코스닥시장에서 우량 종목 300개를 따로 골라서 지수로 발표하는 KRX300지수가 있다. 본래 KRX100에서 출발한 KRX300지수는 현재 대한민국의 주식시장을 가장 잘 나타내는 지수라고 할 수 있다. 이 지수는 코스피시장과 코스닥시장을 견인하는 기업들 중에서 시가총액 700위 이내, 거래대금 순위 85% 이내인 종목들을 심사 대상으로 선정해 코스피 231개 종목과 코스닥 69개 종목 등 총 305개 종목을 선정해서 그 지수를 발표한 것이다.* 코스피와 코스닥시장 전체를 아우르는 대표성 있는 지수며 대한민국 경제의 현재와 미래를 모두 들여다볼 수 있는 핵심 지표라고 할 수 있다. 이 밖에 비상장주식을 다루는 K-OTC에는 K-OTC30지수가 있는데, 이는 120여 개의 프리보드시장 주식 중에서 상위 30개 종목만을 뽑아 현황을 나타낸 지수다.

상장주식은 주식시장에서 공개적으로 거래가 이뤄지는 주식이기 때문에 비상장주식보다 안정적인 투자가 가능하다. 기업공개를 통해 재무 건전성과 자본 비율, 회계, 경영 상황 등을 투명하게 검토할 수 있어 투자 대상의 옥석을 가리는 데 훨씬 유리하다. 매도자와 매수자가 직접 만나지 않아도 주문 조건만 맞으면 시장이 자동으로 거래를 체결시킨다. 결제가 자동으로 체결되므로 결제불이행의 위험도 없다. 그렇다고 비상장주식이 위험한 것만은 아니다. 비록 정식으로 주식시장에서 거래할 수는 없지만, 비상장주식도 사려는 사람이 나타나면 얼마든지 높은 가격에 거래가 채결될 수 있다. 지금 이름만 대면 누구나 알 수 있는 대부분의 기업들이 한때 비상장주식을 발행하던 시기가 있었다는 사실을 기억할 필요가 있다. 그래서 일부 투자자들 중에는 시장에 올라오지 않은 유망한 비상장주식들만을 노려 큰 수익을 거두는 이들도 적지 않다. 쉽게 말해, 모 아니면 도다.

"비상장주식은 high risk high return이다"

* 본래 300개 기업이었는데, 이후 몇몇 주식의 분할상장으로 인해 종목이 5개 더 늘어났다.

4) 해외 지수를 보는 관점

우리나라에 코스피지수와 코스닥지수가 있다면, 미국에는 다우지수와 나스닥지수가 있다. **다우지수** 또는 **다우존스산업평균지수**Dow Jones Industrial Average는 우리나라 코스피지수처럼 미국 뉴욕 증시를 대표하는 지수다. 역사상 가장 오래된 주가지수의 하나로 1884년 7월 3일 처음 발표되었다. 다우지수는 뉴욕 증권거래소에 상장된 30개의 우량 종목들로 구성되어 있다. 당연히 다우지수에 포함된 종목들은 시대와 산업 환경이 바뀌면서 변화를 겪어왔다. 예를 들어, 1896년만 하더라도 다우지수에 담배회사와 석유회사, 가스회사, 축산회사, 고무회사, 철강회사 등 12개 종목이 포함되어 있었는데, 2020년에는 애플과 나이키, IBM, 마이크로소프트, 3M, 인텔, 맥도날드, 월마트, 코카콜라, 비자카드, 존슨앤존슨, 프록터앤갬블, 아메리칸익스프레스 등이 그 자리를 대신하고 있다. 다우지수만 봐도 한 세기 이상의 기간 동안 미국 내 산업 변화와 기업의 명멸을 쉽게 확인할 수 있다. 2022년 2월 기준 다우지수는 35,000포인트를 오르내리고 있다.

한편 뉴스를 듣다 보면 나스닥지수와 S&P500지수도 종종 볼 수 있을 것이다. 다우지수와 함께 미국 경제 상황을 직접 보여주는 대표적인 주가지수라 할 수 있는데, 그중에 **나스닥종합지수**NASDAQ는 미국의 IT 기술주를 중심으로 구성된 종목들의 지표를 나타낸다. 우리나라 코스닥지수와 유사하다고 할 수 있다. 나스닥종합지수는 2022년 2월 기준으로 14,500포인트를 오르내리고 있다. **나스닥100지수**는 나스닥에 상장된 기업 중에서 상위 100개의 우량 기업만을 별도로 모아 만든 지수다. 반면 **S&P500지수** 또는 **스탠더드앤푸어**

스500지수 Standard & Poor's 500는 뉴욕증권거래소와 나스닥에 상장된 주식 중 500대 기업의 시가총액만을 반영한 주가지수다. 다우지수가 30개 종목만 담고 있는 지수다 보니 시장의 변화를 정확하게 반영하지 못한다는 문제점이 대두되었고, 이를 해결하기 위해 만들어진 게 바로 S&P500지수다. 이 지수는 기업 규모와 유동성, 산업 대표성이라는 측면을 고려하여 공업주 400종목, 운수주 20종목, 공공주 40종목, 금융주 40종목을 선정하여 구성했다. 상위 500개 종목을 포함시킨 S&P500지수에는 당연히 다우지수에 포함된 30개의 종목이 고스란히 들어 있기 때문에 현재 미국 증시를 가장 잘 표현하고 있다는 평가를 받는다. 실제로 미국 증시에 투자할 때 투자자들이 가장 많이 살펴보는 지수기도 하다. S&P500지수는 2022년 2월 기준으로 4,500포인트를 오르내리고 있다.

일본에는 **니케이225지수** 또는 **니케이평균주가**日経平均株価가 있다. 니케이지수는 1971년 이래 일본의 유력 일간지 니혼케이자이신문日本経済新聞이 산출하는 지수다. 니케이지수는 도쿄증권거래소에 상장된 종목 중에서 거래가 활발하고 유동성이 높은 225개 종목을 별도로 선정하며 다우지수 방식을 바탕으로 산출한다. 소니와 미쓰비시, 후지쯔, 토요타, 혼다, 닛산, 니콘 등 우리에게도 익숙한 기업들이 속해 있다. 니케이225 지수는 2022년 2월 기준으로 27,500포인트를 오르내리고 있다. 중국에는 **상하이종합지수**上海证券综合指数가 있다. 중국 상하이증권거래소에 상장된 1,492개 기업을 대상으로 구성된 종합 주가지수다. 중국 주식시장은 상하이, 선전, 홍콩에 3대 증권거래소가 있는데, 그중에서 상하이와 선전은 중국 본토 시장으로 구분되고 홍콩은 해외 시장으로 분류된다. 중국 주식시장의 특이한 점은 주식이 A주와 B주로 구분되어 있다는 점이다. A주는 중국인과 외국인이 거래할 수 있고, B주는 외국인만이 투자할 수 있다. 상하이종합지수는 2022년 2월 기준으로 3,300포인트를 오르내리고 있다. 홍콩에는 **항셍지수**恒生指數가 있는데, 홍콩증권거래소가 발표하는 지수로 업종대표 주식 50개를 모아서 시가총액 가중평균 방식으로 산출한다. 항셍지수는 2022년 2월 기준으로 23,800포인트를 오르내리고 있다. 세계는 이미 단일 경제권으로 묶여 있기 때문에 현명한 투자자라면 꼭 해외 지수에 투자하지 않더라도 늘 민감하게 외국 지수들의 추이를 살펴보는 자세를 가져야 한다. 특히 국내 지수는 미국의 지수에 영향을 많이 받기 때문에 항상 나스닥을 비롯한 다우, S&P지수에 안테나를 고정시켜야 한다.

"국내 지수는 미국 지수의 영향을 많이 받는다"

주가와 투자 원칙

우리는 중학교 때 시장에서 수요와 공급이 만나는 지점에 가격이 형성된다는 사실을 배웠다. 수요가 공급보다 많으면 가격이 올라가고, 공급보다 적으면 가격이 내려간다. 주식시장 역시 마찬가지다. 주식을 사려는 사람과 팔려는 사람이 주식시장에서 만나 적정 가격을 부르는데, 이 가격을 **호가**呼價라고 한다. 서로의 호가가 맞으면 거래가 체결되고 그것이 해당 주식의 가격, 즉 **주가**株價로 낙찰된다. 이때 주가는 세 가지 원칙, 즉 가격우선원칙과 시간우선원칙, 수량우선원칙에 따라 정해진다. **가격우선원칙**價格優先原則은 거래에서 낮은 가격을 부른 매도자가 높은 가격을 부른 매도자에 우선하고, 반대로 높은 가격을 부른 매수자는 낮은 가격을 부른 매수자보다 우선한다는 원칙이다. 만일 동일한 가격으로 호가가 떴을 때에는 **시간우선원칙**時間優先原則이 적용되는데, 조금이라도 먼저 가격을 접수한 거래부터 체결시킨다는 원칙이다. 만약 시간까지도 동일하게 접수되었다면, **수량우선원칙**數量優先原則이 적용되는데, 1주라도 매수-매도 수량이 많은 거래를 체결시킨다는 원칙이다.

1) 주가와 시세는 기본이다

주가는 시가와 종가로 나뉜다. **시가**始價는 당일 개시한 주식시장의 '시작 가격'을 말한다면, **종가**終價는 당일 마감한 주식시장의 '마지막 가격'을 말한다. 국내의 경우, 주식시장은 오전 9시부터 오후 3시 30분까지 운영되는데, 9시 개장과 함께 시가가 형성되고, 오후 3시 20분부터 30분까지 받은 매매 주문은 그날의 종가가 된다. 시가와 종가의 범위를 넘는 높은 가격을 **고가**高價, 낮은 가격을 **저가**低價라고 하는데, 미국과 달리 국내 주식시장은 시장 과열을 막기 위해 각기 위로 30%를 **상한가**上限價, 아래로 30%를 **하한가**下限價로 정해 놓았다. 전일 종가 대비 위아래로 30% 이내에 그날 가격대가 형성되어 있는 셈이다. 이렇게 시가와 종가, 상한가와 하한가로 하루의 주가가 완성된다. 이러한 주가의 구조를 꺾은선그래프로 나타낸 것이 바로 **차트**chart인데, 양초를 닮았다고 해서 흔히 **캔들차트**candle chart라고도 부른다. 단타매

> **캔들차트**
>
> 시가와 종가, 최고가와 최저가, 추세와 거래량 등 주식을 비롯한 유가증권과 파생상품, 환율의 가격 움직임을 보여주는 금융 차트로 생김새가 마치 양초(캔들)처럼 생겼다 하여 부르게 되었다. 각각의 '캔들스틱' 또는 '봉'은 일반적으로 하루의 주가 움직임을 나타내며, 20일 간의 거래를 보여주는 차트에는 스무 개의 캔들스틱이 있다. 캔들차트는 일반적으로 18세기 일본의 쌀 거래상이었던 혼마 무네히사(本間宗久)에 의해 최초로 고안된 것으로 알려져 있다.

매를 하는 단기 투자자들에게는 매매에 있어 절대적인 기준이 된다. 차트의 등락폭은 HTS나 MTS에서 일, 주, 월, 년 단위로 일별할 수 있으며, 별도로 ROI나 거래량, 이동평균선 등의 정보도 차트를 통해 확인할 수 있다. 자세한 사항은 3부에서 설명하도록 하겠다.

잘 알다시피 우리나라 정규 주식시장 개장은 오전 9시며 마감은 오후 3시 30분이다. 이 시간에 이루어진 거래를 정규거래 혹은 장중거래라고 한다. 물론 주식시장이 열리지 않는 시간대에도 물밑에선 활발하게 거래가 성립된다. 오전 8시 30분부터 당일 주가를 결정하는 동시호가거래가 이뤄지는데, 시간 선후가 분명하지 않은 호가를 일괄 처리한다. 이보다 앞서 주문을 넣고 싶을 때에는 예약주문을 활용할 수 있다. 주식시장이 마감하는 오후 3시 30분 이후에는 시간외 종가거래가 이뤄진다. 시간외 종가거래는 말 그대로 정규거래에서 결정된 종가로 체결이 실시간 이뤄진다. 이 거래는 3시 30분부터 4시까지 가능하다. 오후 4시 이후부터 6시까지는 시간외 단일가거래가 이뤄지는데, 당일 종가 대비 위아래로 10% 내외에서 가격을 설정할 수 있다. 그렇다고 가격을 무지막지하게 설정할 수는 없고 정규시장의 상하한가를 벗어날 수는 없다. 거래는 정규거래처럼 아무 때나 이뤄지지는 않고 10분 단위로 체결된다. 두 시간 동안이니까 산술적으로 총 12번의 거래가 가능하다.

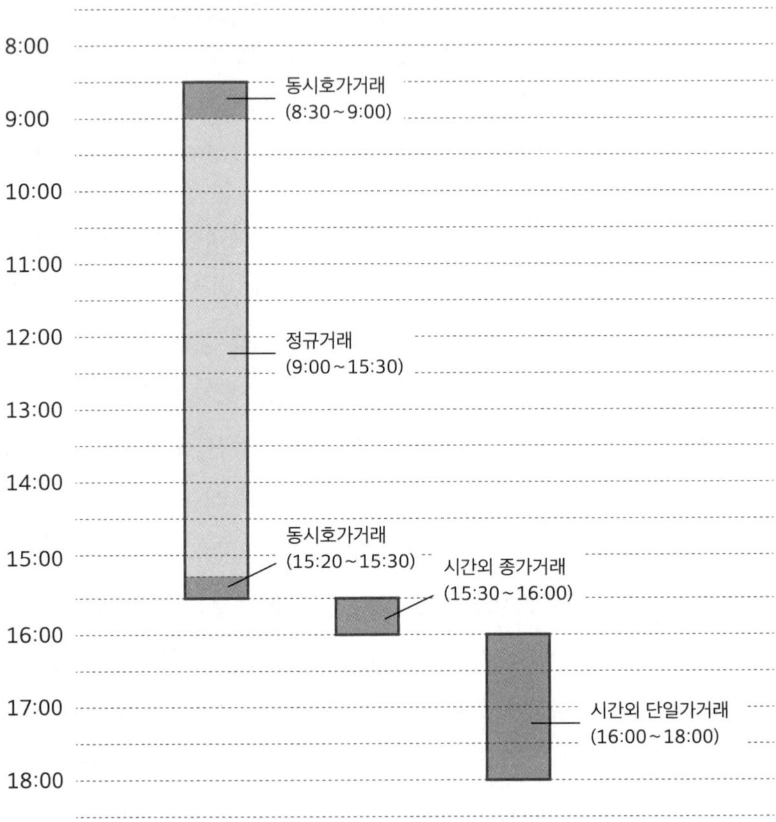

시장에서 주가를 나타내는 여러 용어들이 있다. 대표적인 것이 강세와 약세, 보합세다. **강세**强勢는 시세가 상승할 것이라고 예상해 투자자들이 주식을 강하게 구매하는 분위기를 말한다. 그와 반대로 시세가 하락할 것이라고 예상해 주식을 매도하는 분위기를 **약세**弱勢라고 한다. 참고로 강세와 상승장을 미국에서는 황소bull 장세라고 부르는 반면 약세와 하락장은 곰bear 장세로 부른다. 챠트에서 주가 상승은 붉은색으로, 주가 하락은 파란색으로 표시한다. 간혹 붉은색을 적자赤字로 오해하는 투자자들이 있는데, 주가에서 붉은색은 좋은 색이다. 반면 **보합 또는 보합세**保合勢란 증권 시장의 시세가 변동하지 않거나 시세 변동의 폭이 극히 미미한 상태를 말한다. 시세가 유의미한 변동 없이 계속 지지부진하게 이어지는 것으로 일단 주가가 상승했거나 하락한 상태임에도 불구하고 추가 변동의 가능성이 없는 시세다. 보합세는 매수와 매도 물량이 평형을 이룰 때 발생한다. 보합세는 다시 강보합과 약보합으로 세분화할 수 있는데, **강보합**은 시세가 당장 움직이지 않더라도 강한 매수세가 뒷받침되어 상승 쪽으로 움직일 가능성이 다분한 장세를 가리킨다. 그 반대가 약보합이다. **약보합**은 매도세가 출현해 시세가 하락한 채 반등하지 않고 보합인 상태를 가리킨다.

주가를 견인하는 것 중에 악재와 호재가 있다. **악재**惡材는 주가에 나쁜 영향을 미치는 사건이나 뉴스로 보통 주식시장을 약세장을 만든다. 반면 **호재**好材는 주가에 좋은 영향을 미치는 사건이나 뉴스로 강세장을 만든다. 대표적인 악재와 호재 중에 어닝쇼크와 어닝서프라이즈가 있다. **어닝쇼크**earning shock는 기업 실적이 시장의 예상보다 저조할 때를 가리키며, **어닝서프라이즈**earning surprise는 기업이 기대

보다 높은 수익을 내는 경우를 말한다. 이 밖에 대표적인 호재로 꼽히는 뉴스로는 기업의 액면분할이나 업종변경, 특별배당, 수익성 없는 사업의 처분, 구조조정 등이 있으며, 대표적인 악재로는 기업의 유상증자나 액면병합, 인수&합병, 또는 금리나 물가상승이 있다. 물론 이는 일반론에 불과하기 때문에 투자자라면 개별 주가를 이끄는 보다 다양하고 복잡한 조건과 요인이 있다는 사실을 언제나 명심해야 한다.

개중에는 주식시장의 정서와 분위기를 읽고 그와 반대로 나아가는 투자자들이 있다. 주가가 오르면 모든 투자자는 시장에 기대감을 갖고, 그 기대감은 지속적으로 주가를 밀어 올린다. 반대로 주가가 내리면 모든 투자자는 불안해하고, 그 불안감은 그대로 주가에 반영되어 하락장을 주도한다. 이처럼 '기대'와 '불안'은 주식시장을 끌고 가는 주요 동력이다. 이런 분위기를 한 번 접어 생각하는 투자법을 역발상 투자라고 하는데, 사실 투자에는 왕도가 없기 때문에 언제나 이 방법이 옳다고 말할 수는 없다. 오를 때 팔고 내릴 때 사는 건 전통적인 주식시장의 원리와는 맞지 않는다. 전설적인 투자자들이 이런 투자법을 활용했던 건 사실이지만, 대부분의 성공담은 결과론이며 사후정의의 성격이 짙다. 주식시장의 리스크는 누구도 예상할 수 없다.

"주식시장의 리스크는 누구도 예상할 수 없다"

2) 주식시장의 리스크를 유념하라

그렇다고 주식시장에 리스크가 없는 건 아니다. 모든 주식은 경영진의 실수나 영업 실적 악화 같은 내부 변수뿐 아니라 경제 전반, 정치, 문화 등 다양한 외부 변수로 인해 타격을 입을 수 있다. 특히 주식은 채권이나 펀드보다 훨씬 위험하다. 주식시장의 리스크는 크게 두 가지가 있는데, 하나가 유동성이라면 다른 하나는 변동성이다. **유동성** liquidity은 주식을 사고파는 것이 얼마나 쉬운지를 보여주는 값이다. 말 그대로 흐름이라고 할 수 있다. 유동성은 매우 중요한 지표다. 보유하고 있는 주식을 팔려고 해도 시장에 구매자가 많지 않으면 매도하는 데 어려움을 겪을 수 있기 때문이다. 거래량이 적은 종목은 적기에 못 팔 수 있기 때문에 매도하기 어렵고 그만큼 위험 부담이 클 수 있다. 또 다른 주식시장의 리스크는 변동성이다. **변동성** volatility은 주가가 얼마나 자주 그리고 얼마나 큰 폭으로 오르내리는지를 보여주는 값이다. 주식시장은 언제든지 변동성이 있고 투자자들이 예측할 수 없는 변화에 직면한다. 세계 각국의 정치 상황과 유가, 환율, 금융 정책, 조세, 무역 전쟁과 같은 이슈들은 이 변동성에 촉매가 된다. 주가가 상당히 빠르게 움직일 때에는 포트폴리오에 심각한 영향을 미칠 수도 있다. 911테러의 경우를 생각해보라!

일반 시장에서도 경기 과열을 저지하기 위해 경제 관련 부서들은 여러 조치들을 취한다. 아무리 자유시장 경제체제여도 정부의 시장 개입이 불가피한 상황이 존재한다. 마찬가지로 주식시장의 과열이나 폭락 역시 거래소의 개입을 부른다. 여러 가지 요인으로 주식시장이 너무 과열되어 많은 투자자에게 피해를 줄 수 있다고 판단될 때 주식시장은 소위 **사이드카**sidecar를 발동한다. 말 그대로 달리는 차를 길옆에 세워둔다는 의미다. 선물시장의 급등락에 따른 현물시장의 혼란을 막을 때에 발동된다. 사이드카가 발동되면 주식시장의 호가의 효력이 5분간 정지된다. 돌발 상황으로 인해 주가의 변동성이 커진 상황에서 주식시장이 숨을 돌릴 수 있는 여유를 주는 것이다. 사이드카의 조건은 가장 많이 거래되는 선물 상품 가격이 1분 이상 전일 종가에 대비해 5% 이상 등락가가 지속될 때다. 사이드카는 1일 1회에 한해서 발동되며 주식시장 매매 종료 40분 전부터(2시 50분)는 발동이 불가하다. 대표적인 사이드카 사례로는 2020년 3월 20일 전날 있었던 한-미 통화 스와프 체결로 인해 국내 증시가 급등하자 사이드카가 발동된 적이 있다.

사이드카가 호가의 효력만 잠시 소멸시키는 제도라면, **서킷브레이커**circuit breakers는 매매 자체를 잠시 중단시키는 제도다. 말 그대로 회로차단기다. 증시를 안정시키기 위한 보다 강력한 수단으로 마치 과열된 기계의 전원 스위치를 끄는 것에 비유할 수 있다. 서킷브레이커의 조건은 종합주가지수가 전일 종가 대비 1분간 10% 이상 하락한 경우다. 미국의 경우, 서킷브레이커가 걸리면 20분, 우리나라는 30분 동안 거래를 중단시킨다. 대표적인 서킷브레이커 사례는 2001년 미국에서 911테러가 일어났을 때 그다음 날 폭락장세에서 발동되었다. 국내에서는 2004년 4월 이후로 11차례 서킷브레이커가 발동한 적이 있다. 가장 최근의 사례는 2020년 3월 13일 주식시장이 개장한 직후 8% 이상 주가가 급격히 빠지면서 서킷브레이커가 실시되었다.

이러한 주식시장의 리스크를 상쇄할 수 있는 건 현명한 투자밖에 없다. 투자의 위험성을 줄이기 위해 주가가 비교적 안정적이고 주주들에게 정기적으로 배당금을 지급하며 상대적으로 안전하다고 평가받는 우량주들에 투자하는 게 바람직할 것이다. 반면 감당할 수 있는 수준의 리스크라면 변동성이 큰 스타트업이나 페니-스톡penny-stock 같은 소규모 기업에 투자할 수도 있다. 주식 투자로 인한 리스크는 채권이나 국채에 투자하므로 일부 상쇄시킬 수 있다. 채권투자는 일반적으로 주식보다 리스크가 적고 무디스 같은 신용평가기관의 평가를 받을 수 있어 보다 안전하다. 국채는 국가의 보증을 받기 때문에 훨씬 리스크가 적다고 할 수 있다. 속 편하게 전문 투자가에게 자신의 자산을 맡겨서 운용하고 싶다면 뮤추얼 펀드로 눈을 돌릴 수 있다. 물론 펀드가 리스크를 완전히 없애지는 못하지만, 전문적인 정보나 자산 관리 능력이 없는 투자자들이 묻지마 투자를 통해 투자금을 날려버릴 위험을 방지할 수 있다. 더 자세한 투자 전략에 대해서는 3부에서 설명하겠다.

4
펀드와 채권투자로 보완하라

*"주기적으로 인덱스 펀드에 투자하면,
주식에 대해 아무것도 모르는 투자자라도
실지로 대부분의 투자 전문가들보다
더 큰 수익을 낼 수 있다."*
- 워런 버핏 -

본래 '자금'이나 '모금'이라는 의미의 '펀드'는 라틴어 '펀두스fudus'에서 파생한 단어다. 펀두스는 '바닥'을 의미했는데, 17세기 유럽에서 '회사가 갖춰야 할 기초적 자본이나 주식'이라는 의미로 사용되면서 오늘날 자금이라는 뜻이 붙게 되었다. 펀드가 '자금을 모금하다'는 뜻을 갖게 된 건 대항해 시대 뱃사람들에 의해서였다. 무역선을 타고 멀리 다른 나라를 향해 출항한다는 건 당시로서 막대한 자금이 필요한 프로젝트였다. 당연히 배가 뜨기 전에 왕과 귀족, 상인 등 여러 자본가들의 자금을 모을 수밖에 없었는데, 이때 직접 항해를 하는 선원들을 고용하고 생필품을 가득 실어 목적지까지 배를 띄워 보내는 예산을 펀드라고 부르기 시작했다. 그렇게 여러 명으로부터 투자금을 모아 결국 항해로 이익이 나면 지분에 따라 수익을 분배하는 것이 펀드의 기본 개념이었다. 결국 펀드는 처음부터 투자 개념이 들어간 셈이다.

펀드는 이후에 다양한 금융상품에도 쓰이기 시작했는데, 18세기 중반 네덜란드 암스테르담 증권에 금융위기가 닥치면서 투자금이 공중분해되거나 모금 자체가 안 되는 일들이 벌어졌다. 투자자들에게 위험을 피해 분산투자할 수 있는 상품이 기획되었고 1774년 그렇게 최초의 뮤추얼 펀드가 암스테르담에서 탄생했다. 이때 만들어진 펀드는 투자자들에게 25년간 자금을 운용하면서 매년 약 4%의 배당을 주겠다고 약속했다. 흥미로운 점은 해당 수익금을 모두 투자자한테 돌려주는 게 아니라 수익금의 일부를 따로 떼어 놓았다가 추첨을 통해 운 좋은 사람들에게 나머지 금액을 몰아주는 방식을 도입했다는 사실이다. 펀드에 오늘날 복권의 개념을 더해 투자자들을 유혹하는 전략을 쓴 것이다. 초기에는 이런 펀드들이 주목을 받았지만, 실제로는 잦은 전쟁으로 기간을 다 채우지 못하는 펀드들이 속출했고, 만기가 돌아온 펀드 중에는 수익은커녕 원금도 회복하지 못해서 기간을 연장하는 상품들도 적지 않았다. 펀드의 길은 멀고 험했다.

펀드의 역사가 새로운 전기를 마련하게 된 건 1975년 뱅가드그룹의 존 보글이 새로운 펀드 상품을 시장에 내놓으면서였다. 첫인덱스투자신탁First Index Investment Trust이라고 불리는 이 펀드는 S&P500을 추적하여 수익을 내는 금융상품으로 설계되었다. 가격은 단돈 11달러에 불과했다. 시장의 반응은 시큰둥했다. 문의도 신청자도 많지 않았다. 펀드였기 때문에 진입도 쉽지 않았고 주식시장에서 거래도 불가능했다. 그러던 상황에서 1992년 새로운 전기가 마련되었다. 네이트 모스트라는 인물이 하루는 보글의 사무실을 찾아와 자신이 생각해낸 기발한 아이디어를 늘어놓기 시작했다. 그는 본래 원자재 선물상품을 기획하고 설계하는 일을 했는데 '원자재 동향과 예측을 사고파는 일이 가능하다면 시장에서 지수를 파는 일도 가능하지 않을까?' 하는 발상의 전환을 한 것이다. 모스트는 뱅가드그룹이 제공하고 있던 인덱스 펀드에 투명성과 낮은 비용지급비율을 추가하여 주식시장에 내다 팔면 투자자들이 주식처럼 쉽게 거래할 수 있고 세금 효율성도 있을 것이라고 보글을 설득했다. 둘은 의기투합했고 이렇게 뱅가드500인덱스펀드Vanguard 500 Index Fund가 탄생했다. 역사상 인간이 개발한 가장 위대한 금융상품으로 불리는 ETF는 이렇게 첫 선을 보였다.

이번 장에서는 펀드와 ETF, 파생상품에 이르기까지 투자자가 반드시 알아야 할 기초적인 사항들을 소개하고자 한다.

펀드투자가 주식투자와 다른 점

인덱스 펀드를 시장에 도입한 뱅가드그룹 창업자 존 보글은 말했다. "건초더미에서 바늘을 찾지 마라. 그냥 그 건초더미를 사라." 무수히 많은 기업들 중에 아마존처럼 유망한 옥석을 가려내는 일은 전문가조차 쉽지 않다. 투자로 밥 먹고 살아가는 애널리스트도 언제나 수익을 내는 건 아니기 때문이다. 좋은 기업이라고 판단해 사들였지만 정작 뚜껑을 열어 보니 별 볼일 없는 쓰레기 같은 주식임이 판명 나는 경우도 적지 않다. 한때 우량한 기업이었지만 911테러나 코로나 사태처럼 뜻밖의 악재가 겹쳐 역사의 뒤안길로 사라진 사례도 여럿 있다. 투자를 어디에 할 것인가? 보글은 제2의 아마존이나 애플을 찾아 여기저기 헤매지 말고 그냥 마음 편하게 지수를 추종하는 펀드에 돈을 묻으라고 조언한다.

펀드는 주식과 어떻게 다를까? 펀드는 자산운용회사가 투자자들로부터 모은 자금을 주식에 투자하여 그 이윤을 돌려주는 금융 상품을 총칭한다. 투자자가 주식에 직접 투자하는 것이 주식투자라면, 펀드매니저 같은 전문가에게 투자를 대신 맡기는 것을 펀드투자라고 말할 수 있다. 쉽게 말해, 주식은 **직접투자**直接投資, 펀드는 **간접투자**間接投資의 형태를 띤다. 다수의 투자자에게 대규모 공동기금을 모아 주식과 채권 및 다양한 금융상품에 투자하고 그 수익을 투자자들에게 분배하는 것이기 때문에 투자자 개인이 투자하는 것보다 시너지를 낼 수 있다. 펀드투자의 장점으로는 자산운용 전문가가 투자를 대행한다는 점 외에도 개인투자자가 소액으로 투자하기 어려운 고가의 주식이나 해외증권에 투자할 수 있다는 점을 들 수 있다. 투자자 입장에서는 투자 포트폴리오를 다양화하여 위험을 분산하는 효과를 볼 수 있고 투자성향과 철학에 따라 투자의 범주를 다각화할 수 있다. 대부분의 펀드는 여러 주식에 분산 투자를 하기 때문에 시장의 변동성에 따른 리스크를 분산시키는 효과도 있다.

"펀드투자는 대표적인 간접투자다"

반면 펀드투자의 단점도 존재한다. 펀드매니저가 투자와 자산관리를 맡아주는 상품이기 때문에 일정한 수수료가 발생할 수밖에 없다. 물론 직접투자를 해도 수수료가 발생하지만, 펀드투자를 통해 나가는 수수료는 그 폭이 크다. 펀드는 원천적으로 실적 배당 상품이기 때문에 투자 원금이 보장되지 않는다. 펀드에 손실이 발생하더라도 회사나 펀드매니저는 그 손실을 보전해주지 않는다. 결국 운용 결과에 따라 얼마든지 원금 손실이 생길 수 있다는 뜻이다. 이익이 난다면 투자자에게 좋겠지만 손실이 발생하면 그 책임도 투자자가 져야 한다는 점은 펀드투자를 망설이게 하는 가장 큰 단점이다. 펀드의 수익은 전적으로 상품의 포트폴리오와 펀드매니저의 능력에 달려 있기 때문에 수익률이 좋은 상품과 매니저를 선택하는 게 투자자 입장에서 매우 중요하다고 할 수 있다.

1) 펀드의 종류

그럼 펀드에는 어떤 것들이 있을까? 펀드는 기본적으로 투자 시장에 따라 국내형과 해외형이 있다. **국내형 펀드**는 말 그대로 국내 주식시장에서 투자 가능한 주식에 투자하는 상품이고, **해외형 펀드**는 그 범위를 세계로 넓혀 미국이나 중국 같은 해외 주식시장에 투자하는 상품이다. 펀드의 성격에 따른 종류는 그야말로 천차만별이다. 너무 많아서 여기에서 다 설명할 수 없을 정도다. 그래도 그중 대표적인 몇 개를 살펴보면, 주식형 펀드와 채권형 펀드, 혼합형 펀드, 대안형 펀드 등이 있다. ① **주식형 펀드**는 주식에 투자하는 펀드로 특정 업종이나 산업 분야 등 테마를 따라가는 테마형 펀드, 가치주나 우량주에 집중하는 가치주 펀드, 배당금을 많이 주는 주식에 투자하는 펀드 등이 있다. 주식형 펀드의 반대가 채권형 펀드다. ② **채권형 펀드**는 국채나 지방채, 공사채 등 안정성이 높은 채권을 골라가며 사들이는 펀드다. 당연히 변동성이 적고 예측가능하기 때문에 주식형 펀드보다 안정적이지만 수익률은 낮을 수 있다. 채권형 펀드는 보통 만기까지 채권을 들고 있지 않고 되팔기 때문에 직접 채권을 사서 보유하는 것처럼 원금을 보장해주지는 않는다.

주식형 펀드와 채권형 펀드의 각 단점들을 극복하기 위해 만들어진 상품이 바로 ③ **혼합형 펀드**다. 하이브리드형 펀드 또는 밸런스 펀드라고도 하는데, 일반적으로 주식형 펀드와 채권형 펀드를 합쳐서 만든다. 이 펀드는 일정한 비율에 따라 주식과 채권에 함께 투자하여 안정성과 수익성을 함께 노리는 상품이다. 혼합형 펀드는 다시 주식과 채권의 비중에 따라 매우 다양한 상품으로 갈라진다. 우리나라 투자자들은 보통 이런 혼합형 펀드를 선호한다. ④ **대안형 펀드**는 주식이나 채권이 아닌 금, 원자재, 파생상품, 부동산 등에 투자하는 상품을 말한다. 펀드를 고를 때에는 투자 목적과 기간, 자금의 크기 등을 고려해야 한다. 투자 기간이 길고 위험하더라도 고수익을 노리는 투자 성향을 갖고 있는 투자자라면 주식형 펀드의 비중을 높이고, 투자 기간이 짧고 수익보다는 안정성에 집중하는 투자 성향의 투자자라면 채권형 펀드의 비중을 높이는 게 적합하다. 무엇보다 펀드투자는 좋은 자산운용사를 고르는 안목도 중요하다. 좋은 자산운용사는 그간 성과가 어떠했는지, 시장에서 평판이 어떠한지, 펀드매니저들의 경력이 어떠한지를 따져보고 골라야 한다.

이 외에 **적립식 펀드**는 은퇴 이후 노후계획이나 자녀교육, 주택 마련 등을 위해 은행에 적금을 붓듯 매월 정기적으로 매입해 나가는 상품이다. 적립식 펀드는 복리를 노리는 상품이기 때문에 장기투자에 바람직하다. 물론 펀드는 원금 손실의 가능성을 배제할 수 없기 때문에 장기간 잘 운용되었을 때의 이야기다. 적립식 펀드에는 투자기관과 투자금액, 투자시점을 미리 정하는 정액 적립식 상품과 임의로 투자하는 자유 적립식 상품이 있다. 적립식 펀드에 투자하면서 주가 흐름에 따라 적립금의 규모를 조정하거나 원금을 빼는 방식은 바람직하지 않다. 적립식 펀드투자는 당장 목돈이 없어도 소액으로 장기투자를 실현할 수 있고 현재보다 주가가 하락했을 때 더 싼 가격에 주식을 매입할 수 있다는 장점이 있지만, 반대로 주가가 상승했을 때에는 상대적으로 비싸도 반드시 사야 한다는 단점이 공존한다.

펀드는 수수료 지불 방식에 따라 투자와 함께 원천적으로 지불하는 선불 형태(A클래스)와 수익이 난 뒤에 지불하는 후불 형태(C클래스)로 나뉜다. 후자는 전자처럼 별도의 선취 수수료가 나가지 않지만, 일정한 이익이 났을 때 판매 보수라고 불리는 수수료가 부과가 된다. 투자자 입장에서는 보통 A클래스보다는 C클래스가 판매 보수가 높게 나오기 때문에 단기 투자에 보다 유리하다고 할 수 있다. 반면 선취 수수료를 내는 상품은 투자할 때마다 아예 수수료에 해당하는 금액이 먼저 빠지고 나머지가 투자되기 때문에 C클래스보다 장기 투자에 유리하다고 할 수 있다. 상대적으로 C클래스가 장기로 가면서 수수료 총액이 더 많아진다. 물론 이는 자신이 투자한 펀드가 일정한 수익을 냈을 때의 일이다.*

* 펀드 뒤에 소문자로 -e나 -s가 붙는 상품들도 있는데, 이는 인터넷뱅킹 같은 온라인에서 제공되는 상품을 나타내는 표시다. 오프라인 펀드 상품보다는 비교적 수수료가 저렴하다.

2) ETF와 뮤추얼 펀드

최근 투자자들 사이에서 ETF의 열기가 뜨겁다. 바로 **상장지수펀드** exchange-traded fund라는 상품인데, 이는 자산운용사나 은행 등을 통해서만 거래되는 일반 펀드와 달리, 주식시장에서 일반 상장주식처럼 자유롭게 매수-매도가 가능한 펀드를 말한다. 인덱스 펀드와 주식 거래의 장점을 모두 갖추어 21세기 많은 투자자들이 실지로 활용하고 있는 혁신적인 투자상품이다. 이름에서 알 수 있듯이, 한마디로 ETF는 지수를 추적하는 것이 목표인 인덱스 펀드면서 동시에 거래소에 상장되어 각 상품마다 종목코드를 가지고 있는 주식처럼 거래가 가능하다. 주식처럼 거래소 개장시간 중에 자유롭게 MTS나 HTS, 전화 및 지점 방문을 통한 직접투자가 가능하다. 펀드를 구성하는 각 종목과 비중, 보유수량, 가격 등을 실시간으로 공개하기 때문에 투자자 입장에서는 투명하고 확실한 투자 포트폴리오를 구성할 수 있다. 초기에는 주요 지수를 기초자산으로 삼는 금융상품으로 소개되다가 이후 채권, 원자재, 통화, 레버리지, 인버스, 액티브 등 다양한 자산을 추적하는 상품들로 발전을 거듭해 왔다.

보통 개인 투자자는 네 가지 투자 원칙을 지키면 주식투자에 성공한다고들 한다. 분산투자, 장기투자, 간접투자, 저비용투자가 그것이다. 그런데 이 모든 걸 한 방에 해결하는 투자 방식이 바로 ETF다. ETF는 개인 투자자가 조합할 수 없을 만큼 통계에 기반하여 수익을 내는 다양한 종목들을 한 바구니 안에 담아 놓은 상품이기 때문에 개별 주식에 대한 구체적인 정보나 전문적인 지식이 없어도 쉽게 투자할 수 있다. 투자의 용이성이야말로 ETF가 지닌 가장 강력한 장점이다. 장점은 이뿐만이 아니다. 개인 투자자는 애플이나 테슬라, 아마존 같은 미국의 우량주를 사고 싶어도 2021년 12월 10일 기준으로 1주에 각기 171달러와 932달러, 3,400달러나 하기 때문에 처음부터 진입하기가 부담된다. 대신에 이러한 우량주들을 담아놓은 ETF를 사면 비교적 소액으로도 이러한 기업들의 주식을 구매할 수 있다. 1주를 사도 애플과 테슬라, 아마존을 모두 산 것과 같은 효과를 갖기 때문에 지수를 구성하는 모든 종목에 분산 투자를 한 셈이 된다. ETF의 또 다른 장점은 펀드임에도 불구하고 주식처럼 마음먹은 때 자유로운 매매가 가능하다는 점이다. 환매 수수료나 환매 기간도 따로 없다. 보통 주식을 매도할 때 부과되는 0.3%의 증권거래세도 ETF는 면제된다.

"분산투자, 장기투자, 간접투자, 저비용투자를
모두 충족시키는 상품이 ETF다"

물론 ETF에 장점만 있는 건 아니다. 제일 먼저 ETF가 추종한다고 자랑하는 지수와 ETF 사이에 차이가 발생한다는 것이다. 이를 **추적오차**tracking error라고 하는데, 추적오차가 클수록 해당 펀드 운용에 문제가 있다고 본다. 동일한 지수를 추적하는 ETF라 하더라도 종목의 배당금과 보유자산을 활용한 수익, 운용보수 등에 의해 서로 다른 추적오차가 발생할 수 있다. 추적오차는 자산운용사의 능력에 달려 있기 때문에 ETF 투자를 고려할 때 추적오차가 적은 상품을 고르는 게 좋다. 반면 **괴리율**disparate ratio은 ETF가 표방하는 가치 사이에서 발생하는 차이를 말한다. ETF가 시장에서 거래되다 보면 수요와

추적오차와 괴리율

추적오차란 ETF의 기준 가격과 ETF가 추종하는 지수와의 차이를 가리킨다. 지수를 추종해야 하는 ETF로서 가장 중요한 부분이 추적오차다. 자산운용사 입장에서 추적오차를 줄이기 위해 종목 구성에 변화를 주기도 한다. 반면 괴리율은 ETF의 기준 가격과 실제 시장에서 거래되는 시장 가격과의 격차다. 펀드지만 주식처럼 수급에 의해 실시간 거래되는 ETF의 특성이기도 하다.

거래량에 따라 가격이 오르고 내리면서 이 사이에 가격의 괴리가 발생한다. ETF는 펀드기 때문에 보수(운용, 설정, 환매, 사무관리, 수탁)가 기본적으로 발생하며 추가적으로 위탁수수료라는 두 개의 비용구조를 가지고 있다. 괴리율은 추적오차와 달리 어느 정도 불가피한 현상이며 시장에서 거래되는 과정에서 부득이하게 발생하는 측면이 있다.

ETF 상품에는 어떤 종류가 있을까? 현재 ETF의 종류는 자산운용사의 국적에 따라 **국내형 ETF**와 **해외형 ETF**로 나눌 수 있다. 국내에서 거래되는 ETF 상품은 앞에 특정한 운용사의 별칭이 달려 있다. 삼성자산운용이 만든 ETF에는 맨 앞에 코덱스가, 미래에셋자산운용은 타이거, KB자산운용은 KB스타, 한국투자신탁운용은 킨덱스, 한화자산운용은 아리랑, 키움투자자산운용은 코세프가 각기 붙어있다. 예를 들어, 코덱스200은 삼성자산운용의 코스피 200지수를 추종하는 ETF 상품이며, 킨덱스200은 한국투신운용의 ETF 상품이다. 해외형 ETF에 대해서 주의해야 할 점은 국내 자산운용사가 미국이나 중국 등 해외 주식에 투자하는 ETF 상품이 있고, 해외 자산운용사가 자국의 주식에 투자하는 ETF 상품이 별도로 존재한다는 사실이다. 쉽게 말해서, 타이거미국나스닥100이라는 상품은 앞에 '타이거'가 들어가 있기 때문에 미래에셋자산운용에서 나스닥 100지수를 따라가기 위해 만든 ETF 상품이다. 같은 방식으로 아리랑미국S&P500은 앞에 '아리랑'이 있기 때문에 한화자산운용이 S&P500지수를 추종하기 위해 만든 ETF 상품이다. 이렇게 국내에 상장된 ETF 상품은 환전이 따로 필요 없고 장중 실시간 거래가 가능하며 보수와 비용이 저렴하다는 장점이 있다.

이것 말고도 지수가 아닌 산업군으로 묶인 ETF 상품도 있다. 반도체나 자동차, 헬스케어 등 다양한 섹터별로 ETF 상품이 개발되어 있다. 그 종류도 어마어마하게 다양하다. 금이나 석유 같은 원자재에 투자하는 ETF 상품도 여기에 포함될 수 있다. 이 외에 파생형 ETF라는 게 있는데, 이는 본래 ETF 상품에 일정한 조건을 걸어서 수익을 극대화하거나 리스크를 줄이는 방식으로 운용된다. 대표적인 상품이 레버리지와 인버스가 있다. 우선 **레버리지**leverage는 쉽게 말해 지수에 곱하기 2를 한 값으로 돌려받는 상품이다. 만약 지수가 오르고 있다면 상승 분량의 2배, 떨어지고 있다면 하락 분량의 2배를 받는다. 반면 **인버스**inverse는 쉽게 말해 지수와 반대로 가는 상품이다. 지수가 하락하면 도리어 떨어진 만큼의 수익을 받고, 지수가 상승하면 올라간 만큼 손실을 본다. 이러한 인버스 상품을 더욱 극대화시킨 것이 ×2인데, 인버스를 레버리지한 상품이다. 흔히 투자자들 사이에서 '곱버스'라고 불린다. 레버리지와 인버스는 그만큼 원금 손실의 위험이 높다.

"레버리지와 인버스 상품은
투자에 주의해야 한다"

언뜻 ETF와 유사한 듯 다른 펀드 중에 뮤추얼 펀드라는 상품이 있다. 피터 린치는 "뮤추얼 펀드는 스스로 조사하지 않으면서 주식은 갖고 싶어 하는 사람들에게 완벽한 솔루션이 된다."고 말했다. 일반 펀드가 이미 존재하는 자산운용사가 만들어낸 상품이라면, 뮤추얼 펀드mutual fund는 반대로 투자금을 모아 새롭게 가상의 회사를 차리는 것을 말한다. 순전히 주식 투자만을 위해 투자자들이 상호 동의하에 만든 회사로 볼 수 있다. 전설적인 투자자 존 템플턴이 만든 템플턴그로스펀드Templeton Growth Fund나 피터 린치가 만든 마젤란펀드Magellan Fund도 이러한 과정을 거쳐 만들어진 대표적인 뮤추얼 펀드다. 뮤추얼 펀드는 독립된 투자회사로 운영되기 때문에 주주의 참여가 자유롭고 개방적이며 투명하다는 장점이 있다. 뮤추얼 펀드는 최소자본금을 납입한 뒤 증권투자회사를 설립하고 투자자들, 즉 주주를 모집한 이후 자산운용에 들어간다. 뮤추얼 펀드는 가입한 후 만기 전에 인출이 가능한지 여부에 따라 중간에 자금을 찾을 수 없는 폐쇄형과 입출금이 자유로운 개방형으로 나뉜다.

그럼 얼마 전까지 언론을 통해 말도 많고 탈도 많았던 사모펀드란 뭘까? 사모私募 펀드를 말하려면, 공모公募 펀드와 함께 비교해야 한다. 공모 펀드는 말 그대로 공개적으로 불특정다수의 투자자를 모집하여 만든 펀드다. 반대로 **사모 펀드**는 비공개적으로 특정한 투자자에게만 투자 기회가 열려 있는 펀드다. 금융 당국의 엄격한 규제를 받는 공모 펀드와 달리, 사모 펀드는 투자 방식과 투자 대상, 투자 비중에 대한 제한이 없어 자유로운 투자와 신탁이 가능하다. 보통 사모 펀드는 시장에서 저평가된 기업에 자본 참여를 하게 만들어 기업의 가치를 높인 다음 기업을 되파는 전략을 구사한다. 이 과정에서 일부는 법의 테두리를 벗어나는 적대적 인수합병을 벌여 사회적 지탄의 대상이 되기도 한다. 보통 사모 펀드에 헤지 펀드를 포함시키기도 한다. **헤지 펀드**hedge fund는 주로 공매도 전략을 쓰는 사모 펀드의 일종으로 대표적으로 조지 소로스가 운영하는 퀀텀펀드Quantum Fund가 이에 해당한다.

국채와 채권 및 파생상품

펀드와 주식은 위험자산으로 분류되기 때문에 투자에 진입할 때 원금 손실의 가능성을 염두에 두어야 한다. 좀 더 안전한 투자처를 찾고 있다면 채권이 그 대안이 될 수 있다. 주식이 유가증권이라면, **채권**債券/bond은 회사가 돈을 빌리고 끊어주는 차용증과 같다. 당연히 채권에는 '내가 이만큼을 빌렸으니 언제까지 갚겠다.'는 조건을 설정하기 마련이다. 이를 **만기**滿期라고 한다. 목적에 따라 채권의 종류 및 이자 추산방식, 만기가 다르게 발행된다. 채권은 단지 기업뿐 아니라 국가나 지자체, 은행권 등 돈이 필요한 모든 기관과 집단이 자유롭게 발행할 수 있다. 보통 공채나 국채, 지방채라고 부르는 것들이 여기에 해당한다. 중앙 정부의 사업 집행이나 자금 조달을 목적으로 국가가 발행하는 채권은 **국채**國債, 지방 정부의 재정 확충과 사업 자금 조달을 목적으로 지방자치단체가 발행하는 채권은 **지방채**地方債, 국채와 지방채를 묶어 **공채**公債라 하고, 일반 기업이 발행한 **사채**社債와 대별적 의미로 쓴다. 보통 안전성에 있어서 국채, 지방채, 사채의 순서로 보면 된다.

"채권은 주식에 비해 안전한 투자처다"

1) 안전을 따진다면 채권투자로

주식에 비해 채권은 안전하며 정해진 금리가 있기 때문에 이자도 받을 수 있다. 채권으로 들어오는 이자는 주식으로 들어오는 배당금과는 성격이 전혀 다르다. 배당금은 회사의 실적이 나쁘고 경기가 안 좋으면 한 푼도 안 나올 수 있지만, 채권은 시중 금리나 경기와 상관없이 정해진 금리에 따라 이자를 정기적으로 받을 수 있다. 결론적으로 시장에서 가격 변동성은 주식에 비해 상당히 낮기 때문에 채권이 주식보다 훨씬 안정적인 자산이라고 할 수 있다. 상황이 이렇다 보니 채권이 시중에 주식처럼 거래되며 일정한 상승과 하락을 반복한다. 일반적인 대출과 달리 자금을 공급받는 기관들이 기업이나 국가같이 신용도가 크다는 점에 착안하여 거래 가능한 유가증권의 형태로 만들어 시중에 유통시킨 셈이다. 문제는 채권이 시장에서 주식처럼 거래될 수 있다 보니 가격 변동이 일어난다는 데에 있다. 작년 내가 산 천만 원짜리 채권이 시장 상황에 따라 잘하면 2천만 원이 될 수도 있고 못하면 5백만 원이 될 수도 있다는 말이다. 즉 투자자 입장에서 채권의 구조는 주식과 다르지만 채권의 거래는 주식과 동일하다고 볼 수 있다. 상당수의 채권들이 주식시장에서 거래되고 있으며, 그래서 많은 투자 초보자들이 채권과 주식을 가끔 혼동한다.

이처럼 투자자 입장에서 주식과 채권은 동일하게 거래되지만, 회사의 입장에서 놓고 보면 성격이 완전히 다르다. 주식은 자본금의 증가를 의미하지만 채권은 부채의 증가를 의미하기 때문이다. 주식은 기업이 갚아야 할 돈이 아니기 때문에, 만기일이나 이자가 따로 있지 않다. 주주 입장에서는 오로지 해당 기업이 성장해서 정기적으로 일정한 배당금을 받거나 시세 차익을 통해 이윤을 극대화하는 것 밖에 없다. 하지만 그만큼 리스크도 안고 가야 한다. 이익은커녕 원금이 손실되는 경우도 종종 있고, 상폐를 통해 보유한 주식이 하루아침에 휴지조각이 되는 최악의 시나리오도 가능하다. 반면 채권은 기업 입장에서는 채무이자 빚이다. 만기일이 되면 회사는 채권 소유자에게 빌린 돈을 무조건 갚아야 한다. 물론 회사가 파산해서 채권이 무용지물이 되는 경우도 있지만, 채권은 주식에 우선하여 자산을 정리한 원리금을 지급받기 때문에 투자자 입장에서 꽤 안전하다고 할 수 있다.

채권투자는 어떻게 진행하는 게 바람직할까? 역시 분산투자가 답이다. 하나의 채권에 집중투자하기보다는 여러 채권에 나누어 투자하여 위험을 분산시키는 게 지혜로운 투자다. 처음 상품을 고를 때에는 해당 전문가의 도움을 받는 게 좋다. 채권은 종류와 만기, 수익률에 따라 매우 다양한 상품이 존재하기 때문에 투자하기에 앞서 자신의 투자 목적과 성향, 자금 등을 먼저 결정하고 그에 맞는 채권투자를 진행하는 게 좋다. 이때 목돈이 필요한 시기와 채권의 만기일을 맞추는 것은 기본이다. 돈이 필요해 채권을 중도에 매도하려 해도 금리가 올라 버렸다면 손실을 볼 수 있기 때문이다. 위험에 대해 보수적이라면 세금 우대가 되는 소액채권에 투자하는 것이 바람직하며, 매월 일정한 이자 수입을 원한다면 이표채 등에 투자하는 게 좋다. 만약 주식투자와 비슷한 투자를 생각한다면 변동성이 비교적 적고 만기가 얼마 남지 않은 단기상품에 투자하는 게 좋다. 금리 하락이 예상될 때에는 만기가 긴 장기채권을 매입하고, 금리 상승이 예상될 때에는 단기채권을 투자하여 매도하는 게 바람직하다. 이때 채권이 환매가 가능한 상품인지 확인하는 것도 잊지 말아야 한다. 마지막으로 같은 조건이라면 당연히 표면금리가 낮은 채권에 투자하는 것이 유리하다. **표면금리**表面金利란 채권 표지에 적혀있는 금리를 말하는데, 채권 매수 시 표면금리에 따라 세금을 내야 한다. 표면금리가 높은 채권일수록 많은 세금을 내게 되므로 같은 수익률이라 하더라도 표면금리가 낮은 채권이 유리할 수밖에 없다.

2) 선물 및 옵션, 파생상품 투자

경제 뉴스를 듣다 보면, "선물 옵션 만기가 어떻고, 파생상품이 어떻고…" 하는 멘트를 심심찮게 듣게 된다. **파생상품**derivatives은 주식이나 채권과 같은 기초자산에서 파생한 상품을 말하는데, 이는 본질적으로 주식 투자가 안고 있는 리스크를 회피하기 위해 만들어진 것이다. 주식이 워낙 변동성이 크기 때문에 이를 완충하고 싶은 게 투자자라면 누구나 갖는 인지상정일 것이다. 이처럼 투자 리스크를 분산시키는 것을 흔히 **헤징**hedging이라고 한다. 헤징은 집 주변으로 울타리를 둘러친다는 뜻인데, 주식 투자를 위태롭게 하는 외부의 다양한 변수들을 막아보자는 것이다. 기본 자산이 주식으로 채워져 있다면, 채권이나 금에 일부 투자금을 옮겨 헤지를 할 수 있고, 헤지펀드나 파생상품에 투자할 수 있다.

보통 시장에서 선물과 옵션, 스와프를 3대 파생상품으로 꼽는다.* **선물**先物은 미래에 해당 물건을 사고파는 가격을 미리 정해놓은 거래를 말한다. "미래에 지금 이 가격으로 거래하자."는 약속인 셈이다. 한마디로 미래의 가치를 사고파는 것이다. 그래서 영어로 선물을 퓨쳐스futures라고 하며 주식창에서는 F로 표시한다. 선물의 반대 개념은 당연히 **현물**現物이다. 현물은 지금 눈앞에 보이는 상품이며, 현물 거래는 지금의 상품과 돈을 맞바꾸는 거래다. 반면 선물거래란 규격과 품질, 수량 등이 표준화되어 있는 '특정 물건'을 미래의 '특정 시점'에 '특정 가격'으로 사고팔 것을 약속한 거래다. 배추 농가와 중간상이 밭떼기 계약을 체결하는 것을 예로 들어 보자. 중간상은 김장철에 배추 현물 가격이 오를 것을 예상하고 포기당 적정 금액을 쳐주고 배추 농가와 봄에 미리 계약을 맺는다. 상인 입장에서 계약을 체결한 가격보다 배추 값이 더 오르면 그 차익을 거둘 수 있기 때문이다. 농가 입장에서도 거래가 장마와 태풍 같은 변수로 한해 농사를 망칠 수 있는 리스크를 대폭 줄이는 기회가 될 수 있으니 이거야말

* 흔히 이 세 가지 상품을 '플레인 바닐라(plain vanilla)'라고 한다.

로 헤징인 셈이다. 아직 배추는 씨도 뿌리지 않았으니 이들의 거래는 현물이 아닌 선물 거래에 해당한다.

따라서 선물거래는 시장에서 해당 물건의 가격이 오르거나 내려도 일단 계약이 체결된 이상 고정된 가격으로 거래할 수밖에 없다. 선물 거래의 매력은 여기에 있다. 거래 쌍방이 서로의 입장에서 윈-윈인 셈이다. 다시 밭떼기의 사례로 설명하면, 당연히 미래의 특정한 시점(김장철)에 계약했던 것보다 배추 가격이 올라가면 중간 판매상 입장에서 잘한 거래가 될 것이다. 물론 뜻하지 않게 작황이 좋지 않아 배추 생산에 차질이 빚어지면 손해를 보는 경우도 발생할 수 있을 것이다. 하지만 중간상에게 그런 리스크를 상쇄할 만큼 기대 수익률이 매력적인 거래임에 분명하다. 물론 배추 농가는 자신이 생산한 배추를 김장철에 최고가로 팔 수 없어서 아쉬울 수 있다. 그렇다고 농가 역시 폭락의 리스크를 지웠기 때문에 거래에서 크게 밑졌다고 볼 수 없다. 선물 거래는 이렇게 계약 이행의 의무가 농가와 중간상 쌍방에게 모두 주어지는 형태를 고수한다.

당연히 시쳇말로 화장실 들어갈 때와 나올 때가 다르다고 만기일이 다가올수록 계약 당사자 사이에 명암이 갈리는 경우가 발생한다는 점이다. 그래서 쌍방이 나중에 딴말하는 경우를 미연에 방지하기 위해 선물거래소는 증거금 제도라는 걸 마련해 두었다. **증거금**證據金은 선물 거래를 한 뒤에 시장 가격이 자신에게 불리하게 움직일 때 한쪽이 계약을 무단으로 파기하는 사태를 막기 위해 거래소에 계약 이행 보증금으로 걸어 놓은 일종의 공탁금을 말한다. 일방적인 계약 불이행으로부터 매입자와 매도자 모두를 보호하기 위해 만들어진 안전장치인 셈이다. 모든 거래에는 만기일이 있다. 선물도 마찬가지. 개인 투자자 입장에서는 바로 이 만기일에 주의해야 한다. 선물 만기일은 3, 6, 9, 12월 두 번째 목요일, 옵션 만기일은 매달 두 번째 목요일로 지정되어 있다. 당연히 선물 만기일과 옵션 만기일은 일 년에 네 번 겹칠 수밖에 없다. 주가지수 선물과 옵션, 개별 주식 선물과 옵션, 이렇게 네 개의 파생상품의 만기일이 겹치면 주식시장이 심하게 출렁이게 된다.* 선물 옵션 만기일에는 선물과 현물 사이의 가격 차이가 존재하며 이 괴리율을 줄이려고 시장에 매물을 쏟아내 주가를 부풀리려는 세력들이 판을 치기 때문에 괜히 시장에 진입했다가 쓸데없이 소용돌이에 휘말릴 위험이 있다.

그렇다면 옵션은 뭘까? '선택권'이라는 뜻의 **옵션**option은 미리 결정된 기간 안에 특정 기초자산을 정해진 가격으로 사고팔 수 있는 선택적 권리를 말한다. 선물이 미래에 상품 가격이 오를 것으로 예상되면 미리 사고 하락할 것으로 예상되면 미리 파는 거래라면, 옵션은 미래의 특정 시점에 상품 가격이 오를 것으로 예상되면 사는 '권리'를, 떨어질 것으로 예상되면 파는 '권리'를 주고받는 거래다. 앞서 말한 밭떼기를 가지고 예를 들어 보자. 중간상 A가 한 배추 농가와 한 포기당 2,000원에 선물 거래를 체결한다. 이후 배추 작황이 좋을 것으로 예상한 중간상 B는 중간상 A에게 가서 자신이 한 포기당 1,000원의 웃돈(프리미엄)을 얹어 줄테니 배추 농가와 한 거래의 '권리'를 넘기라고 말한다. 중간상 A는 흔쾌히 권리를 이양한다. 중간상 B는 배추 농가와 직접 거래를 한 건 아니지만, 중간상 A로부터 거래에 관

* 네 마녀가 심술을 부린다고 해서 이 날을 속칭 '쿼드러플 위칭 데이(Quadruple-Witching Day)'라고 한다.

한 일체의 권리를 샀기 때문에 이제 선물 거래의 당사자가 된 것이다. 반대의 경우도 얼마든지 가능하다. 이번에는 중간상 C가 배추 농가를 찾아가 배추 한 포기당 1,000원의 웃돈을 드릴 테니 중간상 A와 한 거래의 '권리'를 넘겨달라고 제안한다. 농가는 그 권리를 중간상 C에게 넘긴다. 이제 선물 거래의 당사자는 중간상 A와 중간상 C가 된다. 이것이 옵션거래다. 여기서 미래에 사기로 미리 약정한 가격에 배추를 살 권리를 **콜옵션**call option이라고 하며, 약정 가격에 배추를 팔 권리를 **풋옵션**put option이라고 한다. 콜옵션은 특정 주식을 사전에 정한 가격으로 지정된 날짜 또는 그 이전에 '매수'할 수 있는 권리를 말하며, 풋옵션은 특정 주식을 사전에 정한 가격으로 지정된 날짜 또는 그 이전에 '매도'할 수 있는 권리를 말한다.

스와프swap는 미리 정한 계약조건에 따라 일정시점에 두 개의 서로 다른 방향의 자금흐름을 교환하는 금융상품이다. 스와프 거래는 장래의 자산이나 부채를 거래하는 것으로 일종의 선도거래라 할 수 있다. 그런 점에서 선물 거래와 비교된다. 자금의 조달과 운용 면에서 금융기관은 조달비용이 가장 저렴한 시점에 자금을 조달하고, 수익율이 가장 높은 시점에 투자함으로써 대내적으로 금융시장 간 연계성을 강화하고 대외적으로는 전 세계 금융시장을 통합시키는 기능을 한다. 또한 금융자산 가격의 변동성 확대로 인한 금리 및 환위험을 관리하는 헤징 측면에서 기존의 자산 또는 부채를 시기적절하게 관리함으로써 잠재적 손실을 피하거나 투자 이익을 확정하는 기능도 있다. 스와프 거래에는 원유나 광물, 곡물 등 상품을 바꾸는 **상품스와프**commodity swap와 외환, 이자율 등 금융자산을 바꾸는 **금융스와프**financial swap가 있다. 금융스와프는 다시 외환을 거래하는 외환스와프FX Swap와 이자를 교환하는 이자율스와프Interest Rate Swap, 통화를 교환하는 통화스와프Currency Swap로 세분화된다. 스와프 거래는 개인 투자자가 접근하기에 어려움이 있기 때문에 여기서 자세한 설명은 생략하겠다.

5
암호화폐의 세계에 오신 걸 환영합니다!

"비트코인은 야구카드든 피카소 작품이든
희귀한 물건이면 무엇이든 가치 있다고
여겨질 수 있는 것과 동일한 방식으로
단기적이나 장기적으로도 좋은 투자로 판명될 것이다."
- 앤드류 로스 소로킨 -

이름도 본명인지 필명인지 분명하지 않은 나카모토 사토시Nakamoto Satoshi라는 한 프로그래머는 2008년 10월 「비트코인: 피어-대-피어 전자화폐 시스템」이라는 9쪽짜리 짧은 논문을 발표한다. 그리고 이듬해 그가 설계한 첫 번째 제네시스 블록genesis block이 만들어지며 비트코인이라는 새로운 화폐가 세상에 모습을 드러냈다. 논문 초록에서 사토시는 비트코인의 탄생이 갖는 가치에 대해 이렇게 말했다. "순수한 피어-대-피어 버전의 전자 화폐는 금융기관을 거치지 않고 한 쪽에서 다른 쪽으로 직접 전달되는 온라인 결제를 실현한다. 전자 서명은 부분적인 솔루션을 제공하지만, 만일 이중지불을 막기 위해 여전히 신뢰받는 제3자를 필요로 한다면 전자화폐가 지니는 주된 이점을 잃게 된다. 우리는 피어-대-피어 네트워크를 사용해 이중

지불 문제를 해결하는 솔루션을 제안한다. 이 네트워크는 거래를 해싱해 타임스탬프를 찍어서 해시 기반 작업증명을 연결한 사슬로 만들고, 작업증명을 재수행하지 않고서는 변경할 수 없는 기록을 생성한다." 당시만 하더라도 선언과도 같았던 그의 이 말을 이해할 수 있는 사람은 지구상에 많지 않았다.

2022년 2월 3일 현재 비트코인은 암호화폐 거래소에서 약 4,600만 원 선에서 거래되고 있다. 2010년, 파파존스피자 두 판을 비트코인 만 개와 교환했던 걸 감안하면 만 11년 만에 상상이 가지 않는 수준으로 가치가 상승했다. 당시 41달러(4만 8천 원)에 불과했던 피자 두 판 가격으로 지불했던 비트코인 만 개가 현재 시세로 환산한다면 6천억 원에 이르니까 가치가 거의 1,250배나 오른 셈이다. 비트코인의 등장과 함께 암호화폐와 블록체인 기술은 대번에 투자자들 사이에서는 뜨거운 화제가 되었고 정부와 기업 사이에서는 미래의 의제議題가, 전문가들 사이에서는 논쟁의 대상이 되었다. 블록체인 기술은커녕 암호화폐의 개념과 원리를 제대로 이해하지 못하거나 암호화폐를 거래하는 시장이 형성되어 있다는 현실조차 수용하지 못하는 이들이 적지 않다. 반면 다른 한편에서는 비트코인의 창시자 사토시를 새로운 경제 질서를 만든 반신半神이자 만인에게 평등한 화폐 시스템을 창시한 사회혁명가로 추앙한다. 2021년에는 헝가리의 부다페스트에 사토시를 기리는 흉상까지 세웠다. 상반된 진영의 주장이 첨예하게 대립하는 가운데 암호화폐 투자에 뛰어든 사람들 사이에서 하루아침에 백만장자가 되거나 재정적 자유를 누리는 투자 성공담이 쏟아지고 있다. 반면 다른 한 편에서는 암호화폐 투자로 모든 재산을 잃거나 심지어 극단적인 선택까지 하는 이들도 나오

헝가리 부다페스트에 세워진 사토시의 흉상
출처: cryptotimes.io

고 있다. 어느 쪽이든 하나 확실한 사실은 암호화폐 투자가 21세기 가장 뜨거운 주제이자 방향이 되었다는 점이다.

이번 장에서는 암호화폐 투자의 기본 원리와 방법에 대해 살펴보도록 하자.

암호화폐의 원리

2018년은 암호화폐 광풍이 한 나라를 집어삼킬 것처럼 대단했던 한 해였다. 월세 집으로 이사하고 남은 전세 자금을 빼서 암호화폐에 투자한 가장, 수년간 붓던 적금 깨서 암호화폐를 산 주부, 학교를 휴학

하고 한 학기 등록금을 비트코인에 올인한 대학생, 결혼 자금으로 모아둔 돈을 탈탈 털어 암호화폐 거래소에 밀어 넣은 여성 등 나이와 세대를 불문하고 너도 나도 신분상승의 마지막 사다리로 암호화폐 투자에 투자하던 때였다. 이러한 시점에 모 방송국에서는 「가상통화, 신세계인가 신기루인가」라는 100분 토론을 긴급히 편성해 제작했다. 당시 토론에는 유시민 작가와 한호현 경희대 교수, 그리고 정재승 KAIST 교수와 김진화 한국블록체인협회준비위 공동대표가 각기 양측 패널로 참석했다. 필자는 우리나라에 인기를 구가하기 훨씬 이전부터 암호화폐에 일정 자산을 투자하고 있었기 때문에 해당 토론에 깊은 관심을 갖고 시청했더랬다.

본 토론에서 유 작가는 암호화폐 투자를 네덜란드 튤립사기에 비유하며 법정화폐로서 아무런 가치가 없는 투기며 사기에 불과하다고 주장했다. "블록체인 기술이 범용성이 있다고 말하는데, 블록체인 기술이 암호화폐 말고는 쓸 데가 하나도 없다면 그런 기술은 폐기하는 게 맞다. 동시에 암호화폐의 도움 없이 블록체인 기술이 작동하지 않는다면 그런 기술은 더더욱 폐기하는 게 맞다." 이후 같은 방송국에서 제작한 「썰전」이라는 예능 프로그램에 나와서도 튤립사기의 맥락에서 암호화폐 투자자를 맹렬히 공격했다. "17세기 네덜란드 튤립사기를 분석할 때 우리가 꼭 식물학을 알아야 해요? 튤립이 몇 년생 뿌리식물인지, 언제 꽃을 피우는지, 겨울에 안 얼어 죽는 이유가 뭔지 이거 알아야 해요? 우리가 무슨 부동산 투기 문제를 다룰 때 지질학과 건축학을 꼭 알아야 비판하나요? 아니잖아요! 비트코인은 상품이에요. 근데 비트코인을 둘러싸고 벌어지는 투기 광풍을 분석하는 데 우리가 꼭 블록체인 기술을 알아야 해요?"

독자들은 필자가 암호화폐 투자자라는 입장에서 발언한다고 말할 수 있겠지만, 유시민의 저 말은 사실 역사적으로 부정확하며 그렇기에 틀렸다. 암호화폐 투자가 지니는 사회 병리적 현상과 사행성을 부추기는 부정적인 영향을 법과 제도로 규제하여 선의의 투자자들을 보호하자는 애정 어린 주장은 그의 입장에서 충분히 나올 수 있는 이야기라고 생각한다. 물론 필자는 근본적으로 동의하지 않지만 말이다. 하지만 튤립사기를 논할 때 식물학을 알 필요가 없다는 그의 주장은 맥락을 한참 잘못 짚었다. 즉 인용 실수를 했다. 당시 튤립과 관련한 생태와 주기를 정작 투자자들이 몰랐기 때문에 역사적으로 튤립사기가 성립할 수 있었다는 건 역사적 사실에 근거한 전문가들의 평가다. 당시 사람들은 투기 광풍에 심리적으로 편승해서 패닉바이를 했을 뿐 실지로 그들이 어떤 상품에 투자하는지 대부분 무지했다. 만약 그들이 튤립이 어떤 계절과 환경에서 정상적으로 개화開花하는지 '최소한'의 기초적인 식물학적 지식만 갖추고 있었더라도 그처럼 얼토당토 않는 사기에 놀아나지 않았을 것이다. 암호화폐 역시 마찬가지다. 블록체인 기술이 무엇인지 제대로 이해하지도 못한 상태에서 암호화폐 투자에 나선다? 그것만큼 위험한 투기도 따로 없다. 그것은 마치 한 회사의 제무재표 한 번 들춰보지 않고, 최소한의 ROI 등의 지표들을 알아보지도 않고, 그 회사가 무엇을 제조하고 무엇을 유통하는지 모른 채 해당 주식을 사는 것과 같다. 이는 코카콜라 주식에 투자한 버핏에게 "설탕물이나 만드는 회사에 투자했다."고 비아냥대는 것과 같다.*

* 헤지펀드를 운용하는 빌 애크먼(Bill Ackman)이 이런 식으로 버핏을 저격한 이유는 물론

“암호화폐를 이해하려면
블록체인 기술을 알아야 한다”

1) 블록체인과 암호화폐의 관계

백 번 양보해서 화훼단지에서 튤립을 사는 데 그냥 예쁘면 됐지 굳이 복잡하게 식물학까지 알 필요가 없다는 주장을 인정한다 하더라도, 필자는 최소한 암호화폐에 투자할 때만큼은 전문가 수준은 아니더라도 반드시 블록체인 기술이 무엇인지 기초적으로는 알고 있어야 한다고 굳게 믿는다. 왜냐하면 암호화폐 자체가 원래 전에 없던 새로운 개념에 기반하고 있으며, 블록체인 기술이 갖고 있는 철학이 암호화폐의 존재에 결정적인 토대가 되었기 때문이다. 암호화폐 투자자라면 “대체 블록체인이 뭐야?”라고 묻는 질문에 10분 이상 답할 수 있는 정도로 기초적 지식을 갖추고 있어야 한다고 믿는다. 그렇지 않을 때 유시민 작가가 지적했던 것처럼 암호화폐 투자는 얼마든지 투기나 사기로 전락할 수 있다.

암호화폐는 블록체인 기술을 기반으로 만들어진다. 사토시가 꿈꿨던 블록체인은 본래 제3자의 중개 없이도 개인-대-개인P2P 간의 거래를 원활하게 할 수 있는 결제 시스템이었다. 즉 모태母胎인 블록체인이 암호화폐를 자식으로 낳은 게 아니라 블록체인과 암호화폐는 처음부터 일란성 쌍둥이, 아니 샴쌍둥이와 같았다는 얘기다. 최소

다른 데 있었지만 말이다.

한 개발의 과정에만 한정해서 말한다면, 블록체인이 없으면 암호화폐도 없으며, 암호화폐가 없으면 블록체인도 없다. "흔히 '블록block' 이라고 하면, 아이들이 가지고 노는 레고 블록을 말하거나 일정한 단위로 묶인 지역을 뜻한다. 경제학에서 블록은 특정한 경제 권역을 의미하고, 컴퓨터 공학에서는 최소의 입출력 단위를 의미하기도 한다. 그런데 언제부터 4차 산업혁명과 함께 블록체인이 회자되고 있다. 세계경제포럼은 2025년이면 블록체인으로 세금을 징수하는 정부가 등장하고, 암호화폐가 법정 통화와 함께 사용될 것이라고 전망했다. 2015년, 약 5억 달러에 머물러 있던 블록체인 기술 시장은 2024년이면 약 77억 달러를 가뿐히 넘어설 것으로 예상하고 있다. 이제 블록체인은 단순한 기술을 넘어 황금알을 낳는 초대형 거위가 되어 산업 생태계를 재편하고 있다. 과연 블록체인은 무엇일까?" *

간단히 말해서, **블록체인**blockchain은 다양한 정보들을 저장한 블록들을 해시를 이용하여 체인처럼 연결한 것, 혹은 그 기술을 말한다. 이렇게 연결된 블록들은 네트워크에 소속된 다수의 사람들이 P2P 방식으로 복사하여 분산 저장하는데, 이렇게 전체 블록들이 연결된 상태를 블록체인이라고 한다. **해시**hash는 다양한 길이의 데이터를 고정된 길이의 데이터로 저장한 값으로 블록들을 연결하는 고리 역할을 한다. 이때 사용된 해시함수는 비밀번호나 전자서명과 같은 정보가 틀리지 않다는 사실을 증명할 때 쓰이는 암호 기술이다. 블록체인은 일정한 시간마다 신규 블록들이 생성되어 기존 네트워크에 달리는데, 해시값의 불가역성不可逆性 때문에 전자 결제 상에서 이

* 김병곤 공저, 『암호화폐가 부의 지도를 바꾼다』, forbook, 93.

중지불double spending이라는 난제를 해결할 수 있게 된다. 이때 새롭게 달린 블록이 과연 정상적인 거래로 만들어진 것인지 확인하고 증명하는 작업이 남게 되는데, 이는 컴퓨터를 이용하여 일정한 문제 풀이를 수행하여 **작업증명**Proof of Work을 완수한 개인 **노드**node에게 수고료로 암호화폐를 지불한다. 문제 풀이를 통한 작업증명을 흔히 **채굴**mining이라고 하며, 채굴의 대가로 주어진 암호화폐는 네트워크 상에서 보상으로 간주된다. 여기까지가 사토시가 논문에서 밝힌 블록체인 기술의 구상이다.

암호화폐에 사용되는 암호는 해킹 자체가 불가능하다. 비트코인의 개인키는 비트코인 소프트웨어가 설치된 전 세계 모든 컴퓨터에 분산 보존되어 있다. 용케 그중 한 컴퓨터를 해킹해서 암호를 빼

작업증명

목표값 이하의 해시를 찾는 과정을 무수히 반복함으로써 해당 작업에 참여했음을 증명하는 방식의 합의 알고리즘을 말한다. 작업증명(Proof of Work) 방식의 합의 알고리즘은 어떤 거래(트랜젝션)가 발생했을 때 해당 거래가 유효한지, 새로운 블록이 진짜인지 가짜인지에 대한 검증을 수행한다. 채굴(mining)은 이 과정에서 거래 내역을 기록한 블록을 생성하고 그 대가로 암화화폐를 얻는 행위를 말한다. 작업증명은 비트코인을 개발하는 데 활용된 합의 알고리즘이기도 하다.

내고 기록을 변조한다 해도 세계 수십만 대의 컴퓨터에 저장된 기록까지 한꺼번에 바꿀 수는 없다. 게다가 블록은 10분에 한 번씩 새로 업데이트된다. 결국 이론적으로 10분이라는 시간 내에 전 세계 모든 분산 장부의 거래 기록을 깔끔하게 지워야 한다. ① 이를 암호화폐의 불역성不易性/irreversibility이라고 한다. 또한 암호화폐는 블록체인의 분산원장 기술에 기반해 있다. 비트코인의 네크워크는 중앙기관이나 제3의 중개기관 없이 피어, 즉 개별 노드들로 연결되어 있다. 이 네트워크는 아무런 중앙서버나 관리자 없이 개별 컴퓨터에서 일정한 알고리즘을 가지고 데이터를 처리한다. 그 데이터는 블록 내에 함께 묶여 있는 모든 노드의 절차적인 합의를 통해 공식적인 거래로 기록된다. 이 기록을 담고 있는 데이터베이스를 **분산원장**distributed ledger이라고 한다. ② 분산원장은 애초에 위변조가 불가능하며 익명성匿名性/anonymity이 보장된다. 블록에 연결된 누구나 원장에 데이터를 추가할

분산원장

중앙의 관리자나 중개기관 없이 개인-대-개인(peer-to-peer)으로 연결된 분산 네트워크에 데이터를 저장한 블록, 혹은 그 기술을 지칭한다. 분산원장은 다수의 참여자들의 합의에 의해 업데이트되기 때문에 투명하고 안전하다. 보안과 실용성을 갖춘 새로운 분산원장 기술, 즉 블록체인을 이용한 거래가 실현되면 금융산업에 일대 혁신이 일어날 전망이다.

수 있지만 모든 사람들이 타당성을 입증해야 한다. 블록체인 내에서는 데이터를 모두 나눠가졌기 때문에 네트워크상 모두가 동등한 권리와 권한을 지니며 합의에 기반하여 모든 거래와 의사결정을 판단한다. ③ 이때 일정한 **합의 알고리즘**consensus algorithm이 필요하며, 이를 암호화폐의 합의성合意性/consensibility이라고 한다. 결국 암호화폐와 블록체인은 떼려야 뗄 수 없는 불가분의 관계를 갖는다. 애초에 블록체인 기술을 구상할 때 암호화폐가 만들어졌으며, 블록체인 생태계를 구현하려면 암호화폐라는 기제가 반드시 필요하다.

암호화폐를 이루는 블록체인 기술의 세 가지 특징

1 불역성	블록체인 네트워크에 한 번 저장된 기록은 바꾸거나 되돌릴 수 없다.
2 익명성	블록체인 네트워크에 참여한 주체들의 신분은 철저하게 보장된다.
3 합의성	블록체인 네트워크에 연결된 노드들의 합의로 블록이 생성된다.

2) 다양한 암호화폐 종류와 기능

겉으로 다 똑같아 보여도 사실 암호화폐는 그 종류와 기능이 매우 다양하다. 비트코인이 처음 만들어진 이후 새로운 기능을 가진 암호화폐 개발 프로젝트가 속속 선보였으며 무수한 **알트코인**altcoin들이

> **알트코인**
>
> 비트코인 이외의 후발 암호화폐를 지칭하는 용어로 영어로 얼터너티브 코인(Alternative coin)의 약어다. 비트코인은 프로그램 소스 코드를 공개하는 오픈소스기 때문에 이를 참고해 새로운 알트코인을 누구라도 개발할 수 있다. 현재 전 세계 알트코인의 종류는 만천 개가 넘으며, 대부분은 블록체인 기술로 작동한다. 가장 유망하고 거대한 알트코인으로는 이더리움이 있으며, 그 뒤를 리플, 라이트코인, 모네로, 이오스 등의 메이저 코인들이 쫓고 있는 형국이다.

탄생했다. 현재 어림잡아 만여 개가 넘는 코인들이 개발되었으며, 이 중 상당수가 거래소에서 활발하게 거래되고 있다. 그 기능과 역할이 모두 다르기 때문에 때로는 투자자들조차 간혹 헷갈릴 정도다. 무수히 많은 암호화폐를 일정한 공통점에 따라 구분하는 기준은 여러 가지가 있으나, 책에서는 지면상 한계로 플랫폼 코인과 스테이블 코인, 유틸리티 토큰으로만 간단히 나누어 설명하고, 뒤이어 최근 부상하고 있는 Defi와 DID, NFT, CBDC 등도 소개하고자 한다.

❶ 플랫폼 코인

플랫폼 코인platform coin은 그 자체로 암호화폐의 기능을 갖고 있으면서 동시에 플랫폼의 역할을 하는 코인이다. 대표적인 예가 이더리움이다. 이더리움은 그 자체로 암호화폐면서 다른 토큰들의 생태계가 되기도 한다. 이더리움은 **스마트 계약**smart contract 기능을 활용한 **디앱**Dapp을 통해 개별적인 코인이나 토큰들을 만들 수 있게 거시적인 플랫폼이 되어주는 셈이다. 이렇게 탄생한 코인이 컴퓨터에 깔린 프로그램이라고 한다면, 플랫폼 코인은 윈도우즈 같은 운영체계라고 보면 된다. 플랫폼 코인은 다시 합의 알고리즘 방식에 따라 다양한 운영체계로 나눌 수 있는데, 비트코인이나 이더리움처럼 작업증명을 활용하는 코인 외에도 지분증명이나 위임지분증명, 우로보로스지분증명, 경과시간증명, 영지식증명 등이 있다. 대표적인 플랫폼 코인에는 이더리움과 이오스, 카르다노, 트론, 폴카닷, 퀀텀 등이 있다.

스마트 계약

계약 당사자가 사전에 협의한 내용을 미리 프로그래밍하여 전자 계약서 문서 안에 넣어두고 이 계약 조건이 모두 충족되면 자동으로 계약이 실행되도록 하는 시스템을 일컫는다. 2013년 당시 19세의 천재 프로그래머였던 비탈릭 부테린(Vitalik Buterin)이 이더리움을 개발하면서 스마트 계약 플랫폼을 제시했고, 2015년 이더리움 개발에 성공하면서 실제 서비스를 시작했다.

❷ 스테이블 코인

암호화폐의 문제점으로 지적되는 지나친 변동성을 줄이기 위해 개발된 암호화폐가 스테이블 코인이다. **스테이블 코인**stable coin은 시중 법정화폐와 암호화폐의 가치를 연동시켜 시중에서 사용할 수 있도록 설계한 코인이다. 보통 외부의 기준을 둔 담보화폐의 형태로 발행되는데, 대표적인 기축통화인 달러와 코인의 가치를 1:1로 맞추는 것을 목표로 한다. 이렇게 안정화시키는 과정을 **페깅**pegging이라고 한다. 암호화폐의 가격을 일정하게 유지하기 위해 법정화폐나 다른 암호화폐를 담보로 잡거나 정교한 알고리즘에 의해 공급량을 조정하는 방식으로 스테이블 코인을 구현한다. 대표적인 스테이블 코인으로는 테더, 제미니달러, 스팀달러, 다이, 유에스디코인, 팍소스스탠다드, 앵커토큰 등이 있다.

❸ 유틸리티 토큰

유틸리티 토큰utility token은 이더리움 같은 플랫폼 코인 생태계에 기반하여 만들어진 암호화폐들이다. 보통 플랫폼 위에서 작동하는 디앱의 방식으로 만들어지며, 거래 지불보다는 특정한 유용성과 목적성을 위해 개발되었다. 유틸리티 토큰은 다시 세부적으로 네트워크에 접속하기 위한 용도로 개발된 유시지 토큰usage token과 시스템에 작업을 제공하기 위한 워크 토큰work token, 그리고 이 두 기능을 조합한 하이브리드 토큰hybrid token으로 나뉜다. 대표적인 유틸리티 토큰에는 스팀잇, 오미세고, 골렘, 어거, 디피니티, 체인링크 등이 있다.

디앱

Decentralized Application의 약자로 이더리움, 퀀텀, 이오스 같은 플랫폼 코인 위에서 작동하는 탈중앙화 분산 애플리케이션을 지칭한다. '분산앱'이라고도 한다. 플랫폼 위에서 작동하는 디앱의 암호화폐는 '코인(coin)'이라는 명칭 대신 '토큰(token)'이라고 부르기도 한다. 전 세계 디앱의 약 80% 정도가 이더리움 플랫폼을 기반으로 하며, 이오스와 트론이 그 뒤를 잇고 있다.

❹ Defi

Defi는 탈중앙화된 금융Decentralized Finance의 약자로 흔히 '탈중앙화 은행'을 말한다. 중개기관이나 중앙은행이 매개하지 않고 금융거래가 가능하도록 만들어진 암호화폐다. 거래 내역과 재무 정보는 블록체인에 저장되어 누구나 공개적으로 접근할 수 있다. 분산 네트워크를 사용하기 때문에 기본적으로 중앙은행이나 금융권, 회사 등의 개입이 없다. 은행이나 증권사와 달리 24시간 운영된다. 보통 Defi는 디지털 자산을 만들고 발행하는 프레임워크의 하나로 이더리움 생태계에 기생한다. 암호화폐를 담보로 걸고 일정 금액을 대출 받거나 다른 담보를 제공하고 암호화폐로 대출 받는 방식이다. Defi에서는 토큰을 판매한 투자자가 거래 과정에서 오히려 수수료를 받는다. 적게는 0.3퍼센트에서 많게는 1퍼센트까지 액수에 비례해서 받는다.

이렇게 Defi를 통해 이자 수익을 노릴 수도 있다. 2021년 5월 기준 전 세계 Defi 시장에 예치된 자산 가치는 853억 9천만 달러(한화로 약 95조 800억 원)에 달한다. 한 해 전인 2020년에 9억 달러였던 것을 감안하면, 1년 만에 Defi 시장이 약 95배로 늘어난 셈이다. Defi 덕분에 암호화폐를 가지고 예금과 대출 같은 간단한 상품에서부터 외환과 보험, 신탁 등 기존 은행이 담당했던 거의 모든 기능들을 대행할 수 있게 되었다. 대표적인 Defi 플랫폼으로는 유니스왑과 스시스왑, 체인링크 등이 있다.

❺ DID

DID는 탈중앙화된 신원증명Decentralized Identifier으로 중앙기관 없이 정보의 주체인 개개인이 자신의 정보에 완전한 통제권을 갖도록 하는 암호화폐다. 한마디로 '분산아이디'인 셈이다. DID는 블록체인 기술을 기반으로 공공기관이나 금융기관처럼 개인의 요청을 받은 발급기관이 개인이 제시한 신원정보를 검증하여 서류를 발급하고 이를 다시 블록체인에 기록한다. 이 과정에서 제3자 기관이 보증한 공인인증서나 OTP, 지문 인증은 불필요하다. 처음에 개인키를 통해 1회 본인인증만 거치면 이후부터 반복적으로 개인정보 입력을 할 필요가 없기 때문에 훨씬 안전하고 간편하다. DID는 개인의 아이디를 블록체인에 보관하여 불필요하게 신원정보가 유출되거나 위변조될 가능성을 원천 차단하기 때문이다. 대표적인 DID 암호화폐로는 메디블록, 아이콘, 메타디움, 람다, 시빅 등이 있다.

❻ NFT

NFT는 대체불가능한 토큰Non-fungible Token의 약자로 하나의 토큰을 다른 토큰으로 대체하는 것이 불가능한 암호화폐를 말한다. 블록체인 기술을 이용하여 게임 아이템이나 실물 자산, 예술품, 고가의 명품 등 디지털 소유권으로 소유를 명확히 하고 비가역적 거래 증명을 통해 소유권을 지정하는 데 안성맞춤이다. NFT는 위조품이나 모작模作으로 인해 소유권이 침해되거나 가치 하락이 발생하지 않도록 복제를 차단하기 때문에 특히 예술계와 문화계에서 각광받고 있다. NFT의 가장 큰 장점은 해당 작품을 다른 이들과 나누어 소유할 수 있다는 점이다. 블록체인 네트워크에 속한 참가자가 n분의 1로 공동 지분을 가질 수 있으며 필요하면 언제든지 되팔 수 있기 때문에 평소 컬렉션이나 예술품 매매에 접근하기 힘들었던 일반인들이 쉽게 진입할 수 있다. 대표적인 NFT 암호화폐에는 샌드박스, 디센트럴랜드, 칠리즈, 엑시인피니티, 플로우 등이 있다.

❼ CBDC

앞서 잠깐 설명했던 CBDC는 중앙은행디지털통화Central Bank Digital Currencies의 약자로 법정화폐를 대체하거나 보완하기 위해 각국의 중앙은행이 직접 발행하는 암호화폐를 말한다. 블록체인 기술과 암호화폐를 정부가 수용하여 자체 개발한 암호화폐라고 생각하면 된다. 중앙은행이나 중개기관 없이 개발된 암호화폐의 기본 철학에 위배되기 때문에 "CBDC는 더 이상 암호화폐가 아니다."라고 주장하는 이들도 있다. 하지만 블록체인 기술이 금융과 정책에 활용되었을 때 얻을 수 있는 실질적 이익을 무시할 수 없는 정부가 암호화폐의 기능과 가치를 긍정했다는 측면에서 CBDC를 또 다른 암호화폐로 봐야 한다는 목소리도 있다. 실제로 우리나라를 비롯하여 전 세계 60개 국가의 중앙은행이 CBDC 프로젝트를 추진하고 있으며, 그중에 88% 이상이 블록체인 기술을 적용해 은행 간 거래 및 도매의 거액결제용, 디지털 현금 및 소매의 소액결제용 CBDC를 개발하고 있다. CBDC가 유통되면 현금과 달리 익명성을 제한할 수 있고 이자 지급이 가능하며, 보유한도 설정 및 이용시간 조절도 가능해진다. 또한 정책 목적에 따라 이자 지급이나 보유 한도 설정, 이용 시간 조절 등의 관리가 쉬운 데다, 화폐와 달리 마이너스 금리를 CBDC에 적용할 수 있어 통화정책이 실물경제에 즉각 영향을 줄 수도 있다.

"CBDC가 유통되면 법정통화에 직접적인
영향을 미칠 수도 있다"

암호화폐의 화폐적 기능

암호화폐 반대론자들은 이구동성으로 암호화폐가 이름값을 못한다고 말한다. "암호화폐는 거래 수단으로 사용될 수 없기 때문에 현실적으로 화폐라고 부를 수 없다."는 게 그들의 주장이다. 과연 그럴까? 그들의 주장이 맞기도 하고 틀리기도 하다. 이렇게 하는 둥 마는 둥 엉성한 답변을 할 수밖에 없는 이유는 화폐의 정의를 어디에 둘 것인가에 따라 전혀 다른 답이 되기 때문이다.

화폐는 기본적으로 경제공동체의 합의에 기반한다. 우리가 일상에서 쓰고 있는 동전이나 지폐 역시 구매자와 판매자 사이의 합의와 신뢰가 바탕에 깔려 있다. 내가 지불한 만 원이 시장에서 동일한 만 원의 가치를 발휘할 것이라는 믿음이 있기 때문에 그 만 원은 만 원으로서 가치를 지닐 수 있다. 그 만 원을 받고 서비스와 재화를 제공한 판매자 역시 만 원의 가치를 절대 의심하지 않아야 양자 간 거래가 성립할 수 있다. 우리가 일상에서 사용하는 동전과 지폐는 모두 액면가에 해당하는 가치를 지니는 것으로 합의된 것이기 때문에 평소 이런 속성을 거의 인식하지 못할 뿐이다. 그렇다고 동전과 지폐가 물리적인 가치가 있는 건 아니다. 1971년, 미국이 달러화에 대한 **금본위제**金本位制를 포기하면서 태환화폐의 시대가 저물고 **명목화폐**fiat money의 시대가 시작되었다. 절대적 가치로 여겨져 왔던 금의 그늘에서 벗어나 화폐가 오로지 합의와 신뢰 위에서 스스로의 가치를 입증하게 되었다. 어떻게 보면 이때부터 법정화폐가 사람들의 합의에 의해 가치를 인정받는 일종의 가상화폐로 거듭났다고 볼 수 있다. 달러의 근거는 이제 금이 아니라 사람들의 믿음이기 때문이다.

"화폐는 경제공동체의 합의에 기반한다"

"보통 화폐의 세 가지 속성이자 기능을 교환의 수단, 가치의 척도, 저장의 수단으로 꼽는데, 그중에서 핵심은 무엇보다 가치의 척도일 것이다. 이후 신용카드가 등장하고, 최근 암호화폐까지 등장하면서도 이 가치의 척도로써 화폐의 본질은 바뀌지 않았다. 금이나 은 같은 귀금속과 상관없이 한 나라의 달러 보유량으로 그 나라의 신용등급이 매겨지는 것처럼, 암호화폐 역시 사람들 사이에서 화폐로 인식되어야 통용될 수 있다. 그렇게 되면, 신용은 달러의 가치로 직결되는 것처럼 암호화폐의 신용 역시 가치로 환산할 수 있다. 일각에서는 암호화폐를 17세기 네덜란드에서 발생한 튤립사기의 전형이라고 비판하는 이들도 있지만, 신용이 확대되고 거래가 안정화되면 화폐의 세 가지 기능을 담당할 수 있을 것으로 보는 이들도 적지 않다."*

현재 암호화폐는 가치의 척도로서 충분히 기능하고 있는 것으로 보인다. '디지털 금'이라는 별칭처럼 비트코인은 암호화폐 내에서 기축통화로 역할을 한다. 거래소에서 알트코인들의 가치를 비트코인으로 표시하는 예가 대표적이다. 일례로 2022년 2월 3일 현재 이더리움은 0.07350000BTC이며, 리플은 0.00001620BTC이다. 마치 과거 금본위제를 표방하던 달러화처럼, 비트코인도 **암호경제** cryptocurrency 내에서 금본위제의 기능을 하고 있는 셈이다. 또한 스테이블 코인의 등장으로 법정화폐와 암호화폐 사이의 가치도 연동되기 시작했다. 대표적인 암호화폐로 테더를 들 수 있다. 테더는 법정화폐와 1:1로 가치를 맞춘 암호화폐로 특히 미 달러화USD를 페깅(고정)하여 1테더가 1달러가 되도록 발행되었다. 다른 국가의 법정화폐의 입출금을 지원하는 것보다 테더를 사용하는 게 훨씬 편하고 자유롭기 때문에 전 세계를 대상으로 하는 거래소에서 주로 사용된다. 이는 비트코인 같은 일반 암호화폐처럼 채굴할 수 있는 코인이 아니며 테더를 발행한 기관이 통화량을 탄력적으로 조절하면서 달러화 간의 가치를 맞추는 화폐다. 이런 점에서 암호화폐는 엄연히 가치의 척도로 사용되고 있는 화폐의 일종이다.

* 김병곤 공저, 128-129.

암호경제

블록체인 서비스 내에서 암호화폐로 작동하는 경제시스템으로 코인 또는 토큰을 활용하여 서비스를 제공하여 이윤을 창출하는 방법과 참여자들에게 보상을 주어 활성화하는 방법과 분산원장의 거버넌스 등을 결합한 경제 생태계를 총칭한다. 중개기관 없이 P2P 무역을 가능하게 하며 네트워크 구성원들 간의 합의로 운영된다. 2009년 비트코인이 등장한 이후 10년 만에 전 세계 암호화폐 시가총액은 350조 원에 육박할 정도로 성장했다.

저장의 수단으로써 암호화폐의 기능 역시 시장 내에서 얼마든지 발견할 수 있다. 비트코인의 경우, 이미 2021년 2월에 1조 달러를 돌파했다. 비트코인을 사고파는 데 그만큼 많은 자산이 몰려 있다는 이야기다. 상황이 이렇다 보니, 비트코인 선물거래와 ETF 펀드까지 출시되었다. 같은 해 10월, 미국 뉴욕증권거래소에서 암호화폐 투자 금융상품인 프로셰어 비트코인 스트래티지 ETF가 거래를 시작한 것이다. 비트코인 ETF가 출시된 건 비트코인 시세 상승에 따라 기관투자자들이 시장에 뛰어들었기 때문이다. 주식시장에서도 암호화폐의 저장의 수단, 투자의 수단으로서 가치에 주목한 셈이다. 물론 시장이 아직 성숙하지 않아 변동성이 크다는 단점이 있지만, 이 부분은 앞으로 점차 개선될 것으로 보인다.

화폐의 속성별 암호화폐가 지니는 특징

교환의 수단	화폐는 물건을 사고팔 수 있는 교환의 수단이 되어야 하는데, 현재 암호화폐가 가장 부족한 기능이 바로 이 부분이다. 비록 현장에서 비트코인으로 물건을 살 수 있는 매장이 있으나 그 범위는 매우 한정적이다. 거래를 가능하게 하는 데 여러 가지 기술적인 문제도 걸림돌로 작용하고 있으나, 향후 개선될 것으로 전망하고 있다.
가치의 척도	화폐는 그 자체로 가치를 판단하는 척도로 기능해야 하는데, 현재 암호화폐 중에서 비트코인은 달러와 마찬가지로 기축통화로써 역할을 하고 있다. 비트코인을 수령하는 사이트에서는 BTC로 가격을 표시하며 거래소에서도 알트코인 가격을 BTC로 제시한다. 다만 그 범위는 아직 한정적이기 때문에 향후 확대될 필요가 있다.
저장의 수단	화폐는 가치를 저장하고 투자하는 수단으로 쓰여야 하는데, 현재 암호화폐는 거래보다는 투자 목적으로 보유하는 경우가 대부분이다. 요즘에는 비트코인 선물거래도 가능하고 전용 펀드도 있다. 하지만 아직까지 시장이 성숙되지 않아서 장세가 안정적이지 않고 투기와 투자를 가늠하기 쉽지 않다는 한계가 있다.

암호화폐에 있어 가장 부족한 부분이 교환의 수단으로서 화폐의 기능이다. '비트코인을 가지고 실제로 현실에서 거래를 할 수 있는가?'라는 점에서 암호화폐의 화폐적 기능은 현재로서 의문부호가 붙는다. 구매자의 지갑에서 판매자의 지갑으로 전송되는 데 적게는 10분에서 많게는 여러 시간이 걸리는 속도의 문제는 사실 애교에 불과하다. 비트코인이 현실에서 거래와 교환의 기능을 하려면 해결해

야 할 기술적 난제들이 적지 않다. 비록 비트코인을 받는 상점이나 ATM기가 존재하나 실제 거래가 이뤄지는 기준으로 볼 때 비트코인의 활용도는 걸음마 수준이다. 이를 해결하기 위해 리플을 비롯한 여러 종의 금융 친화적 코인들이 등장했지만, 이들 역시 변동성 때문에 시장에서 외면 받고 있다. 암호화폐를 하나의 화폐로 인정하고 지불수단으로 사용하기 위해서는 그 화폐의 가격이 안정적이어야 하고 장래에도 안정된 가치를 계속 유지할 것이라는 전제가 깔려있어야 한다. 현물을 구매할 때에도 암호화폐가 시장 가격을 제대로 반영하는 안정적이고 안전한 화폐라는 인식이 구매자와 판매자 모두에게 있어야 거래가 성립될 수 있다. 하지만 최근 암호화폐를 보면, 하루에도 가격 변동이 심할 때는 30% 이상 오르내리는 널뛰기 장세를 거듭하고 있다. 그래서 일부 비평가들은 암호화폐가 전 세계가 인정하는 법정화폐인 달러처럼 거래의 수단으로써 사용되기에 아직 한계가 있다고 지적한다.

"거래의 수단으로 암호화폐는
아직 걸음마 단계에 있다"

그렇다고 암호화폐에 화폐로서의 가치가 아예 없는 건 아니다. 지금의 비트코인을 보고 미래를 예단해서는 안 된다. 앞으로 암호화폐는 더 성장할 수 있는 가치가 충분하기 때문이다. 암호화폐를 연구하는 학자들에 따르면, 암호화폐와 기존의 화폐 시스템 사이에 적어도 네 가지 차이점이 존재하고, 이 차이점은 대부분 법정화폐보다 미래에 더 유리한 통화로 꼽히는 요인이 된다고 입을 모은다. ① 첫 번째, 암호화폐는 화폐를 발행하는 중앙은행이 존재하지 않는다. 법정화폐의 경우, 특정 국가나 정부, 중앙은행, 혹은 기관이 발행에 직간접적으로 관여한다. 하지만 암호화폐는 이러한 발행 주체가 따로 없다. ② 두 번째, 암호화폐는 화폐를 발행하는 양이 정해져 있다. 대부분의 국가가 운영하는 법정화폐는 매년 꾸준히 발행량을 늘리고 있다. 하지만 대부분의 암호화폐는 발행되는 통화량이 엄격히 정해져 있다.* 일례로 비트코인의 경우, 2,100만 개가 발행되도록 프로그래밍되어 있다. 비트코인에 매겨진 시장 가격과는 별도로 비트코인이 시장에 공급되는 발행량에 의해 인플레이션이 일어날 가능성이 거의 없다. 이 점에서는 적어도 법정통화보다 안정적일 수 있다는 뜻이다. ③ 세 번째, 암호화폐는 익명성이 확보된다. 암호를 통해 만들어진 디지털 지갑에는 화폐 소유주에 대한 정보가 들어 있지 않다. 이는 경제 주체의 프라이버시를 지키는 데 장점이 된다. ④ 네 번째, 암호화폐는 법정화폐와 달리 비가시적이고 어떤 제한이 없기 때문에 물리적 한계를 벗어날 수 있다. 암호화폐는 국경을 초월하여 네트워크로 연결된 관계 속에서 모든 거래와 송금이 자유롭다. 물론 이를 위해서 현재 국제법의 한계를 해결할 필요가 있으나, 물리적 한계를 뛰어넘는 진정한 미래의 통화인 건 분명하다.

그렇다면 투자자 입장에서는 암호화폐의 화폐적 성격을 어떻게 바라봐야 할까? 필자의 경험으로 볼 때, 암호화폐 투자자들은 블록체인 기술과 암호화폐의 발전상을 암호경제의 관점에서 바라보고 보다 공격적인 투자를 시도해야 한다. 블록체인 기술의 총아인 암호

* 이더리움이나 도지코인처럼 통화량이 무제한인 암호화폐도 있다.

화폐는 향후 단순히 금융권에서 제한적으로 활용되는 것을 넘어 물류나 유통, 의료 및 보건, 공공 부문까지 그 기능이 확대될 것이다. 이전까지 화폐가 담당했던 기능을 포괄하고 그 이상의 역할도 가능하다는 얘기다. 그만큼 암호화폐의 활용 범위가 늘어나면서 암호화폐의 역할이 지금보다 커질 것이고, 그만큼 생활권과 경제공동체 내에서 암호화폐의 위상 역시 더 올라갈 전망이다. 암호화폐 투자의 구체적 방향에 대해서는 3부에서 보다 자세히 다룰 것이다.

암호화폐 시장의 동향과 전망

암호화폐 때문에 쓰레기장을 뒤지는 남자가 있다. 영국 웨일스 뉴포트에 사는 제임스 하웰스의 이야기다. 그는 10여 년 전 자신이 채굴한 비트코인을 저장해둔 하드디스크를 모르고 버리는 인생 최대의 실수를 저질렀다. 그의 주장에 따르면, 하루는 해당 하드디스크를 집에서 아무리 찾아도 찾을 수 없어서 기억을 더듬어 보니 청소를 하면서 다른 물건들과 함께 쓰레기통에 버려졌다는 사실을 알게 되었다. 그의 하드디스크에는 현재 가치로 거의 4,300억 원으로 추정되는 비트코인이 담겨 있다고 한다. 그는 시 당국에 하드디스트를 찾기 위해 쓰레기장을 파헤치는 데 도움을 주면 수거한 비트코인의 4분의 1을 시 발전기금으로 내놓겠다는 제안도 했다. 그는 여러 차례 시 관계자를 만나 쓰레기 처리장을 파헤쳐 비트코인이 있는 하드디스크를 찾겠다며 협상에 나섰지만, 시 당국은 그의 계획이 불확실하고 위험하기 때문에 도움을 줄 수 없다고 답했다 한다.

비트코인과 관련하여 하웰스보다 더 황당한 일도 일어났다. 미국 캘리포니아 주 샌프란시스코에 거주하는 컴퓨터 프로그래머 스태픈 토머스는 10년 전 암호화폐를 안내하는 영상을 만들어준 대가로 당시 받은 비트코인을 아직까지 찾지 못하고 있다. 다름 아니라 비트코인을 보관해두었던 전자지갑의 비밀번호를 까먹은 것이다. 당시 비트코인 1개의 가격은 2~6달러 수준이었는데, 의뢰인은 대가로 토머스에게 7,002개의 비트코인을 건넨 것이다. 그는 암호화폐에 별 관심이 없었기 때문에 수년 동안 지갑에 들어온 비트코인을 인출하지 않고 까마득히 잊고 지냈다. 시간이 지나며 비트코인 가치는 급등했고, 정신이 바짝 든 토머스는 지갑에 넣어뒀던 비트코인이 불현듯 떠올랐다. 비트코인 1개의 시세를 대략 6천만 원으로만 잡아도 4,200억 원이 넘는 어마어마한 금액이었다.

문제는 하도 오래전 일이라 전자지갑의 비밀번호를 까먹었다는 점이다. 개인키를 적어두었던 메모는 벌써 어디론가 사라진 뒤였고, 그는 여덟 차례나 잘못된 비밀번호를 입력하며 고군분투했으나 그의 지갑은 굳게 닫힌 채 열리지 않았다. 비트코인 개인키가 들어 있는 장치는 10번의 비밀번호 오류가 감지되면 자동으로 모든 내용을 암호화하기 때문에 이제 그에게 남은 기회는 단 두 번뿐이었다. 그의 딱한 사정이 전파를 타면서 '세상에서 제일 운 나쁜 사나이'가 되어버린 그는 「뉴욕타임스」와의 인터뷰에서 "하루종일 그저 침대에 누워 비트코인만 생각한다."고 고백했다. 한 인터넷 보안 전문가는 토머스의 사연을 듣고 자신에게 비트코인을 10% 사례금으로 준다고 약속하면 6개월 안에 찾게 해주겠다는 제안도 한 상태다. 토머스는 그의 제안을 받아들일지 심각하게 고민하는 것으로 알려졌다.

이런 해프닝이 일어나는 이유는 단 하나, 하나에 채 1달러도 되지 않았던 비트코인이 현재 어마어마한 투자자산으로 성장했다는 사실로 귀결된다. 비트코인을 하드드라이브나 전자지갑에 넣어둘 때 주인이 좀 더 조심성 있게 다루지 않았던 건 그만큼 비트코인이 가치가 떨어지는 투자대상이라고 여겼기 때문이다. 하지만 필자는 이 두 사례에서 전혀 다른 투자의 원리를 발견한다. 그건 두 남자 모두 자신의 비트코인을 찾지 못하고 있지만 투자만큼은 기가 막히게 잘했다는 사실이다. 적게는 수백%에서 수천%의 수익을 거둔 셈이니 자본도 정보도 아무것도 없던 투자자가 현실적으로 할 수 있는 투자로 이만한 것도 따로 없다. 우연이든 실수든 그들의 투자는 대성공이었다고 칭찬할 만하다. 그리고 또 하나, 투자한 뒤에 한동안 깨끗하게 잊고 지냈다는 점 역시 칭찬받아 마땅하다. 이번 장에서는 암호화폐 시장의 동향과 전망에 대해 알아보자. 또 아는가? 이 책을 읽은 날로부터 10년 뒤 우리가 그 칭찬의 주인공들이 되어있을지도 모르는 일이다.

1) 불타는 암호화폐 시장

하웰스와 토머스는 별 볼일 없게 여겼던 암호화폐 시장이 무섭게 성장하는 것을 보고 아마 까무러치게 놀랐을 것이다. 동시에 그들이 가진 비트코인을 인출하지 못하는 현실을 마주하며 그만큼 절망했을 것이다. 암호화폐 시장은 2017년 이후 말 그대로 불타고 있다. 당시 비트코인은 다른 암호화폐들을 견인하며 2만 달러 턱밑까지 치고 올라갔다. 그러던 게 2018년 12월에는 딱 1년 전 고점과 비교해서 84%나 폭락했다. 이 정도의 변동성이면 롤러코스터가 따로 없다. 상당수 투자자들이 암호화폐 시장에 실망하고 떠났다. 일부는 고집스럽게 상승장을 기다리는 동료들을 가리켜 "암호화폐 탈출은 지능순!"이라며 비웃기도 했다. 그러나 2020년 가을에 접어들며 거짓말처럼 비트코인은 다시 고공비행을 시작했다. 2021년 10월에는 61,374달러로 최고가를 갱신하기도 했다. 그러나 그 이후 비트코인은 다시 바닥으로 한없이 미끄러졌다. 같은 해 12월 초에는 46,732달러까지 주저앉은 상태다. 이처럼 비트코인이 최고가를 기록한 뒤 80% 넘게 폭락한 사례는 이제까지 네 차례나 있었다. 2018년 말고도 2015년 1월에는 이전 고점 대비 85%나 폭락했고 앞서 2013년 11월에는 7개월 만에 338%나 급등하자 언론들은 인류 역사상 가장 큰 거품이 만들어졌다고 보도했다. 2011년 6월에 2,800%까지 상승

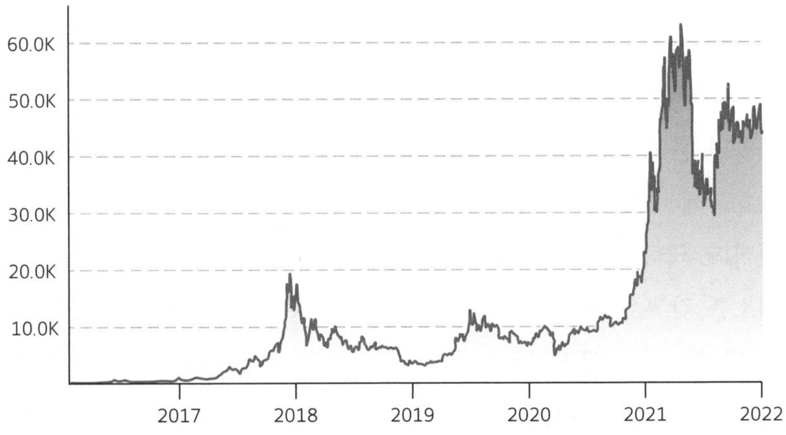

비트코인 시세는 그 자체로 파란만장한 한 편의 대서사시와 같다.

하더니 11월에는 다섯 달 만에 갑자기 94%나 폭락했다. 2010년에는 24일 만에 94%까지 급락한 적도 있다.

암호화폐 시장은 이처럼 변동성이 큰 만큼 매력적인 투자시장이다. 상승장에 제대로 올라타면 정말 무서운 속도로 올라간다. 그만큼 하락장에 물리면 고점 대비 수백%까지 빠지기도 한다. 어제는 한창 올랐다고 좋아했다가 오늘은 자고 일어났더니 어제 먹었던 것까지 다 토해내고 그것도 모자라 바닥도 없이 그 배수만큼 떨어지는 차트를 보면서 주식시장에서도 느끼지 못했던 간담이 서늘한 감정을 오랜만에 경험한다. 따지고 보면, 전 세계 증권시장이 겪었던 서너 번의 폭락장을 거의 매주 겪고 있는 셈이다. 성장하고 있는 시장이다 보니 예상 밖의 큰 수익만큼이나 유례를 찾을 수 없을 만큼 정신없는 곤두박질도 발생한다. 그렇다면 주식투자나 펀드투자에서 느끼지 못했던 짜릿함을 느낄 수 있는 암호화폐 시장은 과연 어떻게 이루어져 있을까?

암호화폐 시장 역시 주식시장처럼 크게 두 가지로 나뉜다. 하나가 암호화폐 거래소며 다른 하나는 비상장 암호화폐 거래소다. 전자는 공식적으로 상장된 암호화폐들이 거래된다. 주식시장과 다른 점이라면 한국거래소라는 정부기관이 주식시장을 주관하는 주체라면, 암호화폐 시장은 사설업체들이 개별적인 거래소를 운영하고 있다는 것이다. 국내의 경우, 100여 개 이상의 군소 업체들이 자체적인 거래소를 갖고 있으나, 그중에서 규모와 사용자수에 있어 업비트Upbit와 빗썸Bithumb, 코인원Coinone, 코빗Korbit 등 4개 회사가 상위권을 유지하고 있다. 이 업체들은 자체적인 규정에 따라 암호화폐를 상장시키고 거래를 허용하고 있다. 쉽게 말해, 각 거래소마다 취급하는 암

ICO

'초기 코인 제공'을 뜻하는 Initial Coin Offering의 약자로 새로운 암호화폐 프로젝트를 고안하고 초기 개발 자금을 모금하기 위해 불특정다수로부터 자금을 조달하고 그 대가로 코인을 나눠주는 행사를 뜻한다. 주식 공개 모집을 의미하는 IPO를 빗대서 만들어졌다. ICO를 진행하면서 백서(white paper)를 공개하여 암호화폐를 개발한 동기와 목적, 기술 및 운영 방식, 전망 등을 밝힌다. 백서나 개발자가 명확하지 않은 ICO에 참여하면 스캠이나 먹튀 등 사기에 휘말릴 수 있기 때문에 각별히 주의해야 한다.

호화폐 종류와 개수가 각기 다르다. 주식이 IPO를 통해 상장되는 것처럼, 암호화폐는 ICO라는 과정을 거쳐 상장된다. 물론 형식과 절차는 상이하다. IPO는 국내만 하더라도 상장에 필요한 법적 기준이 매우 까다로운 반면, ICO는 구체적인 법령이 마련되어 있지 않다 보니 기준과 절차가 비교적 엉성한 편이다. IPO가 법정화폐로 투자금을 모으는 것과 달리, ICO는 다른 암호화폐로 자금을 끌어들인다는 점도 다르다.

오늘날 각종 ICO는 거래소에 상장되기 이전에 저렴한 가격으로 해당 코인을 살 수 있다는 매력 때문에 투자자들 사이에서 인기 만점이다. 많은 이들이 이를 마치 유망한 비상장기업의 주식을 싸게 구매하는 것과 같은 전략으로 받아들였다. 일반적인 ICO는 프라이빗세일private sale이라고 불리는 행사를 통해 먼저 기초 자금을 확보한다. 프라이빗세일이 성공을 거두면 시장에 소문이 빠르게 퍼지게 되고 개발자들은 이런 여세를 몰아 **프리세일**pre-sale을 단행하기도 한다. 물론 세일이 거듭될수록 해당 코인의 가격은 배로 뛴다. 이후 정식으로 ICO의 **메인세일**main sale을 통해 백서에서 공개한 개발 자금을 확보한다. 프라이빗세일은 말 그대로 비공개 판매기 때문에 개발자들의 초청장을 받지 못한 일반인들은 참여할 수 없다. 보통 지인이나 개발과 관련된 인력, 기관투자자를 우선적으로 받는 단계로 보면 된다. 모금 기간이 짧고 투자 단위가 크며 보너스 비율도 큰 편이다. 그다음 이어지는 프리세일은 사전 판매의 일종으로 할인율이 크다. 본격적인 ICO 이전에 자금을 확보하기 위해서 이뤄지는 판매기 때문에 최소 투자 단위가 정해져 있다. 단 개발자의 면면이나 백서의 내용, 기술 개발의 가능성을 다각도로 따지지 않은 채 가격이 싸다고 무턱대고 진입했다가 사기에 말려들 수도 있기 때문에 조심해야 한다. 그다음 이어지는 메인세일은 관심 있는 누구나 참여할 수 있는 공개판매로 **퍼블릭세일**public sale이라고도 한다. 모금 기간이 길고 최소 투자 단위가 낮거나 없는 경우가 대부분이다. 이 밖에 ICO의 모금 방식도 다양한데, 크게 **소프트캡**soft cap과 **하드캡**hard cap 두 가지가 있다. 소프트캡은 약정된 기간이 종료되면 모금이 종료되는 형식을 말하며, 하드캡은 기간이 아니라 목표로 한 투자 금액이 달성되면 ICO가 종료되는 형식이다. 개중엔 **히든캡**hidden cap이라 하여 투자 금액 목표가 공개되지 않는 방식도 있다.

암호화폐 시장에는 상장 절차 없이 비상장 암호화폐들이 거래되는 장외거래소도 존재한다. 주식시장에서 K-OTC가 있는 것처

국내 4대 암호화폐 거래소

업비트	국내 최대 암호화폐 거래소(upbit.com) 162종의 암호화폐가 거래 중, 케이뱅크(온라인)
빗썸	국내 2위 암호화폐 거래소(bithumb.com) 137종의 암호화폐가 거래 중, 거래량 최고, 농협은행(중앙회)
코인원	국내 가장 안전한 암호화폐 거래소(coinone.co.kr) 190여 종의 암호화폐가 거래 중, 다양한 코인, 농협은행(중앙회)
코빗	국내 최초의 암호화폐 거래소(korbit.co.kr) 30여 종의 암호화폐가 거래 중, 훌륭한 보안력, 신한은행

럼 명확히 정해진 거래소가 있는 건 아니지만, ICO를 거치지 않고도 다양한 곳에서 암호화폐가 거래된다. ICO를 통해 백서를 공개하고 거래소에 상장되어 정식으로 시중에 판매가 시작되기 전이나 발행한 뒤에 상장되지 못한 코인들의 거래가 이루어진다. 기존의 거래소들도 이러한 장외거래를 위한 별도의 공간을 구비하고 있다. 일부 프로젝트들은 공식적인 거래소를 거치지 않고 카카오톡이나 채팅방을 통해 음성적인 거래가 이뤄지기도 한다. 물론 암시장에서 거래하다 보면 **스캠**scam이나 먹튀 사건의 피해자가 되는 경우도 종종 있다. 암호화폐 스캠의 방식은 다양하다. SNS에 스스로를 채굴회사라고 주장하면서 채굴기를 돌려 나오는 암호화폐에 미리 투자하면 100% 이상의 수익을 보장한다고 투자자를 꾀거나, 상장 직전이라고 투자자를 유혹하여 가격 폭등 전에 100분의 1의 가격으로 개발 중인 암

호화폐를 사라고 선전한다. 그렇다고 정상적으로 상장 절차를 거쳐 거래소에 판매되는 코인들이라고 안심할 수 있는 건 아니다. 거래소 관련 사기 및 해킹 사건이 끊이지 않고 있기 때문이다. 국내의 경우, 2018년 암호화폐 거래소의 임직원이 횡령과 배임 혐의로 구속되는 사태도 벌어졌다. 2019년 발표에 따르면, 빗썸, 코인레일 등 국내 암호화폐 거래소가 3년간 해킹 사고로 약 1,200억 원이 넘는 피해를

스캠과 해킹

도박 게임에서 상대방을 속이기 위해 사용하는 부정한 속임수를 의미하는 스캠(scam)은 새로운 암호화폐 개발 프로젝트에서도 문제를 일으킨다. 보통 실현 불가능한 백서를 작성하여 각종 커뮤니티와 카톡방 등에 투자자를 모집하는 홍보글을 올리고 불법 ICO를 진행하여 막대한 투자금을 모은 뒤 약속한 코인을 개발하지 않고 잠적하는 수법을 사용한다. 이 때문에 선의의 투자자들이 막대한 피해를 입기도 한다. 해킹(hacking) 또한 암호화폐 투자에 커다란 걸림돌이 된다. 대표적인 사례가 2013년까지 세계 최대 규모의 암호화폐 거래소였던 마운트곡스(Mt. Gox) 사태다. 마운트곡스는 역사상 가장 치명적인 해킹 공격을 당해 당시 4억 7,400만 달러에 달하는 약 85만 개의 비트코인을 도난당하며 파산했다. 마운트곡스의 파산은 거래소를 중심으로 형성되어있던 암호화폐 시장에 큰 타격을 주었다.

보기도 했다. 암호화폐 거래소의 가장 큰 문제점은 암호화폐가 아직 제도권 안으로 흡수되지 않았고 관련 법률조차 제정되어 있지 않아 법의 사각지대에 놓여있다는 점이다.

2) 암호화폐는 상종가 중

소위 '암호화폐 3대장'이라 불리는 비트코인과 이더리움, 리플은 현재 암호화폐 시장을 앞에서 이끌고 있는 대표적인 암호화폐들이다. 이는 암호화폐의 시총만 보아도 금세 알 수 있다. 2021년 11월에는 전 세계 암호화폐 시총이 3조 9백억 달러를 돌파했으나, 2022년 2월 전 세계 9,400여 종의 암호화폐 거래에 시총은 약 2조 달러(2,400조 원)로 폭락했다. 암호화폐 시장의 핵심 상품인 비트코인은 발행 총량이 2,100만 개로 한정되어있다. 현재까지 1,800만 개 발행되었고 앞으로 300만 개가 더 발행된다. 부동산과 마찬가지로 희소성이 있어 비트코인은 자산으로서의 가치가 있고 가격 상승의 추세를 이어가고 있다. 비트코인은 2021년 6월 중국 당국이 강력한 암호화폐 규제책을 내놓은 이후 3만 달러까지 급락하는 형국이었지만, 이후 ETF 상품이 개발되면서 원래 가격을 회복해 11월 6만 8,298달러라는 최고가를 기록하기도 했다. 전문가들은 인플레이션 위험을 회피하는 수단으로 비트코인을 비롯한 암호화폐 3대장의 가치를 시장이 인정하고 있다는 반증이라고 말한다. 전통적인 안전자산으로 꼽히는 금 대신 비트코인을 선택하는 이들이 늘고 있다는 건 암호경제가 이미 우리 일상생활에 깊숙히 들어왔다는 의미가 된다. 2021년 후반기 Defi와 NFT 수요가 폭발적으로 증가하며 이들에게 생태계를 제공해주는 이더리움 역시 가파르게 상승했다. 같은 해 11월 이더리움도 4,806달러까지 오르며 비트코인과 함께 최고가를 갱신했다. 이더리움이 향후 네트워크를 더 빠르고 환경 친화적으로 만들기 위한 업그레이드(이더리움2.0)를 진행한다는 소식이 전해지며 성능과 시스템 향상에 대한 기대감이 시장에 반영된 것이라는 해석이다.

비록 2021년 연말 암호화폐 시장이 주춤하기도 했지만, 2022년 시장을 기대할 만한 호재들이 기다리고 있어 암호화폐 투자시장은 밝다고 할 수 있다. JP모건은 비트코인이 장기적으로 14만 6,000달러까지 오를 수 있다고 예측했다. 올 한해 증시에서 열풍을 일으킨 메타버스 테마가 내년 암호화폐 시장도 주도할 것이다. 메타버스를 테마로 하는 샌드박스나 디센트럴랜드, 엑시인피니티 같은 알트코인들이 2022년에도 암호화폐 시장을 견인할 것이다. 메타버스 분야 관련의 주요 암호화폐의 가격을 추적하는 지수인 MVI 지수를 보면, 2021년 하반기 메타버스 관련 코인들의 가격이 시가총액 2위인 이더리움보다 강세를 보이고 있는 것으로 나타났다.* 뿐만 아니라 2021년 하반기 암호화폐 시장을 뜨겁게 달구었던 Defi와 NFT 역시 메타버스 관련 토큰과 함께 강력한 상승세를 이어갈 것으로 보인다. 해당 세 분야의 특징은 이더리움과의 대결에서도 밀리지 않을 만큼 기술과 산업 잠재력에 있어 상당한 가능성을 지니고 있다. Defi 관련해서 유니스왑, 체인링크, 솔라나, 폴카닷 등이 유망하며, NFT 관련

* MVI: 메타버스 지수(Metaverse Index)는 가상 환경에서 발생하는 엔터테인먼트, 스포츠 및 비즈니스의 추세를 포착하기 위해 설계된 지표로 시가총액이 3,000만 달러를 넘고 최소 3개월 이상의 거래 역사를 가진 코인들로 구성되어 있다.

메타버스

현실세계와 같은 사회, 경제, 문화 활동이 이뤄지는 3차원의 가상세계를 일컫는 말로, 1992년 미국 SF 작가 닐 스티븐슨의 소설 『스노 크래시』에 처음 등장한 개념이다. 메타버스는 5G 상용화에 따른 정보통신기술(ICT)의 발달과 코로나 사태에 따른 비대면 추세가 가속화되면서 주목받고 있다. 이에 골드만삭스는 암호화폐 기술이 메타버스의 핵심이 될 것으로 내다봤다. 메타버스와 관련해 블록체인 기술은 현제까지 중앙의 권위로부터 독립적인 가상 개체를 고유하게 식별하는 유일한 기술이며 개체를 식별한 뒤에 소유권을 추적하는 기술은 메타버스가 궁극적으로 실현될 때 매우 중요할 것이다.

해서는 세타토큰이나 플로우, 칠리즈, 엔진코인, 모스코인 등이 유망해 보인다.

암호화폐 시장의 성장은 웹 3.0으로의 진화와 깊은 관련이 있다고 할 수 있다. 현재까지 인류의 인터넷은 웹 1.0에서 웹 3.0으로 진화해왔으며 이를 암호화폐의 블록체인 기술이 견인하고 있다. 웹 1.0은 넷스케이프를 통해 세계를 온라인으로 연결시켰다면, 웹 2.0은 페이스북을 통해 사람들을 SNS에 연결시켰다. 이미 발전의 한 국면에 있는 웹 3.0은 기존 인터넷 커뮤니티를 가상세계와 연결시키기 시작했다. 1994년부터 시작된 웹 1.0이 월드와이드웹으로 대변되는 온라인 세계를 구축하여 주로 '읽기'에 집중된 정보 검색과 카테고리를 서비스로 제공했다면, 2005년부터 시작된 웹 2.0은 사용자가 '읽기'와 '쓰기'를 통해 직접 정보를 생산하여 쌍방향으로 소통하는 사용자 중심의 네트워크를 구축했다. 하지만 웹 2.0이 중앙이 존재하는 네트워크라면 웹 3.0은 더 이상 거대 기업이 주체가 되지 않는 탈중앙화 기반의 네트워크를 가능하게 했다. 대표적인 예가 디센트럴랜드다. 향후 웹 3.0이 제시하는 메타버스 세계는 블록체인 플랫폼을 기반으로 '읽기'와 '쓰기'뿐 아니라 '공유'를 통해 새로운 사회, 경제 및 문화의 트렌드를 이끌 것이다. 가상세계 안에서 토지를 사고 건물을 올리며 개발을 진행할 수도 있고, 경제활동과 문화활동도 즐길 수 있다. 메타버스 안에서 이뤄지는 모든 활동은 NFT의 형태나 토큰으로 블록체인 상에 기록되기 때문에 개별 소유권을 명시할 수 있으며 이 부분에서 전에 없던 새로운 부가 창출될 것이다.

웹 3.0

웹 3.0은 개별 사용자에게 맞춤화된 서비스를 제공하는 '개인화된 웹'을 말한다. 웹 2.0이 참여와 공유, 개방이 특징으로 네티즌들이 적극적으로 참여해서 정보를 만들고 공유하는 사회적인 연결성을 중시했다면, 웹 3.0은 SNS가 진화하면서 데이터의 의미를 중심으로 서비스되는 시대를 말한다. 개인화, 지능화, 상황인식 등이 웹 3.0의 대표 키워드로 인터넷에서의 엄청난 양의 정보를 추출해서 그중에 내가 지금 필요한 정보와 지식만 보여주는 맞춤형 웹의 시대가 웹 3.0이다.

한편으로 웹 3.0은 웹 2.0의 부흥과 성장에서 소외된 개개인의 가치에 주목했다. 웹 2.0은 페이스북이라는 고질라급 공룡을 키워냈지만, 사실 기업이 개인정보를 활용해 돈을 벌어들인 것에 불과하다는 인식이 생겨난 것이다. SNS가 많은 권력구조를 민주화하고 불의에 맞서는 등 여전히 현실에서 맹위를 떨치고 있지만, 그 과정에서 마크 저커버그 같은 몇몇 CEO들이 경제구조를 사유화하고 독점했다. 웹 3.0은 이러한 본질을 직시하며 정보의 주체가 정보의 권한과 가치를 가져야 한다는 '정보 사유화'의 철학을 선언한다. 블록체인 기술의 상용화와 함께 웹 3.0이 무르익으면 중앙의 통제가 필요 없으며 공룡 플랫폼들에게 수수료나 이용료 따위를 낼 필요도 없게 된다. 최종 사용자는 데이터에 대한 완전한 권한을 되찾으며 데이터는 암호화되어 보호된다. 페이스북이 위기감을 느끼고 2021년 자사

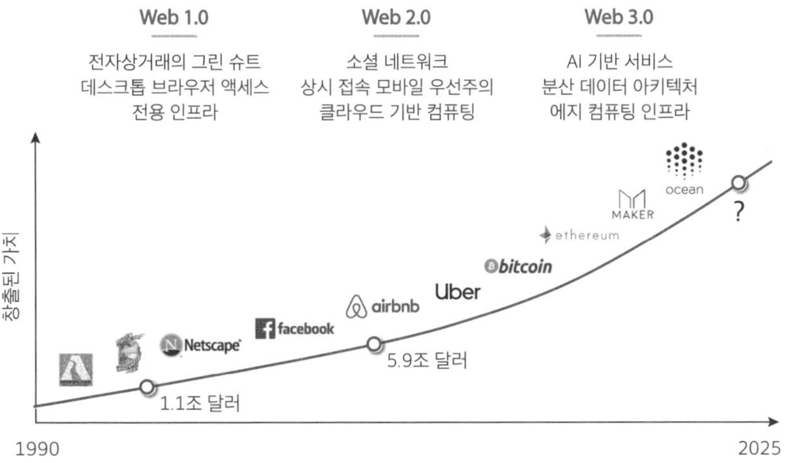

암호화폐 기술은 웹의 진화와 맞물려 있다.

명을 '메타'로 수정한 것은 웹 3.0 시대 블록체인 기술과 메타버스의 약진에 대한 웹 2.0의 발악인 셈이다.

투자자들에게 웹 3.0이 갖는 의미는 무엇일까? 메타버스로 시작될 웹 3.0 시대에 발맞춰 유망한 종목과 암호화폐를 고르는 작업이 필요하다. 물론 암호화폐 산업 내에서도 반론이 만만치 않다. 암호화폐 찬양론자로 유명한 머스크나 전 트위터 CEO였던 잭 도시는 아마존과 애플, 구글, 페이스북 등 거대 회사들이 통제하는 중앙집중화된 인터넷에 대한 새로운 대안으로 거론되는 웹 3.0이 실체가 없다며 비판하고 나섰다. 머스크는 자신의 트위터에 웹 3.0이 실체가 없는 마케팅 용어에 더 가깝다고 주장했으며, 도시 역시 웹 3.0조차도 페이스북과 같은 다국적기업들이 장악할 것이라고 블록체인 기술 기반의 네트워크의 미래를 비관적으로 내다봤다. 그럼에도 필자는 2022년 이후 암호화폐 시장의 미래는 매우 밝다고 생각한다. 2021년처럼 크고 작은 부침이 있더라도 결국 우상향을 지속할 것이다.

"암호화폐 시장은 우상향할 것이다"

INVESTMENT ON

ON Investment

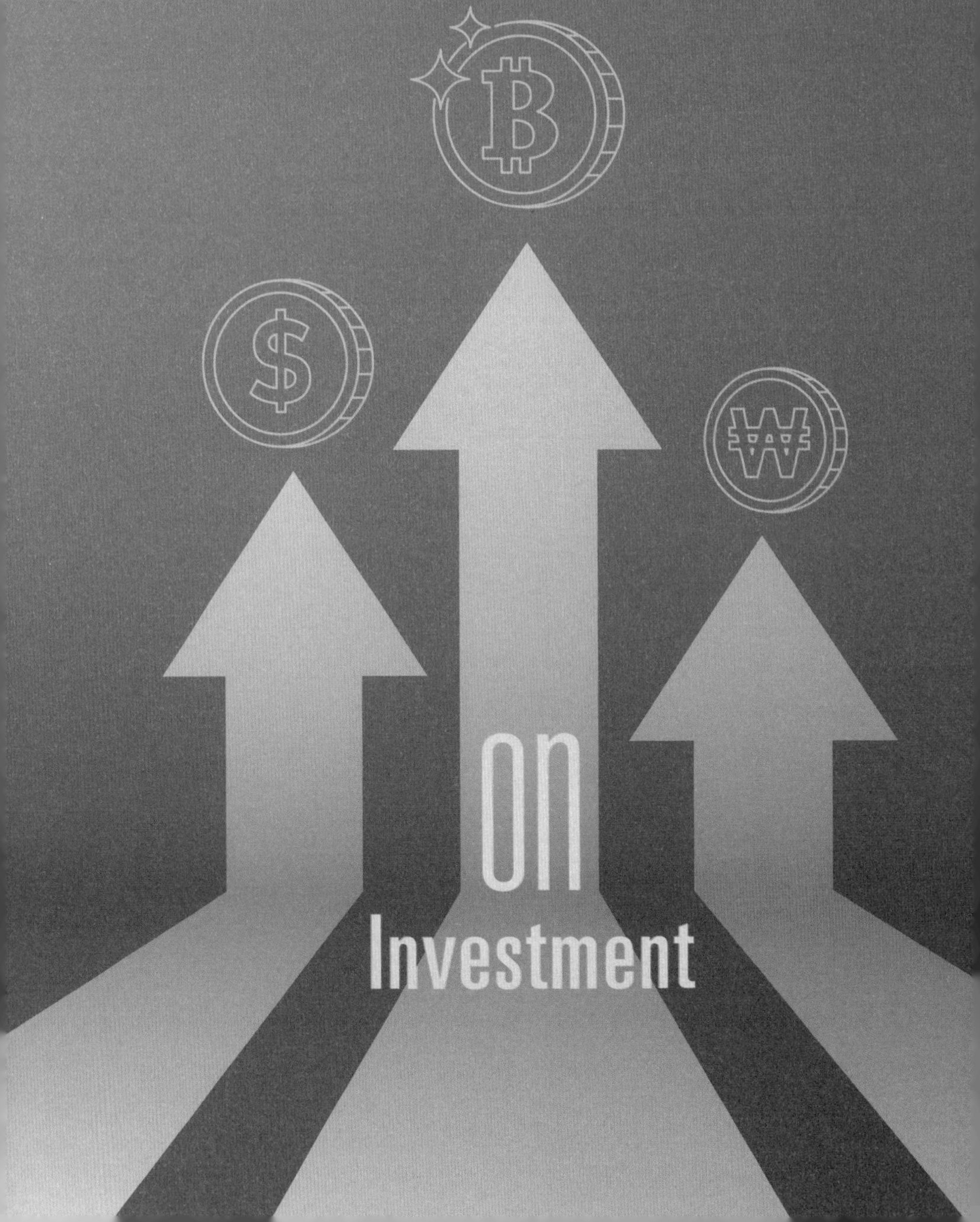

Praxis of Investment

3부 투자의 실제

6
주식 및 펀드투자의 비결

"현명한 투자자는 낙관주의자에게 팔고 비관주의자에게 사들이는 현실주의자다."
- 벤저민 그레이엄 -

오랫동안 서구인들은 백조가 하얗다고 믿었다. 중세 때에는 흰 고니의 깃털을 뽑아 모자 장식으로 달거나 펜대에 활용하여 이를 사용하는 귀족들의 기품을 더했다. 호수에 무리를 지어 유영하는 백조들의 자태는 우아함과 함께 아름다움의 극치를 선사했고, 시인들은 보통 아름다운 여성들을 이런 백조에 빗대어 표현하기를 즐겼다. 그래서 우리가 125년의 역사를 지닌 세계적인 보석장신구 기업인 스와로브스키의 백조 엠블렘을 보거나 차이코프스키의 「백조의 호수」에 맞춰 등장하는 발레리나들이 한결같이 흰색 타이즈를 입고 무대에 오르는 걸 보며 '백조가 하얗다.'라는 명제를 단 한 번도 의심하지 않았다.

그런데 이 명제는 18세기 오스트레일리아 대륙에서 검은 백조를 발견하고 나서야 깨졌다. 이에 영국의 경험주의 철학자 데이비드 흄은 지금까지의 사례가 어찌했다는 것이 그다음 사례 또한 동일할 것이라는 사실을 전혀 보장해주지 못한다고 주장했다. 이른바 블랙스완black swan의 문제다. 흄에 따르면, 과거의 경험에 의존한 판단이 행동의 논거가 되어서는 안 된다는 것이다. 이 문제를 주식시장과 관련하여 가장 끈질기게 탐구했던 학자가 바로 나심 탈레브였다. 그는 주식시장의 변동성에 블랙스완이 나타날 수 있다는 사실을 언제나 염두에 두어야 한다고 주장했다. 그가 말하는 블랙스완은 주식시장을 붕괴시킬 정도로 극악한 극단값을 갖는 사건을 말한다. 전쟁이나 금융위기, 최근 코로나 사태에 이르기까지 역사적으로 주식시장을 뒤흔들었던 변곡점들은 언제나 아무 예고 없이 불현 듯 일어났다. "검은 백조 현상은 예측 불가능성이 특징이므로 우리는 (순진하게도 그것을 예측하겠다고 노력하기보다) 그 미지의 가능성에 고분고분 순응하는 편이 옳다. 반反지식, 즉 우리가 모르는 것에 초점을 맞추면 우리는 많은 것을 얻을 수 있다."*

* 나심 탈레브, 『블랙 스완』, 동녘사이언스, 27.

탈레브는 모든 문제가 해결되었다는 안심, 전망이 매우 밝다는 평가, 지금까지 아무런 문제가 없었다고 말하는 주장에 설득되지 말고 언제나 리스크를 염두에 두라고 말한다. "나는 사소한 실패에는 괘념하지 않는 대신 커다란 실패, 혹은 치명적일 수 있는 실패에는 크게 우려한다. 나는 벤처 사업에는 그리 괘념하지 않지만, '유망한' 시장 종목, 특히 '안전'하다는 블루칩 종목에는 크게 괘념한다. 벤처 투자는 어차피 위험성이 있음을 아는 것이고, 적은 자금만 투자하기 때문에 손실이 제한된다. 그러나 '유망한' 종목들은 위험이 숨어 있기 때문에 더 위험하다."* 주식은 위험자산이다. 암호화폐는 변동성이 더 크기 때문에 투자의 리스크가 훨씬 크다. 채권은 주식이나 암호화폐보다는 안전하지만 그래도 모든 투자에는 위험이 따른다. 투자자라면 자신의 포트폴리오에서 언제나 블랙스완이 튀어나올 수 있다는 점을 명심해야 한다.

이번 장에서는 주식과 펀드, 채권 투자의 방법과 전략에 대해 알아보도록 하자.

가치투자에 집중하라

중국 베이징 시 자금성 내에 1호점을 개점한 이래 중국 전역에 4,500여 개 점포를 열며 무섭게 성장하던 중국계 대표 식음료기업 루이싱커피가 태평양을 건너 2019년 5월 미국 나스닥에 진출했을

* 앞의 책, 461.

때만 해도 커피업계는 글로벌 커피브랜드인 스타벅스를 위협할 유일한 대항마로 루이싱커피를 꼽기에 주저하지 않았다. 사실 전문가들의 예측에는 나름대로 근거가 있었다. 루이싱커피는 글로벌 큰손들로부터 끌어 모은 투자금 10억 달러(한화로 약 1조 2,300억 원)를 바탕으로 창업 1년 만에 중국 전역에 매장을 1,600곳이나 열 정도로 두각을 나타냈기 때문이다. 중국에 3,700개의 매장을 운영하는 스타벅스가 1,000곳을 여는 데까지 14년이나 걸렸던 것과 비교하면 압도적인 성장세였다. 루이싱커피의 창업자이자 CEO였던 첸즈야는 나스닥 상장 직후 가진 인터뷰에서 "조만간 스타벅스를 뛰어넘는 것이 목표"라는 포부를 밝힌 것이 괜한 허풍이 아니었다.

그러나 문제는 엉뚱한 곳에서 터졌다. 자국에서 비즈니스를 벌일 때 가볍게 여겼던 회사의 기본적인 경영 지표들이 루이싱커피의 발목을 잡았던 것이다. 미국의 한 헤지펀드 기업은 루이싱커피가 상장 시 공개한 재무제표가 이상하다는 것을 금세 알아차렸다. 불법적인 분식회계를 통해 전년도 매출을 거의 50%가량 뻥튀기를 했던 정황이 포착된 것이다. 모두 가파른 성장과 몸집 부풀리기에만 취해 있을 때 기업의 기초가 되는 각종 경영 자료들이 조작되고 있었다는 걸 아무도 눈치 채지 못했다. 심지어 루이싱커피에 천문학적인 투자금을 안긴 싱가포르투자청 같은 세계적인 국부펀드조차 놀라운 성장세에 눈이 멀어 기업의 회계장부를 꼼꼼히 들여다보는 기초적인 과정마저 건너뛰었으니 개인 투자자들이야 오죽 했겠는가?

결국 도망갈 수 없는 자료들이 루이싱커피의 발목을 잡았고, CEO는 공식적으로 자사의 분식회계 사실을 인정하며 공개적인 사과의 뜻을 밝혔다. 루이싱커피의 회계부정이 사실로 드러나자 전날

27.19달러로 마감했던 주가는 이날 장중 80% 넘게 빠지며 폭락을 이어갔다. 상장 이후 50달러를 넘나들던 주가에서 무려 88%나 날아간 셈이다. 그렇게 하룻밤 사이에 49억 7,000만 달러(약 6조 1,000억 원)의 시총이 증발하면서 글로벌기업을 꿈꿨던 한 중국계 커피업체의 야망도 한낱 여름밤의 꿈처럼 흩어져버렸다. 루이싱커피는 결국 나스닥에 상장된 지 1년 만인 2020년 6월 공식적으로 상장폐지를 통보받았다. 여전히 지금도 중국 내에서 '루이싱커피를 살리자.'는 애국심 마케팅을 통해 근근이 영업 중이긴 하지만, 한때 스타벅스를 넘보았던 기업의 몰락을 투자자들은 씁쓸히 바라볼 수밖에 없게 되었다.

루이싱커피의 몰락이 투자자에게 가르쳐주는 교훈은 무엇일까? 투자에서 기본을 지켜야 한다는 사실이다. 시장에서 한 기업의 가치

회계부정으로 몰락한 '중국판 스타벅스' 루이싱커피
출처: google.com

를 판단하는 기준은 여러 가지가 있지만, 그중에서 기업이 공개한 각종 재무 자료들을 면밀하게 들여다보는 것만큼 기초적인 작업은 따로 없다. 위대한 투자자들이 한결같이 재무제표로 기업의 재무 상태를 분석하는 과정을 생략하지 않는 이유다. 기업의 체질을 파악하지 못하면 기업의 가치와 잠재성 역시 알 길이 없다. 겉만 봐서는 모른다. 엑스레이를 찍고 CT를 촬영해봐야 몸에 종양이 자라는지 이상 병변은 없는지 알 수 있는 것과 같다. 아무리 바쁘고 급하다 해도 건강증명서 한 통 떼어 보지 않고 해당 선수를 입단시킬 수는 없는 노릇이다. 하다못해 매장에서 중고차를 살 때에도 내부 기관들이 제대로 작동하는지 검사지 한 장 보지 않고 덜컥 차를 구매하진 않는다. 이번 장에서는 가치투자를 지키는 중요한 기업 지표들을 살피고 여러 종목들 중에서 옥석을 고르는 전략을 살펴볼까 한다.

1) 재무제표를 보는 안목

'오마하의 현인' 워런 버핏은 평소 자신의 취미가 다이어트 콜라를 마시면서 기업들의 재무제표를 읽는 것이라고 밝혔다. 구순을 넘긴 버핏이 매일 아침 출근하는 길에 맥모닝을 사들고 자신의 사무실에서 기업의 각종 보고서와 재무제표들을 읽는 이유는 뭘까? 각종 언론의 기사나 증권사의 보고서, 하다못해 증권가를 돌아다니는 찌라시보다 재무제표를 읽는 데 관심을 두는 이유는 그것이 가치투자의 본령이기 때문이다. **재무제표**財務諸表는 한 회사의 재무에 대한 제반의 통계표를 모아 놓은 회계장부를 말한다. 한 회사의 재무제표 안에는

재무제표

기업의 재무 상태나 경영 성과, 자본 대 부채 비율 등을 보여주는 경영 문서다. 이러한 재무제표는 기업의 성과 등을 파악하기 위해 내부적인 목적으로 사용되기도 하나, 상장기업의 경우 재무제표들을 반드시 매년 결산기에 일반 대중에게 공개하게 되어있다. 재무제표에는 재무상태표, 포괄손익계산서, 자본변동표, 현금흐름표 등 네 가지가 포함되는데, 재무상태표는 기업의 재무 상태에 관한 정보를 나타낸다. 포괄손익계산서는 기업의 경영 상태에 대한 정보를 담고 있어서 1년간 기업이 수익을 얼마나 냈고 비용을 얼마나 사용했으며 그 결과 어느 정도의 순이익을 얻었는지 알려준다. 그밖에 자본변동표는 기업의 이익잉여금의 변동에 대한 정보를 보여주며 주주와 회사에게 이익을 얼마나 배분하는지 알려준다.

재무상태표와 포괄손익계산서, 자본변동표, 현금흐름표 등 회사의 체질에 관한 거의 모든 자료가 포함되어 있다. 우리가 주기적으로 실시하는 건강검진 결과표를 보면 콜레스테롤, 당, 혈압부터 각종 질환에 대한 지표가 우리의 신체 건강을 적시해주는 것과 같다.

투자자 입장에서 왜 재무제표가 필요할까? 이중장부를 쓰지 않는 이상 재무제표는 현재 회사의 경영 상태를 파악할 수 있는 가장 중요한 자료가 되기 때문이다. 환자가 자신의 건강검진표를 받아들고 LDL-콜레스테롤 수치가 어떤지, 단백뇨나 당뇨는 없는지, 혈압은 정상인지, 신장 기능에 이상은 없는지 볼 수 없다면 필요할 때마다 주치의를 찾아가 문진을 통해 설명을 들을 수밖에 없다. 반면 건강 지식을 통해 최소한의 의미를 파악할 수 있는 환자라면 각종 지표를 통해 자신의 신체가 갖고 있는 건강상 문제점들을 알 수 있게 된다. 마찬가지다. 투자를 고려하는 투자자라면 해당 회사가 작년 어느 정도의 실적을 거두었는지, 부채와 자본 비율은 적정한지, 주가와 순자산 비율은 어떤지, 시장에서는 어떤 평가를 받고 있는지 알아야 투자 방향과 투자 기간, 목표 지수 등을 정할 수 있을 것이다.

버핏은 특히 회사의 재무제표에서 펀더멘털 분석을 강조했다. "투자자라면 회계에 대한 이해, 특히 회계의 뉘앙스를 이해해야 한다. 회계는 비즈니스 언어이자 불완전한 언어다. 하지만 재무제표를 읽고 해석하는 법을 배우려고 노력하지 않는 한 누구도 주식을 직접 선택해서는 안 된다." '기초'라는 뜻의 **펀더멘털**fundamental은 한 나라의 기초적 경제 여건을 나타내는 지표를 말한다. 통상적으로 한 국가의 경제성장률이나 물가상승률, 경상수지 및 외환보유액 등과 같은 거시경제 지표들을 가리킨다. 이를 한 기업이나 회사로 좁히면 한 회사의 수익과 지출, 자기자본수익률, 이윤 마진 및 기타 데이터가 될 것이다. 이 모든 데이터는 회사가 공개한 재무제표를 통해 확인할 수 있다. 요즘은 어렵게 찾아볼 필요 없이 인터넷으로 몇 번만 클릭하면 창에 바로 띄울 수 있다.

국가의 지표와 회사의 지표, 이 두 가지는 서로 유기적으로 연결되어 있다. 흔히 펀더멘털 분석이라는 의미는 개별 종목의 주식에 투자하더라도 그 주식이 속한 업종과 해당 국가의 경제 상황을 포괄적으로 이해하는 것이기 때문이다. 범위를 더 넓혀 전 지구가 '1일생활권'으로 좁혀져 있고 모든 세계 경제가 그물망처럼 묶여 있는 요즘, 개인 투자자로서 실패 없는 주식투자를 하려면 한 기업이 속한 특정 국가의 경쟁력뿐 아니라 전 세계 유가나 환율, 증시, 경제 상황, 나아가 최근 미국 대선이나 미-중 갈등과 같은 정치-경제적 상황에 이르기까지 들여다보지 않을 수 없다. 이 모든 게 펀더멘털이 될 수 있다.

주식투자에서 펀더멘털은 개별 종목들의 기초적인 정보를 제공해 준다. 이러한 정보들을 분석하는 것을 보통 **펀더멘털 분석**fundamental analysis 또는 **'기본적 분석'**이라고 부른다. 이와 반대로 주로 시장의 변동성과 차트를 분석하는 것을 **'기술적 분석**technical analysis'이라고 한다. 기본적 분석과 기술적 분석은 모두 주식투자에 있어 종목 선정과 매수, 매도에 근간이 된다. 펀더멘털 분석(기본적 분석)이 특정 기업의 주식이 갖는 보다 정확하고 근본적인 시장 가치를 이해하는 방법이라면, 기술적 분석은 해당 주식의 역사와 흐름을 놓고 매수와 매도 타이밍을 따지는 방법이다. 펀더멘털 분석가는 재무제표를 통해 시장에서 실제 가치보다 낮은 가격으로 거래되는 주식을 찾는다. 한마디로 저평가된 가치주를 매수하는 것이다. 반면 기술적 분석을 따지는 투자자는 펀더멘털보다는 시장의 센티멘털과 모멘텀에 더 관심을 기울인다. '감정'이라는 뜻의 **센티멘털**sentimental은 호재나 악재에 근거한 시장의 감정적인 기대감을 말한다. 특정한 뉴스로 인해 주식시장이 출렁이는 건 모두 이 센티멘털 때문이다. 일례로 테슬라의 일론 머스크가 비트코인을 15억 달러나 구매하자 암호화폐뿐 아니라 주식시장까지 급격히 출렁거린 사례가 이에 해당한다. '여세'라는 뜻의 **모멘텀**momentum은 이러한 센티멘털을 촉발하는 재료를 가리

펀더멘털과 센티멘털

일반적으로 펀더멘털은 경제성장률, 물가상승률, 재정수지, 경상수지, 외환보유액 등과 같은 한 나라의 거시경제 지표들을 가리킨다. 펀더멘털이 주식에 사용될 때에는 해당 기업의 매출액이나 영업이익, 재무건전성 등을 지칭한다. 펀더멘털은 기업의 성과와 잠재성을 판단하는 데 중요한 기준이 된다. 반면 센티멘털은 기업과 시장을 바라보는 투자자들의 심리로 흥분과 실망, 공포와 기대감 등이 혼합적으로 시차를 두고 반영되는 것을 말한다. 센티멘털은 주가에 직접적 영향을 미치며 이러한 상승이나 하락의 추세를 모멘텀이라고 한다.

킨다. 투자자는 모멘텀을 통해 상승장과 하락장이 얼마나 지속될지, 혹 끊어질지 판단한다.

가치투자는 기본적 분석을 추종한다. 물론 시장의 정서를 무시할 수 없다. 센티멘털에 휘둘리지 않고 도리어 이를 역이용하는 투자자가 승리할 수 있는 곳이 주식시장이다. 펀더멘털을 무시한 투자는 맹목적이다. 이는 마치 장님이 코끼리 다리를 만지는 것과 같다. 반대로 센티멘털과 모멘텀을 무시한 투자는 이상적이다. 이는 현실의 소리에 귀를 틀어막고 사는 것과 같다. 이러한 부분을 느낀 일부 투자자는 기본적 투자와 기술적 투자를 합친 **기술-기본적 분석**techno-fundamental analysis이라는 신조어를 만들기까지 했다. 필자의 경험으로는 결국 주식투자는 개인의 성향을 무시할 수 없다. 아무리 남이 뭐라고 해도 자신이 느끼기에 더 합리적인 판단에 따라 투자 방향을 잡기 때문이다. 다만 이번 장에서는 펀더멘털에 집중해서 주식투자를 설명하겠다.

2) 각종 지표 보는 법

미국의 전설적인 기업가 스티브 오들랜드는 "투자자라면 회사의 의사결정과 재무제표를 분석하는 보다 독립적인 안목을 갖추고 있어야 한다."고 말했다. 초등학교 3학년 수준의 산수 실력이면 누구나 쉽게 이해할 수 있기 때문에 "자신은 숫자에 약하다."며 지레 겁먹지 말고 이제부터라도 재무제표를 들여다보는 습관을 들이자. 언뜻 복잡해 보이지만, 원리와 개념만 알고 나면 누구라도 쉽게 이해할 수 있다. 재무제표는 낙타가 바늘귀로 들어가는 것처럼 어려운 일이 아니다. 이제 구체적으로 재무제표 용어들을 살펴보자.

❶ EPS

아무리 근사하게 말해도, 결국 주식투자의 핵심은 '싸게' 사서 '비싸게' 파는 것이다. 이 말에 주식투자의 모든 원리가 수렴한다. 따라서 싼 주식을 제대로 고르려면 투자자가 지금 사는 주식이 저가인지 고가인지부터 알아야 한다. 과연 어떻게 알 수 있을까? 주식 1주당 투자자에게 얼마의 이익을 벌어다 주는지를 알면 된다. 이를 **주당순이익**EPS이라고 한다. 영어로 earning per share의 약자다. EPS는 말 그대로 주식 1주의 순이익을 알려주는 지표로 회사의 당기순이익(해당 분기에 벌어들인 순이익)을 회사가 발행한 전체 주식수로 나눈 값으로 단위는 원이다. EPS가 높은 주식은 그만큼 가치가 높은 주식이라고 판정할 수 있을 것이다. 예를 들어보자. 이를테면, A회사의 당기순이익이 1억이고 발행한 주식이 만 주라면, A회사의 주식을 보유하면서 내가 얻는 EPS는 만 원이 된다. 내가 해당 회사의 주식을 100주 보유하고 있으면 수익이 100만 원이라는 계산이 가능하다. 반면 B회사가 당기순이익이 3억 원이지만 발행한 주식이 10만 주라면 그 주식을 보유한 내 EPS는 고작 3천 원에 불과하다. 따라서 B회사가 당기순이익은 높을지 몰라도 시장에 주식이 너무 많이 풀렸기 때문에 투자자들이 벌어들일 수 있는 수익은 A회사보다 적을 수밖에 없다. EPS를 알면 이처럼 주식을 통해 투자자가 얻는 이익의 총량을 예상할 수 있게 된다.

❷ PER

EPS는 해당 주식이 나에게 얼마의 이익을 가져다주는지는 말해주지만, 그 주식이 시장에서 어떤 평가를 받고 있는지에 대한 정보는 말해주지 않는다. 이를 보완하기 위해 만들어진 지표가 바로 **주가수익비율**PER이다. 영어로 price earning ratio의 약자로 단위는 배倍다. 주식은 시장의 평가로 시세가 결정된다. 그렇기 때문에 시장에서 주식이 어떤 평가를 받고 있는지 파악하는 데 PER은 도움을 준다. 특히 수익은 높은데 시장에서 저평가되어 있는 주식을 찾는 데 특히 요긴하다. 가치투자의 귀재 워런 버핏이 회사의 가치를 평가하면서 PER을 강조한 이유가 바로 여기에 있다. PER이 높으면 이익에 비해 주가가 높고, PER이 낮다면 주가가 상대적으로 낮다고 볼 수 있다. 또는 PER이 높으면 시장에서 향후 주가를 높게 전망하고 있다고도 해석할 수 있다. 당연히 PER은 EPS와 달리 개인 투자자 입장에서 숫자가 적을수록 좋다. 조금 인색하게 잡아서 PER이 10배 이하인 주식을 찾는 게 바람직하다고 말하는 것도 이와 무관하지 않다. 현명한 투자자라면 특정 회사의 PER을 확인하는 것으로 그 회사의 가치를 속단하지 말고 항상 그 회사가 속한 유사/동일 업종의 평균 PER을 함께 비교해보는 습관을 가져야 한다. 예를 들어, A회사의 PER이 20배라고 해서 10배 이상이니 고평가된 주식이라고 단정 지어서는 안 된다. A회사와 동일 업종의 평균 PER이 30배라면, 같은 경쟁사인 A회사는 시장에서 저평가된 기업이라고 볼 수 있기 때문이다.

❸ PBR

PER이 한 회사의 주가와 수익의 관계를 파악하는 지표였다면, 자산에 비해 주식이 얼마나 저평가되어 있는지 알려주는 지표도 있다. 그것이 바로 **주가순자산비율**PBR이다. 영어로 price book-value ratio의 약자로 단위는 배다. 그렇다면 순자산은 어떻게 구할까? **주당순자산**BPS이 바로 그것이다. 영어로 book-value per share의 약자다. 순자산은 부채를 뺀 자산으로 순자산을 알아야 회사가 정리되거나 파산할 때 주주들에게 각기 얼마만큼 돌아갈 수 있는지 알 수 있다. PBR은 순자산BPS에 비해 주식이 1주 당 몇 배로 거래되고 있는지 나타내는 지표로 1을 기준으로 낮으면 시장에서 저평가되고 있다고 볼 수 있다. 예를 들어, A회사가 발행한 총 주식이 만 주인데, 6억 원에 모두 샀다고 가정하고 회사의 주당순자산이 2억 원이라면 PBR은 3배가 된다. 물론 PER과 마찬가지로 PBR 역시 업종마다 평균을 비교해봐야 시장 내에서 해당 주식이 갖는 가치를 제대로 파악할 수 있다. 코스피 전체 평균 PBR은 1.25배 정도로 여전히 우리나라 주식시장은 다른 나라에 비해 저평가된 시장이라고 볼 수 있다. 미국의 경우, 평균 PBR은 거의 10배에 달한다.

❹ ROE

반면 **자기자본이익률**ROE은 당기순이익을 자본으로 나눈 값이다. 영어로 return on equity의 약자로 단위는 퍼센트다. ROE는 기업의 경영 성과를 판단할 때 주로 사용되는데, 기업이 자본을 투자해 순수하게 얼마를 벌어들였는가를 보여주는 대표적인 지표라고 할 수 있다. 예를 들어, A회사가 자본이 100억이고 올해 당기순이익으로 15억을 냈다면 ROE는 15%가 될 것이다. ROE가 높을수록 자기 자본을 통해 이익을 많이 내는 기업이고, 이는 투자자에게는 잠재성이 높다는 뜻이기 때문이다. 물론 ROE가 수익에 대한 절대적인 지표가 되는 건 아니다. 앞서 말했던 다양한 펀더멘털들을 함께 살펴서 ROE가 갖는 통계의 허점을 메울 수 있어야 한다. 반면 당기순이익을 순자산이 아닌 총자산(자본+부채)으로 나눈 지표로는 **총자산이익률**ROA이 있다. ROA는 ROE와 엇비슷해 보이지만 회사가 부채까지도 잘 활용하여 얼마의 수익을 냈는지 확인할 수 있다.

❺ ROI

회사의 경영성과를 아는 방법은 투자를 통해 얼마만큼의 수익을 거두었는지 파악하는 것이다. **투자자본이익률**ROI이란 이처럼 투자 대비 기업의 이익이 얼마인지 알려주는 지표로 영어로 return on investment의 약자다. 이 수치가 크면 투자액에 대해 이익이 크다고 할 수 있고, 작으면 투자가 그다지 큰 이익으로 이어지지 못했다고 할 수 있다. ROI는 이익을 투자액으로 나누고 100을 곱하여 백분율로 표현한 것으로 투자액과 완전히 동일한 이익금이 발생했다면 이론상 ROI는 100%가 된다. 예를 들어 1억 원을 투자하여 1,000만 원의 수익을 냈다면, ROI는 10%다. ROI는 이익에 초점을 맞춘 지표기 때문에 투자에 대한 이익 목표의 지표로 이용할 수 있다. 투자효과를 최대화하기 위해서는 이 ROI를 얼마나 높여 유지하는가가 중요한 과제가 된다. ROI는 ROA, ROE와 함께 수익에 대한 기업의 경영지표를 확인하는 대표적인 요소로 꼽힌다.

❻ PEG

PER의 문제점은 당장의 시장 평가를 알려주는 반면 장기적인 주가 흐름이 반영되어있지 않다는 점이다. 루이싱커피처럼 부실한 기업인데 일시적으로 이익을 내서 얼마든지 PER이 올라갈 수 있기 때문이다. 이를 보완하기 위해 만들어진 지표가 바로 **주당순이익성장율**PEG이다. 영어로 price earnings to growth ratio의 약자며 단위는 배다. 이는 PER을 주당순이익인 EPS 증가율로 나눈 값으로 투자자 입장에서 PER이 일정할 때 주당순이익성장율이 늘어난다면 앞으로 수익이 늘어날 것이기 때문에 투자 가치가 높은 주식이라고 할 수 있다. PEG 값을 투자에 적극 활용했던 피터 린치는 PEG 1배를 기준으로 이하일 때는 매수를, 이상일 때는 매도를 했다. 그는 PEG가 0.5배 미만일 때 해당 주식을 적극 매수하는 전략으로 이미 40세에 세계 최고의 투자자로 은퇴할 수 있었다.

네이버나 다음 포털사이트에 들어가면, 증권 항목에서 각 기업마다 검색을 통해 위 사항들을 바로 확인할 수 있다. ROE니 PER이니 각종 지표들이 갖는 의미는 무엇일까? ① 첫 번째, 종목 선정에 일정한 관점을 얻을 수 있다. 단순히 주변 말만 듣고 투자를 진행하는 것이 아니라 지표 상 드러난 회사의 수익과 재정 상황, 시장의 평가 등을 수렴하여 투자 규모와 방향을 선정하는 데 전반적인 자료로 활용할 수 있다. ② 두 번째, 각종 지표로 투자를 진행한 투자자는 이른바 금융 리터러시를 확보하게 된다. 펀더멘털을 중심으로 가치투자를 진행한 투자자는 각종 뉴스가 자신에게 호재인지 악재인지 금세 알 수 있으며 리밸런싱 과정에서 도움을 받을 수 있다. ③ 세 번째, 경제 상식과 함께 투자에 자신감을 얻으며 경제지나 신문 경제 섹션이 더 이상 두렵지 않게 된다. 개인에 따라서는 조금 복잡하게 여겨질 수 있겠지만, 펀더멘털이 가리키는 의미와 기능에 대해 익숙해지면 금세 기업들의 실적을 제대로 들여다볼 수 있는 안목이 생길 것이다.

분산투자의 원칙

가치투자가 기본적 분석에 입각해 펀더멘털을 해석하는 원론적인 부분이라면, 분산투자는 그러한 가치투자를 완성하는 방법론에 관한 것이다. 즉 가치투자가 이론이라면, 분산투자는 실제에 해당한다. 이번 장에서는 차트와 섹터 분석, 기본적인 추세선 등을 해석하고 위험을 분산시키는 방법과 고점과 저점에서 적절히 방어하는 방법을 간단히 살펴보도록 하겠다.

1) 먼저 종목보다 섹터를 정하라

주식투자에 진입하면 가장 많이 듣는 단어가 바로 섹터다. 섹터sector란 주식시장에서 일정한 공통점으로 묶인 산업군을 의미한다. 에너지와 소재, 산업재, 자유소비재, 필수소비재, 헬스케어, 금융, 정보기술, 통신, 유틸리티, 부동산 등 산업별로 모아놓은 기업들을 섹터라 하며, 섹터 분석은 투자의 방향을 선정하는 데 중요한 과정이다. 최근 핫한 헬스케어나 2차전지, 메타버스 관련 주식들을 투자하려고 할 때, 특정 기업 주식을 바로 매수하는 방법도 있겠지만 해당 섹터에 어떤 기업들이 포진해 있고 그들의 업황은 어떤지, 최근 시장의 추세는 어떤지 산업군의 전체적인 분위기를 먼저 살펴보는 방법도 있다. 주식을 일정한 섹터로 구분하는 건 미국에서 먼저 시작되었으며, 국내 주식시장 역시 이러한 산업별 섹터 구분을 그대로 활용하고 있다.

섹터를 일정한 기준으로 나눌 수 있는데, 경기민감성 섹터와 비민감성 섹터가 그것이다. 말 그대로 경기를 타는 산업군과 경기를 좀처럼 타지 않는 산업군으로 나눈 건데, 현명한 투자자라면 어떤 섹터가 경기에 민감하고 어떤 섹터는 경기와 무관한지 알아야 한다. 경기민감주cyclical stock는 '경기관련주', '경기수혜주' '경기주도주' 등으로 불리는데, 경기의 흐름과 밀접하게 관련된 사업 구조를 지니고 있는 기업들이 여기에 속한다. 호황기에는 주가가 큰 폭으로 상승하지만 불황기에는 주가가 곤두박질치는 경향이 있다. 은행과 증권 같은 금융 섹터, 운송과 물류를 다루는 산업재 섹터, OT로 대변되는 정보기술 섹터, 특정 시점 임의로 소비가 일어나는 자유소비재 섹터, 물건을 가공하고 생산하는 데 필요한 재료를 다루는 소재 섹터, 석유와 석탄, 가스 같은 에너지원을 다루는 에너지 섹터는 경기에 민감하게 반응하는 섹터들이다.

반대로 **경기방어주**defensive stock는 '경기둔감주' '경기비민감주' 등으로 불리며, 경기가 좋지 않은 상황에서도 민감주에 비해 상대적으로 크게 타격을 입지 않는 기업들이 여기에 속한다. 의료와 건강을 다루는 헬스케어 섹터, 생활용품 등 매일 사용해야 하는 필수소비재 섹터, 유무선 전화 및 인터넷 등 IC로 대변되는 전기통신 섹터, 전력이나 가스 등 일상에 쓰이는 유틸리티 섹터는 경기를 별로 타지 않는 섹터들이다. 대부분 삶을 유지하는데 반드시 필요한 식료품이라든지 생필품, 병원과 전기, 가스, 물 등 없으면 생활을 이어갈 수 없는 것들을 만들어내고 유통시키는 산업군이 포진해 있다. 경기방어주는 경기가 나쁠 때나 좋을 때 큰 변동이 없다. 일시적으로 주가가 하락할 수는 있으나 회복 역시 경기민감주에 비해 빠르다. 상대적으로 안정적인 주가 흐름을 보인다고 보면 된다. 이처럼 투자자는 자신이 투자하려는 섹터 하나쯤은 평소 관심을 가지고 공부를 해두는 게 중요하다.

"경기에 민감한 주식과
경기에 둔감한 주식을 구분할 수 있어야
성공적인 주식투자를 할 수 있다"

투자자는 경기민감주와 경기방어주를 가지고 경기의 부침에 따라 일종의 위계를 삼을 수도 있다. 우선 비누와 샴푸, 휴지, 치약 등 생활용품이나 가정용품을 취급하는 필수소비재의 경우, 변동성이 가장 낮은 섹터로 분류된다. 경기가 나쁘다고 하루 두 번 가는 화장실을 한 번으로 줄일 수는 없는 노릇이다. 국내 기업들 중에서는 LG생활건강과 KT&G, 아모레퍼시픽 등이 여기에 속한다. 실제로 이 섹터에 속한 기업들은 코로나 사태에도 매출에 타격이 가장 적었다. 반면 경기방어주 위에 경기 민감주가 놓인다. 대표적인 산업이 반도체와 2차전지인데, 반도체의 경우, 삼성전자와 SK하이닉스 등에 속해 있으며, 2차전지의 경우, LG화학과 삼성SDI, SK이노베이션 등이 속해 있다. 이 섹터들은 경기에 매우 민감하게 반응하는 분야로 호재나 악재에 따라 가격이 급등하거나 급락할 우려가 있다. 전날 테슬라를 비롯하여 미국 전기차 종목들의 주가가 곤두박질치면 국내 2차전지 주가가 덩달아 떨어지는 게 대표적인 예다.

2) 종목의 차트를 분석하라

섹터로 투자 대상을 물색했다면 구체적인 기업의 주가와 동향을 알아야 한다. 차트chart는 실시간 회사의 주가를 연결한 그래프로 해당 회사의 주식이 얼마에 거래되고 있으며 거래량은 어떤지 보여주는 지표다. 차트만 들여다봐도 해당 주식이 정해진 시간에 얼마의 가격에 사고 팔리는지 한눈에 알 수 있다. 국내 차트에서 주가 상승과 하락은 각기 빨간색과 파란색으로 표시되는데, 미국에서는 각기 초록

색과 빨간색으로 표시한다. 차트는 실시간 매수와 매도량을 나타내는데, 모양이 마치 양초를 닮았다고 해서 **캔들차트**candle chart라고도 불린다. 캔들차트에서 빨간색 막대를 **양봉**陽棒, 파란색 막대를 **음봉**陰棒이라고 말하고, 양봉과 음봉의 형태에 따라 장봉, 단봉, 도지 등 여러 가지 명칭들로 불린다. 봉의 형태만 봐도 해당 주가의 네 가지 정보를 알 수 있는데, 시가와 종가, 상한가(고가)와 하한가(저가)가 그것이다. 시가와 종가는 몸통으로 표현하고 상한가와 하한가는 꼬리로 표현한다. 미국에서는 꼬리는 양초의 심지를 닮았다고 해서 윅wick이라고 한다. 양봉은 주가가 하루 사이 올라간 범위를 나타내기 때문에 몸통 맨 아래가 시가, 맨 위가 종가를 나타낸다. 반대로 음봉은 몸통 맨 아래가 종가, 맨 위가 시가를 가리킨다. 장중 최고가와 최저가는 위아래 선으로 나타낸다. 이를 도표로 나타내면 다음과 같다.

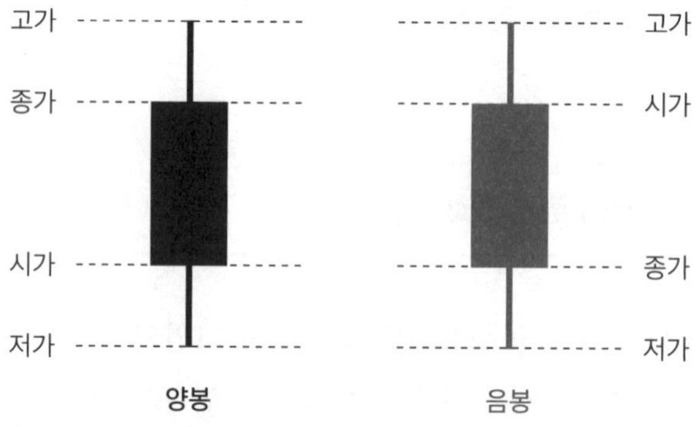

양봉과 음봉의 형태와 의미

기본적으로 투자자라면 양봉과 음봉의 길이와 형태를 보고 그날 주가의 변동성을 읽어낼 수 있어야 한다. 여기에는 일정한 공식이

양봉과 음봉, 꼬리의 형태에 따른 장세 분석

	꼬리 없는 양봉	시가 아래로 가격이 떨어지지 않고 종가 고가로 마감했다. 장마감까지 매수세가 강했다.
	윗꼬리 양봉	시가 아래로 가격이 떨어지지 않고 종가는 고가보다 낮은 가격으로 마감했다. 장중에 매수세가 강하나 장마감에 매수세가 줄었다.
	아랫꼬리 양봉	장중에 시가 아래로 하락한 적이 있으나 시가 돌파 후 종가 고가로 마감했다. 장중에 매도세가 강하다가 장마감에 매수세가 강했다.
	위아랫꼬리 양봉	장중에 시가 아래로 하락한 적이 있으나 시가 돌파 후 종가는 고가보다 낮게 마감했다. 매수세와 매도세가 엎치락뒤치락하다가 매수세가 강해지며 장마감에 줄었다.
	위아랫꼬리 음봉	장중에 시가 위로 상승한 적이 있으나 시가 아래로 떨어지다가 종가는 저가보다 높게 마감했다. 매수세와 매도세가 엎치락뒤치락하다가 매도세가 강해지며 장마감에 줄었다.
	윗꼬리 음봉	장중에 시가 위로 상승한 적이 있으나 시가 아래로 떨어지고 종가 저가로 마감했다. 장중에 매수세가 강하다가 장마감에 매도세가 강했다.
	아랫꼬리 음봉	시가 위로 가격이 올라가지 않았으며 종가는 저가보다 높게 마감했다. 장중에 매도세가 강하나 장마감에 매도세가 줄었다.
	꼬리 없는 음봉	시가 위로 가격이 올라가지 않고 종가 저가로 마감했다. 장마감까지 매도세가 강했다.

적용된다. ① 캔들차트에서 양봉은 그날 매도세보다 매수세가 강했다는 뜻이다. 길이가 길수록 상승폭이 컸다고 볼 수 있다. ② 반대로 음봉은 하루 종일 매수세보다 매도세가 강했다는 뜻이다. ③ 양봉에 윗꼬리가 있다면, 하루 동안 주가가 올랐는데 매도 물량이 나와 고점을 찍고 가격 조정이 이루어졌다는 뜻이다. ④ 만약 양봉에 아랫꼬리가 있다면, 차트는 매수 물량이 나와 저점을 찍고 반등이 이루어졌다는 뜻이다. ⑤ 차트가 봉을 만들지 못하고 직선 모양의 일자로 그어지는 형태가 나타나는데, 이를 흔히 **도지**doji라고 한다. 일자형 도지는 시가와 종가, 상한가와 하한가가 모두 다 같은 경우를 의미한다. 하루 종일 거래량이 지지부진했다는 뜻이다. ⑥ 십자형 도지는 시가와 종가는 같지만 상한가와 하한가가 다른 경우를 의미한다. 하루 종일 주가가 등락을 거듭했지만 결국 원점에서 마감했다는 뜻이다. ⑦ 꼬리가 위아래로 길면 시장의 투자심리가 매우 불안한 것을 의미한다.

차트는 일 단위(일봉차트), 주 단위(주봉차트), 월 단위(월봉차트)로 띄울 수도 있다. 일봉차트일 때 양봉의 아래 위가 각기 시가와 종가를 나타낸다면, 주봉차트일 때는 공휴일이 없다는 가정 하에 양봉의 아래 위가 각기 월요일 시가와 금요일 종가를 나타낸다. 당연히 월봉차트일 때 양봉의 아래 위는 1일의 시가와 30일(혹은 31일)의 종가를 나타낸다. 우리나라 주식시장 개장일은 1월 2일이며 폐장일은 12월 30일이다. 매년 휴일이 겹치면 개장일과 폐장일 날짜가 달라질 수 있다는 사실을 모르는 초보 투자자들도 많다. 참고로 2021년의 경우, 1월 1일이 신정, 2일~3일이 주말이었기 때문에 개장일은 1월 4일이었다. 개장일 거래 개시는 거래소 시무식 때문에 오전 10시로

한 시간 늦춰진다는 사실도 함께 알아두자.

봉차트만 가지고 주가의 흐름을 전부 알 수 없다. 차트를 들여다보면 봉과 함께 이동평균선이 있다. **이동평균선**移動平均線은 주어진 기간에 따라 주가의 평균값을 연결한 꺾은선그래프로 보통 5일(일 주일), 20일(한 달), 60일(석 달), 120일(여섯 달) 이동평균선(이평선)으로 나뉜다. 이평선을 통해 해당 주가의 흐름과 추세를 알 수 있다. 이평선은 일정 기간 동안 투자자들이 해당 주식을 사고판 가격대의 평균을 보여주기 때문에 초보 투자자도 시장이 판단하고 있는 적정 주가를 금세 파악할 수 있다. 각기 이평선에 별칭이 있는데, 별칭은 해당 이평선이 말하는 정보를 그대로 표현하고 있다. 5일 이동평균선은 '**생명선**生命線', 20일 이동평균선은 '**세력선**勢力線', 60일 이동평균선은 '**수급선**需給線', 120일 이동평균선은 '**경기선**景氣線'으로 불린다. 상승장이라면 5일 이동평균선이 제일 위로 향하고 그 뒤를 20일, 60일, 120일이 뒤따르는 패턴을 띠게 되는데, 이를 **정배열**正排列이라고 한다. 정배열은 경기와 투자 전망이 밝고 주가 흐름이 좋은 상황을 나타낸다. 반대로 120일, 60일, 20일, 5일 순서로 거꾸로 배열되는 것을 **역배열**逆排列이라 하고 주가가 빠지거나 경기가 나빠지고 있는 상황을 말해준다. 줄곧 위에 있던 5일 이평선이 20일 이평선 아래로 떨어지는 지점을 **데스크로스**death cross라고 하며, 반대로 밑에 있던 5일 이평선이 20일 이평선 위로 올라가는 순간을 **골든크로스**golden cross라고 한다. 당연히 이평선이 정배열일 때 주식에 투자하는 게 정석이다. 정배열과 역배열은 봉차트와 함께 해당 주가의 전반적인 추이를 보여주는 가장 기본적인 가이드라인이다.

정배열 vs 역배열의 투자 전략 비교

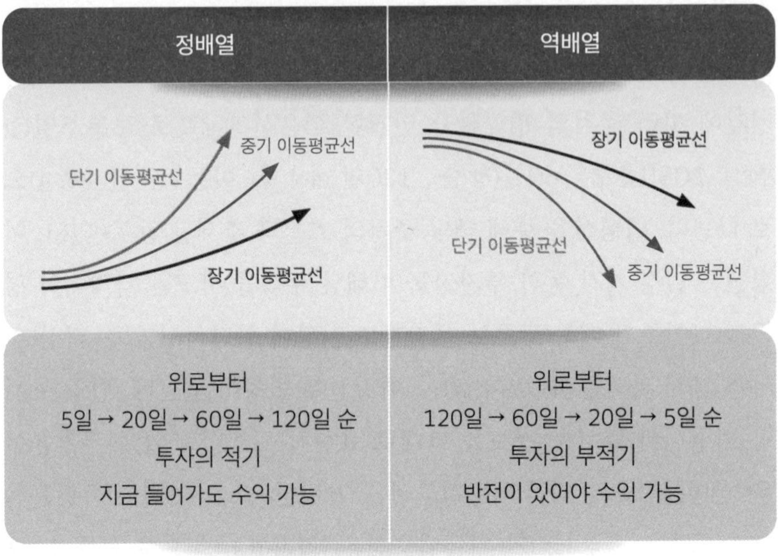

차트에서 마지막으로 봐야 할 게 바로 추세선이다. 고점은 고점끼리, 저점은 저점끼리 일직선으로 연결하여 주가의 흐름을 보여주는 선을 **추세선**趨勢線이라고 한다. 투자자가 추세선을 봐야 하는 이유는 봉차트와 함께 주가의 추이를 한 눈에 확인하여 정확한 투자 타이밍을 잡기 위해서다. 추세선에는 상승추세선과 하락추세선, 횡보추세선이 있는데, **상승추세선**上昇趨勢線은 말 그대로 주가가 우상향으로 이동하면서 그리는 궤적을 말한다. 상승추세선은 그 아래로 주가가 떨어지지 않는다는 의미로 종종 '**지지선**'이라고도 불린다. 반대로 **하락추세선**下落趨勢線은 고점끼리 꼭지점 삼아 연결한 선으로 그 위로는 주가가 오르지 않는다는 의미로 종종 '**저항선**'으로 불린다. 저항선과 지지선은 투자자들에게 매수와 매도 타이밍을 잡는 기준으로 쓰인다. 반면 **횡보추세선**橫步趨勢線은 주가가 큰 상승이나 하락 없이 오르내리는 형태를 말하며, 흔히 지지선과 저항선 사이를 오간다고 해서 '**박스권**'이라고도 불린다. 기본적으로 지지선에서는 매수를, 저항선에서는 매도를 한다. 주가가 지지선을 붕괴시킬 때에는 반대로 매도를, 저항선을 뚫을 때에는 매수를 한다. 주가가 횡보할 때에는 지지선에 근접할 때 매수를, 저항선에 근접할 때 매도를 한다.

3) 위험을 분산하라

흔히 '매수는 가급적 천천히, 매도는 가급적 빠르게 하라.'는 말이 있다. 사실 주식을 사고파는 시기를 정하는 것만큼 어려운 게 없다. 장기투자나 가치투자를 실천하는 투자자들에게도 매수와 매도 타이밍은 중요하다. 주식투자의 대원칙은 결국 '쌀 때 사서 비쌀 때 파는' 것이기 때문이다. 잠재적 위험을 분산시키면서 시장의 변동성에 탄력적으로 대응하는 전략은 결국 분산투자 밖에 없다. **분산투자**分散投資란 투자 대상을 분산시켜 위험을 미연에 방지하는 투자전략이다. 그 때 필요한 게 바로 분할매수와 분할매도다. **분할매수**分割買收란 주식을 한꺼번에 왕창 사는 게 아니라 여러 번 조금씩 나누어 구매하는 것을 말한다. 특정 정보를 듣고는 급한 마음에 해당 주식에 1천만 원을 한꺼번에 투자했다면, 작전 세력에 물렸거나 판단착오를 일으켰을 때 상당한 피해를 감수해야 한다. 반면 **분할매도**分割賣渡란 분할매수와는 반대로 주식을 한꺼번에 왕창 파는 게 아니라 여러 번 조금씩 나누어 파는 것을 말한다. 초보 투자자들은 자신이 투자한 주가가 갑자기 꺼지기 시작하면 가진 주식을 모두 처분한다. 이를 이른바 **투매**投賣 또는 **패닉셀**panic sell이라고 한다. 보통 투매는 박스권에 있던 주가가 내릴 때보다 한참 상승하던 주가가 잠깐 내릴 때 더 빈번히 일어난다.

분할매수와 분할매도의 시기와 방법은 어떻게 가져가야 할까? 주가가 좋을 때는 2~3일간 단계적으로 해당 주식을 나누어 구매한다. 시기는 장세를 보며 더 늘릴 수도 있고 줄일 수도 있다. 시장 상황에 따라 하루에 여러 번 분할매수를 진행할 수도 있다. 이런 노하우는 단기간에 얻어지는 게 아니다. 투자의 습관화가 이루어지면 자연스럽게 몸에 익히게 된다. 꾸준히 투자를 하면서 오랜 경험치가 쌓이면 스스로 맞는 투자 방식을 선택하게 된다. 반대로 분할매도는 주가가 나쁠 때 2~3일간 단계적으로 해당 주식을 팔아치운다. 역시 기간과 물량은 시장 상황을 봐가면서 정해야 한다. 단 매수보다 매도가 더 단기간에 이뤄져야 할 때도 있다. 뜻하지 않게 손해가 막심한 경우다. 코로나 사태로 석 달 동안 60조 원 가까이를 날린 워런 버핏이 911 사태에도 팔지 않았던 미국의 4대 항공사 주식을 2020년에 모두 팔아치운 사실을 기억하기 바란다. 손절도 때로는 불가피한 차선책일 수 있다.

분할매수와 분할매도가 투자의 적기를 다루는 기술이라면 분산투자는 투자의 체질을 다루는 기술이다. '계란을 한 바구니에 담지 말라.'라는 경구에서 잘 드러나듯, 투자 리스크를 줄이기 위해 여러 종목에 분산하여 투자하는 것은 주식투자의 기본이다. 분산투자에는 크게 세 가지 종류가 존재한다. 종목별 분산투자와 종류별 분산투자, 지역별 분산투자가 그것이다. **종목별 분산투자**stock diversification는

A주식이나 B주식만 갖고 있는 게 아니라 A주식과 B주식을 함께 갖고 있는 투자법이다. A주식에서 크게 손실을 보더라도 B주식이 이를 보충할 수 있기 때문에 그만큼 위험률이 낮아진다. 반면 **종류별 분산투자**asset diversification는 A와 B주식만 들고 있는 게 아니라 A주식과 C채권을 함께 갖고 있는 투자법이다. 위험자산으로 분류되는 주식에만 투자하지 않고 안전자산에 가까운 채권이나 전환사채CB 같은 상품에도 자산을 배분해 놓는 방식이다. 또한 **지역별 분산투자**international diversification는 국내 A주식과 B주식만 갖고 있는 게 아니라 국내 A주식과 해외 D주식을 함께 갖고 있는 투자법이다. 국내 주식시장에만 투자하는 게 아니라 시야를 넓혀 미국이나 중국 등 해외 주식시장에서 다양한 투자처를 확보하는 것 역시 좋은 분산투자다. 이렇게 다양하게 자산을 분산하는 방식을 다른 말로 포트폴리오 투자법이라고도 한다. 필자는 포트폴리오 투자법을 실천하고 있다.

분산투자의 종류와 포트폴리오 형태

종목별 분산투자	종류별 분산투자	지역별 분산투자
주식 종목 포트폴리오	자산 배분 포트폴리오	글로벌한 투자 포트폴리오
주식+주식+주식	주식+채권+암호화폐	국내 주식+해외 주식

장기투자가 답이다

초보 투자자들이 자산을 증식하는 가장 좋은 방법은 가치투자로 싸고 유망한 주식을 사서 충분히 오를 때까지 오랫동안 보유하고 있는 방법밖에 없다. 이번 장에서는 장기투자의 가치와 위력에 대해 알아보도록 하자.

1) 단기투자와 장기투자

투자에 투여되는 시간의 관점에서 볼 때, 주식투자는 크게 단기투자와 장기투자 두 가지로 나뉜다. **단기투자**短期投資/short-term investment는 해당 주식에 투자하고 하루 이틀 안에 투자금을 빼는 투자를 말한다. 우리가 흔히 '단타매매'라 부르는 게 대표적인 단기투자에 해당한다. 단타매매 중에서 한두 시간, 아니 그보다 더 짧은 일이 분 내에 마치 육수에 샤브샤브를 살짝 데치듯 투자금을 담갔다 빼는 '초단타매매'도 있다. 보통 일정한 알고리즘을 프로그래밍한 시스템을 돌려 **쿼트스터핑**quote stuffing이나 **스캘핑**scalping이 여기에 해당한다. 이처럼 단기투자는 짧은 기간 동안 매수와 매도를 반복하여 시세 차익을 얻는 투자 전략이다. 1990년대 IT기술의 발달로 주식매매가 과거 수기나 전화로 매매를 넣던 방식에서 **홈트레이딩시스템**HTS으로 전면 대체되면서 대중화되었다. 최근엔 스마트기기의 발달과 보급으로 **모바일트레이딩시스템**MTS으로 한 단계 진화를 거듭하여 때와 장소를 가리지 않고 자유롭게 단타매매를 할 수 있는 여건이 마련되었다.

HTS과 MTS

개인 투자자가 객장에 나가지 않고 집이나 사무실에서 주식과 파생상품 등 금융 투자 거래를 할 수 있게 하는 컴퓨터 프로그램을 홈트레이딩시스템(HTS)이라고 하며, HTS를 모바일기기에 구현한 것을 모바일트레이딩시스템(MTS)이라고 한다. PC와 동일한 환경에서 실시간 조회 및 주식거래를 할 수 있는데다 장소의 제약도 받지 않기 때문에 MTS가 이미 HTS의 아성을 위협하고 있다.

아무리 변동성이 크다고 하지만 단 몇 분 넣어둔 주식을 바로 빼서 수익이 얼마 날지 의아하게 생각할 수 있다. 하지만 담그는 돈의 크기가 크다면 얼마든지 고수익을 노릴 수 있다. 실지로 **데이 트레이딩**day trading이나 초단타매매를 업으로 삼는 투자자들 중에는 한 번에 수억 원을 운용하는 이들이 적지 않다. 필자의 지인 중에도 한 분은 하루에 5억을 넣고 빼면서 평균 백여만 원의 수익을 거두고 있다. 이러한 단타매매에서 중요한 건 타이밍이다. **서핑**surfing이라고 해서 해당 주식이 오를 때 상승 파도에 함께 편승했다가 정확히 고점에서 내리는 전략을 쓰기 때문에 시장이 열려있는 오후 3시까지는 주식창을 띄워놓은 모니터 앞을 떠나지 못한다. 급등과 급락 등 시장의 흐름이 심상치 않을 때는 점심도 거르기 일쑤다. 상황이 이렇다 보니 단기투자는 전문적인 투자자들에게 적합한 투자 방식이다.

하루에도 수십 번 매매를 진행하는 단타매매와 달리 기간을 조금 여유롭게 잡고 매수와 매도를 반복하는 **스윙 트레이딩**swing trading도 있다. 데이 트레이딩이 하루(사실 오전 9시부터 오후 3시까지)라는 기간의 제한을 두고 차트의 등락을 기반으로 치고 빠지는 전략이라면, 스윙 트레이딩은 해당 주식의 보다 긴 흐름을 파악하고 악재나 호재 등 경제 내외적 뉴스들에 기초해서 주간이나 월간으로 투자하는 전략이다. 데이 트레이딩이든 스윙 트레이딩이든 기간의 차이만 있을 뿐 회사의 미래나 업황의 예측, 장기적 전망보다는 오로지 그날 혹은 그 주의 주가에만 집중한다. 단기투자에 접근하기 전에 유념해야 할 부분이 있다. 첫째, 투자의 속성 상 매수와 매도를 여러 번 반복하다 보니 수수료 때문에 배보다 배꼽이 더 큰 경우가 종종 발생할 수 있다는 점이다. 비율이 0.1%라 하더라도 횟수가 빈번하기 때문에 수익이 미미하거나 손실이라도 발생한 날에는 손해가 클 수 있다. 둘째, 우리나라에서는 증권거래세도 무시할 수 없다는 점이다. 2022년 1월 현재, 코스피시장의 경우 0.08%인데 향후 이 비율은 계속 올라갈 것으로 보인다.

단기투자의 대척점에는 장기투자가 있다. **장기투자**長期投資/long-term investment는 장기적 관점에서 우상향을 할 것으로 예상되는 주식을 매수하여 원하는 수준까지 주가가 오를 때까지 묵히는 전략이다. 장기투자는 워런 버핏의 다음 문장으로 요약할 수 있다. “10년 동안 보유할 주식이 아니라면 단 10분도 보유하지 마라.” 결국 장기투자는 특정 매수 시기나 타이밍을 중요하게 여기지 않으며 차트 역시 크게 신경 쓰지 않는 편이다. 기업의 미래 전망과 잠재성을 보고 보통 짧게는 1년에서 길면 5년에서 10년 이상 보유를 목표로 하기 때문에 당장 오늘의 가격보다는 내일의 기대 가격에 집중한다. 그래서 장기투자자는 해당 기업의 재무제표나 여러 지표 등 펀더멘털을 꼼꼼히 살펴보고 투자를 결정한다. 당장 비싸더라도 회사의 안정성과 성장성, 수익성으로 볼 때 향후 더 많은 돈을 벌어다줄 수 있을 거라는 판단이 선다면 과감하게 매수를 진행한다. 장기투자의 대표적인 인물로 꼽히는 워런 버핏의 경우, 1988년부터 코카콜라 주식을 사들이기 시작해 2021년 초를 기준으로 4억 주를 보유 중이다. 보유 기간 동안 코카콜라 주가는 2000%가량 올랐다. 어디 주가뿐인가? 지난 회계연도 동안 코카콜라 주식으로 버핏이 올린 배당금 수익은 무려 6억 6,200만 달러(한화로 약 7,467억 원)에 이른다. 하지만 버핏도 처음 코카콜라에 진입할 때에는 너무 비싼 가격에 한참을 망설였다는 일화가 있다.

단기투자와 장기투자의 비교

단기투자	장기투자
하루~일주일 이내	1년~5년 이상
단기 시세 차익을 노리는 투자	가치 성장을 노리는 투자
시장의 가격, 차트가 중요	기업의 펀더멘털이 중요
타이밍의 안목	안전마진의 안목
전문가, 전업투자자만 가능	일반투자자도 가능

물론 장기투자를 하려면 우리가 모두 워런 버핏과 같은 전문가가 될 필요는 없다. 장기투자는 전문적인 지식이 없는 개미들에게 안성맞춤인 투자 전략이기 때문이다. 단기투자처럼 하루 종일 주식창을 들여다볼 필요도 없으며 오르내리는 차트에 맞춰 매수와 매도를 수없이 진행할 이유도 없다. 그저 유망한 기업의 주식을 사놓고 기다리는 것뿐이다.

2) 안전마진과 경제적 해자

가치투자의 개념을 이론적으로 구축한 경제학자이자 버핏의 스승이기도 한 벤저민 그레이엄Benjamin Graham은 『현명한 투자자』에서 이와 같이 말했다. "투자란 철저한 분석을 통해 원금을 안전하게 지키면서도 만족스러운 수익을 확보하는 것이다. 그렇지 않으면 투자가 아니라 투기가 된다. 시장이 붕괴되어 가장 매력적인 가격이 되었을 때, 오히려 주식을 투기적이라 생각하고, 반대로 시장이 상승해서 위험한 수준이 되었을 때 실제로 투기를 하면서도 투자라고 착각한다."* 이는 그레이엄의 가치투자 정신을 한마디로 보여주는 문장이다. 가치투자는 시장의 비효율성에 영향 받지 않는 객관적 지표만을 집중해 시장에서 저평가된 기업을 찾아 투자하는 전략이다. 쉽게 말해, 가치 있는 물건을 제값보다 싼 가격에 사는 것이다. 그는 본래 **내재가치**內在價値/intrinsic value보다 싼 주식에 진입해야 장기투자가 가능

* 벤저민 그레이엄, 『현명한 투자자』, 이건 역, 국일증권경제연구소, 서문, 78.

내재가치

한 기업이 가지고 있는 본질적인 가치로 기업의 사업으로부터 발생한 모든 미래 현금 흐름에 대한 현재 가치를 말한다. 이는 주식시장에서 거래되는 시장가치(주가)와는 다른 것으로 기업이 영업을 계속 한다고 가정했을 때 잠재적으로 얼마를 벌어들일 수 있는가를 나타내는 척도다. 주가는 보통 이 내재가치에 시장의 심리가 반영된 것으로 심리의 영향을 제거한 기업의 본질적인 가치를 보고 투자하는 것을 가치투자라 한다.

하다고 생각했다.

그럼 우리는 어떻게 내재가치보다 시장가가 싼 주식을 찾을 수 있을까? 안전마진이다. **안전마진**margin of satefy은 기업의 내재가치 이하로 주식이 시장에서 거래될 때 주가와 기업의 내재가치 사이의 차이를 말한다. 비록 투자자가 실수를 해서 큰 손실을 보는 경우에도 재정적인 치명타를 피하게 만들어주는 장치다. 마치 깨지기 쉬운 상품을 소포로 보낼 때 박스 안에 넣는 완충제와 같은 역할을 한다. 안전마진이라는 개념은 그레이엄 본인이 1920년대 미국을 휩쓴 대공황으로 재산의 대부분을 잃는 뼈아픈 실패를 경험하고 내린 결론이었다. 이에 근거해 그레이엄은 "안전마진이 있는 주식을 매수해서 성장할 때까지 기다렸다가 기업의 내재가치에 근접했을 때 팔아라."

고 조언했다.

물론 일부 투자자들 사이에서는 안전마진과 내재가치라는 개념이 다소 모호하다는 지적도 있다. 그중 대표적인 것이 내재가치를 구하는 공식이 제각각이고 시간을 비용으로 추산하는 데 서로 다른 관점이 존재하기 때문에 실제로 한 기업의 내재가치를 정확히 산출한다는 건 거의 불가능하다는 주장이다. 또 다른 진영에서는 가치투자라는 게 결국 싸게 사서 비싸게 팔라는 말과 다름없으며 시장에서 평가절하된 싸구려 주식이 모두 내재가치가 있다는 말이 아니기 때문에 시장을 그렇게 추인해온 여러 변수들을 살펴야 한다고 강조한다. 일리가 있는 비판이다. 솔직히 한 기업에 대한 평가는 모두 어림치에 불과하며, 여기에 주가를 흔들 수 있는 여러 외부적 요인들을 미리 예상하여 결과값을 낸 것이 아니기 때문에 시간이 지나면서 예상과 일정한 괴리가 발생할 수밖에 없다는 건 누구도 부인할 수 없다. 다만 가치투자는 주식을 평가할 때 시장이 갖는 심리적 영향에서 보다 자유로워진 안목이 요구된다는 점을 강조하고 있는 것이다.

이를 두고 전 세계 투자자들의 구루로 추앙받는 앙드레 코스톨라니는 『투자는 심리게임이다』라는 책에서 다음과 같이 말했다. “카드놀이를 잘하려면 상대편의 생각을 알아야 하는 것과 같이, 세상에서 일어나는 일들과 경제 사건들을 바보들이 어떻게 분석하는지를 듣고 배우는 것도 중요하다. 투자자는 자기가 똑똑해서 이익을 얻기보다는 다른 사람들의 어리석음으로부터 더 많은 이익을 올릴 수 있다.”* 또한 이런 우스갯소리도 했다. “주식을 사라. 그리곤 수면제를

* 앙드레 코스톨라니, 『투자는 심리게임이다』, 정진상 역, 미래의창, 232.

먹고 자라. 10년 뒤에 깨어나면 부자가 되어있을 것이다." 밖으로 산책만 나가면 주인 말을 안 듣고 천방지축 나돌아 다니는 강아지도 주인이 집으로 들어가면 고분고분 들어온다. 가치투자의 정확한 개념을 촌철살인의 유머로 표현한 말이다.

안전마진을 두고 버핏은 해자라는 개념을 제시했다. 본래 **해자** moat란 성채를 두른 인공 연못으로 공성전 시 적들의 침입을 막는 시설을 말했다. 버핏이 주주들에게 보내는 서한의 하나인 버크셔 헤서웨이 연례보고서에서 처음 등장한 이 개념은 한 회사가 시장에서 가지는 경쟁력, 즉 다른 경쟁업체(적군)가 감히 넘볼 수 없는 독점적 지위를 의미한다. 마이크로소프트의 윈도우즈는 OS 분야에서 거의 독점적 지위를 갖고 있다. 오늘날 소위 '**가파 제국**GAFA empire'이라고 불리는 구글과 애플, 페이스북, 아마존은 플랫폼업계에 반독점적 지위를 행사하고 있다. 삼성처럼 강력한 기술력을 갖고 있거나, 테슬라처럼 산업을 선점하여 우월적 지위를 누리고 있거나, 아니면 코카콜라처럼 경쟁사가 감히 넘볼 수 없는 브랜드 가치를 보유하고 있는 기업들은 모두 무한경쟁의 시장 속에서 경제적 해자를 두르고 있는 셈이다. 버핏은 이런 기업들이야말로 난공불락의 성채처럼 이미 시장에서 경쟁력을 입증했고 앞으로도 건재할 수 있는 잠재력을 갖고 있기 때문에 장기투자에 적합하다고 봤다.

"해자는 독점적 지위를 갖거나
최고의 브랜드 가치를 가진 기업이 만든다"

모닝스타의 주식분석가이자 베스트셀러 작가인 팻 도시Pat Dorsey는 『경제적 해자』라는 책에서 버핏이 말한 해자의 조건으로 네 가지를 꼽았다. 무형자산과 고객전환비용, 네트워크 파워, 가격경쟁력이 그것이다. 첫째, 물리적 실체는 없지만 브랜드 파워와 특허권, 사업권 등 기업의 핵심 자산이 되는 무형자산은 경쟁에서 살아남는 해자를 제공한다. 애플이라는 브랜드는 2021년 기준으로 전 세계에서 4,082억 달러(한화로 약 479조 7,166억 원)의 가치를 지니는 것으로 추정된다. 둘째, 이미 시장을 선점하거나 점령한 기업은 상당수의 소비자들을 확보하고 있어 고객전환비용을 아낄 수 있다. 사용자들은 이미 구글 계정에 많은 데이터를 저장해놓았기 때문에 다른 메일 계정으로 바꿀 경우 여러 가지 번거로운 일을 겪게 된다. 셋째, 이미 형성된 소비자 네트워크를 통해 다양한 비즈니스 확장이 가능하다. 아마존은 인터넷서점으로 출발했으나 규모의 경제를 달성한 이후부터 사업영역을 확장하여 지금은 소비자들 사이에서 주고받는 농담처럼 '잠수함과 항공모함만 빼고 세상 모든 것을 파는 만물상'이 되었다. 모든 건 소비자 네트워크를 갖추었기 때문에 가능했다. 넷째, 유사한 제품이라도 경쟁사보다 원가에서 우위에 있기 때문에 가격경쟁력이 있다.

그렇다고 무조건 싸다고 내재가치가 있는 좋은 기업이라는 뜻은 아니다. 도리어 시장의 평가가 정확할 수 있기 때문이다. 버핏은 싼 주식 중에서도 안전마진을 가진 좋은 기업과 피다 만 담배꽁초 같은 부실한 기업을 구분해야 한다고 말한다. 그도 초기에는 담배꽁초처럼 버려진 기업들을 헐값에 사모았던 적이 있었다. 소위 담배꽁초 투자법이었다. '결혼할 배우자를 찾는 기준은 하룻밤 데이트할 상대를 찾는 것과 다르다.'는 게 그의 지론이었다. 초기엔 수익도 쏠쏠했다. 워낙 더 이상 빠질 금액도 없을 만큼 바닥에 깔린 주식들만 주워 담았기 때문에 간혹 손실이 나더라도 그렇게 위협적이지 않았다. 하지만 담배꽁초는 담배꽁초에 불과했다. 아무도 거들떠보지 않는 꽁초를 한두 모금 빨 수는 있지만 꽁초들만 가지고 투자 포트폴리오를 구성할 수는 없는 노릇이었다. 이때 그의 영원한 동료였던 버크셔 해서웨이 부회장 찰리 멍거Charlie Munger는 값싼 주식만 찾아다니던 버핏에게 "장래성 있는 기업이라면 웃돈을 주더라도 장기 보유하는 게 좋다."고 담배꽁초 투자법의 한계를 지적했다. 오늘날 그들이 보유하고 있는 코카콜라나 GE 같은 우량주를 그 당시 권한 사람이 바로 멍거였다.

3) 장기투자는 기업 선정부터

이제 막 투자의 세계에 진입한 초보 투자자들은 단기투자보다 장기투자를 권한다. 장기투자는 직장인이나 개인 투자자들에게 적합하고 알맞은 방법이다. 장기투자를 위해서는 중요한 게 좋은 기업을 선정하는 일이다. 단기투자에도 좋은 기업을 고르는 일이 중요하지만, 장기투자는 그보다 더욱 중요하다. 버핏은 가치투자를 위해 훌륭한 기업을 고르는 십계명을 다음과 같이 정의했다. 이는 성장성을 보이는 기업이 갖는 공통된 특성과도 같다.

1. 자기자본이익률(ROE)이 높아야 한다.
2. 투명하게 경영하는 기업이어야 한다.
3. 현금화할 수 있는 이익을 내야 한다.
4. 독점적 사업 분야로 가격 선도자 입장에 서야 한다.
5. 천재가 아니더라도 경영할 수 있는 사업이어야 한다.
6. 향후 기업 실적을 예측할 수 있어야 한다.
7. 정부 규제를 받지 않는 사업이어야 한다.
8. 재고 수준이 낮고 자산 회전율이 높아야 한다.
9. 주주 중심으로 경영해야 한다.
10. 다른 기업 매출이 늘어났을 때 수입을 얻는 기업이어야 한다.

이처럼 투자자는 좋은 기업을 바라보는 안목이 있어야 한다. 사람들마다 성격이 있듯이, 주식에도 성격이 있다. 주식의 성격은 투자의 성격을 보여주는 중요한 조건이기도 하다. 이번에 미국 대통령으로 취임한 조 바이든은 한때 이렇게 말했다고 한다. "나에게 당신이 무엇을 가치 있게 여기는지 말하지 말고 당신이 어디에 예산을 쓰는지 알려 달라. 그러면 내가 당신이 어떤 사람인지 알려주겠다." 이 말을 주식투자로 옮겨 보면, 이렇게 말할 수 있을 것이다. "나에게 당신의 포트폴리오를 알려 달라. 그러면 내가 당신이 어떤 투자자인지 알려주겠다." 내가 사는 주식이 바로 투자자로서 내 성격이기도 하다. 주식은 크게 세 가지로 나눌 수 있는데, 가치주와 우량주, 테마주가 그것이다. 초보 투자자는 이 순서대로 투자 대상을 물색하는 게 좋다.

우선 **가치주**價値株는 자산에 비해 현재 기업의 가치가 상대적으로 저평가되어 있어 시장에서 낮은 가격에 거래되는 주식을 말한다. 쉽게 말해서, 아직 대중들이 내재 가치를 발견하지 못한 주식, 그래서 시장에서 저평가되어 있지만 잠재적 성장 가치가 충분한 주식이다. 그렇다고 무조건 싼 주식이 다 가치주인 건 아니다. 옥석을 가리듯 회사와 운영진의 미래 가치를 잘 파악하는 안목이 필요하다. 대표적인 가치 투자자로 '오마하의 현인' 워런 버핏이 있다. 그는 가치주를 싸게 사서 최대한 오랫동안 보유하여 회사의 성장과 함께 큰 수익을 창출하는 가치 투자 방식을 구사한다. "10년 이상 보유할 주식이 아니라면 단 10분도 보유하지 마라." 명쾌한 그의 투자법이다. 주식시장은 늘 변동성이 심하기 때문에 일시적인 주가 흐름에 일희일비하지 말고 가치주를 10년 이상 끈덕지고 꾸준하게 보유하라고 말한다. 그럼 가치주는 어떻게 고를 수 있을까? 버핏의 스승으로 알려져 있는 벤저민 그레이엄은 『현명한 투자자』에서 순수 운영 자본의 3분의 2보다 낮은 가격에 거래될 때에만 그 주식을 사야 한다고 가치주의 가이드라인을 적시했다. 현명한 투자자라면 손실을 보더라도 견딜 수 있는 안전마진을 항상 염두에 두고 있어야 한다는 것이다. 회사의 실제 가치가 주식시장에서의 가격보다 훨씬 높아야 한다는 점을 염두에 두라는 말이다.

반면 **우량주**優良株는 장차 현재 가치보다는 미래 수익이 훨씬 더 클 것으로 예상되는 주식을 말한다. 한창 성장하고 있기 때문에 **성장주**成長株 또는 **블루칩**blue chip이라고도 부른다. 시장에서 저평가된 주식을 일컫는 가치주와는 달리, 우량주는 이미 시장에서 좋은 평가를 받고 있는 주식이다. 가치주가 미래를 바라보는 주식이라면, 우량주는 현재와 미래를 함께 바라볼 수 있는 주식이다. 우량주의 조건은 재무구조가 양호하며 거의 독점에 가까울 정도로 시장점유율이 높으며,

국내 대표적인 우량주

주식 종목	업종	시총(조)	PER	ROE	매수가/매도가
삼성전자	IT종합	479	15.57	9.99	최저가기준 매수/ 최고가기준 매도
카카오	IT	50	44.69	2.70	〃
네이버	IT	63	3.81	15.22	〃
LG화학	화학	44	16.47	2.93	〃
삼성바이오로직스	바이오제약	58	143.62	N/A	〃
현대자동차	자동차기계	45	10.84	2.04	〃
셀트리온	바이오제약	29	53.91	16.68	〃

영업이익이 꾸준히 증가하는 기업이어야 한다. 우량주는 사실 시장 내에서 거의 정해져있다. 왜냐하면 오랜 기간 동안 시장에서 경쟁력을 검증받았기 때문이다. 국내 주식으로는 삼성전자나 SK하이닉스, 카카오, 네이버 등이 있고, 해외 주식으로는 애플, 아마존, 테슬라, 구글, MS 등이 우량주의 조건을 갖추었다는 평가다.

반면 테마주는 사회 경제적 이슈가 시장에 변동을 초래하고 그 변동에 따라 등락이 이뤄지는 주식을 말한다. 특정한 테마와 관련이 있는 주식은 해당 이슈가 가라앉을 때까지 가격에 영향을 받는다. 시대의 흐름을 타거나 산업 환경의 변화로 주식의 평가가 갈리면서 수익을 낼 수 있기 때문에 투자하려면 시사와 경제 동향에 밝아야 한다. 일례로, 2000년대 초반 IT 관련주, 2000년대 중반 반도체 관련주, 2000년대 말 자동차, 화학, 정유 관련주 등이 이에 해당한다. 2020년 초중반부터는 코로나19로 인해 의료용 마스크와 소독제, 백신, 치료제 관련 소위 '바이오 테마주'들이 장세를 이끌기도 했다. 계절마다 특수를 누리는 '시즌 테마주'와 4년마다 어김없이 돌아오는 '총선 테마주'도 여기에 포함될 수 있다. 이 밖에도 배당주나 공모주에서부터 국민주, 경기방어주, 경기민감주, 작전주에 이르기까지 주식시장에서 다양한 주식들이 거래되고 있는 것 같아도 안을 들여다보면 나름 공통의 주식들로 범주화할 수 있다. 무엇보다 해외 우량주에도 눈을 돌릴 필요가 있다. 특히 미국 주식시장은 국내 투자자들에게 언제나 훌륭한 투자처가 되어왔다. 미국 나스닥에 상장된 최상위 우량주를 정리하면 다음과 같다.

해외 대표적인 우량주

주식 종목	특징	EPS	PER	매수가/매도가
애플 (AAPL)	안정성/액면분할	5.60710	31.78	최저가기준 매수/ 최고가기준 매도
마이크로소프트 (MSFT)	배당多/현금多	8.94570	37.93	〃
아마존닷컴 (AMZN)	성장성	51.14150	65.95	〃
알파벳 (GOOGL)	혁신성/성장성	103.79400	28.17	〃
페이스북 (FB)	성장성	13.99460	24.61	〃
테슬라 (TSLA)	혁신성/성장성	3.08170	347.32	〃

4) 장기투자의 핵심은 리밸런싱

투자 포트폴리오는 한 번 세우면 영원히 고정되는 박제된 플랜이 아니다. 시장의 변화와 자산의 규모에 맞춰 끊임없이 비중을 바꿔나가야 한다. 이런 전략을 리밸런싱이라고 한다. **리밸런싱**rebalancing이란 자신이 운용하고 있는 자산의 비율이나 투자 비중을 상황에 맞게 재조정하는 것을 말한다. 말 그대로 포트폴리오의 균형을 다시 맞추는 작업이다. 리밸런싱은 주식투자의 마지막 관문이자 포트폴리오의 완성으로 꼽힌다. 한마디로 투자의 화룡점정인 셈이다. 리밸런싱은 어떤 상품을, 어떤 시점에, 어떤 방식으로 해야 할까? 거의 모든 상품에 리밸런싱이 필요하다. 주식과 채권, 주식과 금, 주식과 현금, 주식과 암호화폐 등 다양한 포트폴리오에서 리밸런싱이 가능하다. 하다못해 저축과 적금에도 리밸런싱이 필요하다.

"포트폴리오는 자산 흐름에 따라
꾸준한 리밸런싱을 필요로 한다"

여기서 가장 기본적으로 ① 주식과 현금 리밸런싱은 주가가 상승하면 매도해 현금화했다 주가가 내려가면 매수하는 방식이다. 이때 어느 지점이 고점인지 저점인지 알 수 있는 방법이 따로 없기 때문에 스스로 일정한 시점을 기준으로 삼아 주가가 그 지점을 통과할 때 미련 없이 매수와 매도를 진행해야 한다. ② 주식과 채권 리밸런싱은 이보다 좀 여유를 가질 수 있는 전략이다. 채권은 보통 주식보다 변동성이 적기 때문에 주식시장의 악재를 만났을 때 주식을 채권이나 ETF, 보험 등 다른 안전자산으로 옮겨 놓는 것으로 충분한 리밸런싱이 된다. 반대로 주식시장이 호재를 만났을 때는 채권에 있던 지분을 주식으로 옮긴다. ③ 최근 주식과 암호화폐 리밸런싱이 주목을 받고 있는데, 과거에는 주식시장과 암호화폐 시장의 상관성이 별로 없었기 때문에 두 시장이 전혀 다른 시장처럼 여겨졌다. 하지만 요즘 암호화폐 시장이 몰라보게 성장하면서 주식시장과 다른 부동산 시장에도 상당한 파급력을 지니게 되었다. 따라서 주식과 암호화폐의 지분을 조정하는 리밸런싱이 떠오르고 있다.

예를 들어, 위험자산인 주식과 안전자산인 채권에 60:40의 비율로 투자 포트폴리오를 짰다고 해보자. 시간이 지나면서 투자한 주식과 채권의 수익률(혹은 손실률)이 시장 변화에 따라 등락을 겪는다. 어떤 변화는 예상할 수 있지만, 어떤 건 전혀 예상할 수 없는 변화도 있다. 아마 최근 지구촌을 강타한 코로나 사태는 후자일 것이다. 단순 폐렴으로 여겨졌던 바이러스가 전 세계 경제를 이처럼 오랫동안 이처럼 속속들이 셧다운시킬 거라고 예상했던 투자자는 한 명도 없었다. 이런 식으로 애초에 계획했던 비율에서 벗어나 주식이나 채권이 어느 한 쪽의 평가액이 바뀌면(즉, 주식과 채권의 비중이 70:30이 되거나 아니면 50:50이 되었다면), 다시 본래대로 60:40이 될 수 있도록 맞추어야 한다. 수익을 내지 못하는 주식을 그냥 들고만 있는 것보다 더 수익을 내는 종목으로 옮겨놓는 것이 여러모로 현명할 것이다. 반대로 위험을 분산하는 데에 집중하는 투자자라면 자신의 포트폴리오가 너무 위험자산에 쏠려있는 상황이 못내 불안할 것이다. 그는 주식이나 암호화폐보다 더 안전한 자산상품으로 지분의 비중을 이동시켜야 한다.

시중에서 가장 잘 알려진 리밸런싱 방법은 두 가지가 있는데, 하나는 주기적 리밸런싱이며 다른 하나는 공차대역 리밸런싱이다. **주기적 리밸런싱**periodic rebalancing은 일정한 주기를 정해놓고 기계적으로 포트폴리오를 재조정하는 방식이다. 월별이나 분기별, 년별로 기간을 정하고 그에 맞춰 포트폴리오 리밸런싱을 단행한다. 이 방식은 초보자가 이것저것 신경 쓰지 않고 전문가의 조언 없이 실행할 수 있기 때문에 많은 투자자들이 선호한다. 물론 단점이 없는 건 아니다. 당장 떠오르는 문제는 여러 가지 변수가 일으키는 시장의 변화에 그때 그때 대응하지 못한다는 점이다. 과거 닷컴버블이나 리먼브라더

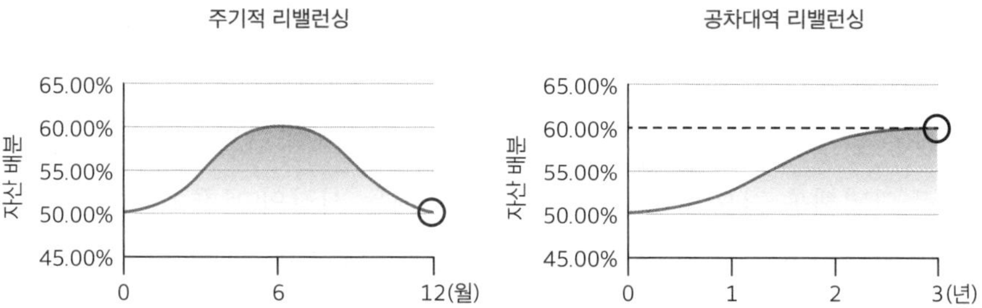

주기적 vs 공차대역: 두 가지 방식의 리밸런싱

스 사태, 911테러처럼 심각한 시장 붕괴를 일으키는 외부 변수를 지나치게 된다. 이러한 문제를 해결하기 위해 탄생한 방식이 바로 공차대역 리밸런싱이다. 공차대역 리밸런싱tolerance band rebalancing은 이처럼 주식시장에서 발생한 사건을 중심으로 포트폴리오를 조정하는 방식이다. 이 모델은 자산 비중에 있어 절대 비중의 변화량 혹은 상대적인 변화량을 고려하여 리밸런싱 주기를 이벤트와 연동하여 조절하는 것이다. 이 방식은 빈번한 모니터링과 전문가의 조언을 필요로 한다는 단점이 있으나, 급변하는 시장상황에 민감하게 대응할 수 있다는 장점도 함께 가지고 있다. 하지만 이 방식에는 '임계값을 어디로 잡을 것인가?' 하는 문제와 '빈번한 조정으로 발생하는 세금과 수수료는 어떻게 감당할 것인가?' 하는 문제가 남는다. 결국 어떤 방식을 채택할 것인가는 개인의 투자 방향과 철학, 나아가 투자 목적과 관련되어 있을 수밖에 없다.

그렇다면 리밸런싱은 언제 해야 할까? 사실 정답은 없다. 꾸준히 체크하고 있다가 자산이 너무 한쪽으로 치우쳐서 변동성이 자산 안전성을 해친다고 판단될 때에 해주면 된다. 다만 너무 짧은 기간에 자주 리밸런싱을 하다보면 수수료나 세금이 나가면서 쓸데없이 자산을 갉아먹는 일이 발생할 수 있다. 빈번한 리밸런싱으로 투자자가 얻을 수 있는 이득을 이런 소소한 잡비가 상쇄해버리는 우를 범하는 건 고민해볼 필요가 있다. 또 어느 경우에는 시장의 흐름에 어느 정도 자산의 유동성을 맡기는 것도 자산배분에 강박적으로 얽매여서 지나치게 빈번히 리밸런싱을 하는 것보다 나을 때가 있다. 어느 정도 시간이 흐르면서 자산이 쌓이고 경제적 환경에 따라 리스크를 줄일 필요가 생길 때 자연스럽게 자산의 균형점을 다시 맞추고 싶은 생각이 들게 된다. 바로 그때가 리밸런싱을 해야 할 타이밍이다. 필자의 경험을 비추어볼 때, 이 타이밍은 사실 투자 중에 저절로 습득된다.

최적의 리밸런싱 전략이란 존재하지 않는다. 어느 방식이든 한계가 존재한다.

잦은 리밸런싱은 자칫 수익을 갉아먹을 수 있다. 세금과 수수료를 들여다보라.

시세뿐만 아니라 자산 현황과 포트폴리오의 운용 결과를 항상 확인한다.

적절한 리밸런싱의 무게중심과 타이밍은 사실상 투자 중에 저절로 터득된다.

전략을 갖고 투자에 임하는 투자자에게 리밸런싱은 필수지만 방법과 형식에 있어서는 선택이다. 우월한 리밸런싱 전략이란 존재하지 않는다. 모두 장점이 있다면 단점 또한 존재한다. 장점과 단점은 서로를 상쇄하기 때문에 결국 리밸런싱 전략의 차이는 미미해진다. 여러 투자 경험을 통해 개인 투자자가 선호하는 모델, 자신에게 더 맞는 방식을 만들어가는 수밖에 없다. 하나 명심할 것은 그것이 어떤 방식이라 할지라도 자신의 자산 배분과 포트폴리오의 상황을 언제나 세심하게 살피는 노력이 선행되어야 한다는 점이다. 특히 리밸런싱은 세금과 밀접한 관계를 지닌다는 점을 주의하자. 꾸준한 리밸런싱은 보다 나은 결과를 이끌어낼 수 있으며, 점차 건전한 지표를 만들어내게 된다.

“리밸런싱은 필수요 방법은 선택이다”

필자는 우량주와 가치주를 중심으로 장기투자와 분산투자를 해왔다. 우선 초우량주 두세 개를 선택하여 필자가 설정한 목표 수익이 발생할 때까지 장기적으로 투자해왔다. 투자 시 매수 시기는 시장이 거시적인 사이클 속에서 역사적 초저가라고 판단될 때 진입했다. 목표가 명확하다면 레버리지를 올리기 위하여 일부 대출을 받아서 매수하는 것도 나쁘지 않다. 물론 ‘빚투’의 위험이 있으나 부채의 위험을 온전히 방어할 수 있는 투자자들에게는 가능한 방법이다. 가치주에 대한 장기투자는 세계 주식시장의 3~4년 거대 사이클grand cycle을 타면서 최저가 매수와 최고가 매도를 하면 된다. 이 과정에서 반드시 기억해야 할 것은 주가가 일시적으로 내려 투자 원금에 손실이 발생해도 절대 미리 매도하거나 손절하지 않고 기다리는 것이다. 주식투자는 기다림의 미학을 가지는 게 중요하다. 원하는 수익에 도달할 때까지 멘털을 관리하는 게 필요하다.

7
암호화폐 투자의 비결

"비트코인은 통화가 아니다.
그것은 돈의 인터넷이다."
- 안드레아스 안토노풀로스 -

2019년 4월, 일론 머스크는 뜬금없이 자신의 트위터에 "도지코인은 내 최애 암호화폐다. 멋지다."라는 글을 남겼다. 당시 1개 가격이 고작 3원에 불과했던 도지코인은 그의 트윗 하나에 폭등하기 시작했다. 세계에서 가장 핫한 CEO가 칭찬하는 코인을 사겠다고 순간적으로 트래픽이 폭주하며 거래소 플랫폼이 여러 번 먹통이 될 정도였다. 이후 도지코인과 관련한 머스크의 트윗은 계속 이어졌고, 덕분에 2021년 4월에는 540원에 도달하는 기염을 토했다. 심지어 단 하루 만에 130%의 상승률을 보이면서 머스크와 도지코인을 합성한 사진이 밈처럼 인터넷에 떠돌아다니기 시작했다. 5월에는 머스크가 SNL에 출연하자 한동안 잠잠하던 코인이 다시 요동치면서 시총으로 무려 103조 8천억 원을 찍기도 했다. 이전까지 투자 꽤나 한다는 '코

일론 머스크와 도지코인은 어느새 구글에서 동반 검색어가 되었다.
출처: google.com

인러들' 사이에서조차 아무도 거들떠보지 않았던 '잡코인(?)' 수준의 코인이 이토록 고공행진을 계속할 수 있었던 이유는 무엇이었을까?

2021년 중순, 그간 잠잠하던 머스크의 트위터가 다시 움직였다. 이번에는 시바견 한 마리가 바닥에서 자고 있는 사진을 올리며 "플로키가 도착했다."고 적었다. 아무런 설명도 없이 딱 한 문장에 불과했다! 하지만 이 트윗 이후 이름에 '플로키'가 들어간 코인들이 대부분 무섭게 급등하기 시작했다. 머스크가 글을 올리기 전까지 1개당 0.00000000571달러에 불과했던 '잡코인' 시바플로키 가격은 한때 5,574% 넘게 폭등했고, 슈퍼플로키나 플로키이누 등 이름도 들어본 적이 없던 유사한 코인들 모두 동반 상승세를 이어갔다. 재미가 들렸는지 같은 해 12월 머스크는 테슬라가 판매하는 제품을 살 때 도지코인으로 결제할 수 있도록 하겠다는 트윗을 올렸다. 물론 언제

어떻게 실시하겠다는 말은 쏙 빠져 있었다. 그의 트윗은 실시간 퍼날라지며 공유되었고 도지코인 가격은 다시 20% 넘게 급등했다.

일전에 머스크는 3월 24일 자신을 비트코인 숭배자로 소개하며 비트코인으로 테슬라 전기차를 구매할 수 있게 하겠다고 밝혔다. 그의 말 한마디에 전 세계 비트코인 가격은 급격히 출렁였다. 이후 6월, 자신이 4만 3,200개의 비트코인을 구매했다며 자랑하자 비트코인은 다시 8%가량 빠르게 올랐다. 머스크는 테슬라와 스페이스엑스는 물론 자신이 개인적으로 소유한 비트코인도 앞으로 매각하지 않을 것이라며 "비트코인이 성공하는 모습을 보고 싶다."는 희망도 피력했다. 하지만 그는 돌연 비트코인을 채굴할 때 발생하는 환경문제가 무시할 수 없는 수준이라며 비트코인 결제를 취소하겠다는 의사를 내비쳤다. 그의 이런 상반된 행보로 비트코인은 바닥을 알 수 없을 정도로 급락했고 시총으로 415조 원이 증발해버리는 사태를 맞았다. 일각에서는 머스크의 이런 암호화폐 놀이(?)에 도가 지나친 장난이라며 불쾌감을 노골적으로 표현하고 나섰다. 처음에는 암호화폐 투자자들도 머스크의 커밍아웃에 열렬히 환호했지만 이후 언론플레이를 통해 암호화폐 시장을 흔드는 것에 대한 그의 저의를 의심하는 이들이 하나둘 생겨나기 시작했다.

암호화폐 투자를 심각하게 고민하는 사람들은 머스크의 이런 돌발행동에 천당과 지옥을 오가는 경험을 할 수밖에 없다. 특히 비트코인과 이더리움을 중심으로 매수세가 강한 국내 암호화폐 시장의 성격상 암호화폐 투자자치고 머스크의 발언이 마냥 순수하게 보이지만은 않을 것이다. 이전까지 두세 번의 급락세와 급등세를 경험한 투자자들은 암호화폐의 이런 극악한 변동성에 어느 정도 면역이 생길만큼 학습효과를 톡톡히 보고 있다. 이번 장에서 암호화폐 투자의 방향과 좋은 코인 고르는 법에 대해 살펴보도록 하자.

암호화폐는 미래 자산이다

개인-대-개인 간 디지털 거래의 대안으로 야심차게 개발된 비트코인이 첫 선을 보인지 어언 12년이 지났다. 두세 번의 광풍으로 비트코인 시세가 한 때 한화로 8천만 원을 넘으며 고점에서 1억까지 넘보는 수준에 도달했다. 아직까지 전문가 집단과 금융권에서 암호화폐가 화폐로써의 기능을 할 수 있는지 첨예한 논란거리가 되고 있지만, 다른 한 편에서 세계는 빠르게 암호화폐를 수용하고 있다. 이미 암호화폐의 시총은 웬만한 대기업들의 시총을 모두 합친 것 이상으로 늘어났다. 우리나라도 마찬가지다. 한쪽에서는 암호화폐가 투기성 상품이며 아무런 실체가 없는 사기에 가깝다고 비난하는 이들이 있는가 하면, 다른 한쪽에서는 미래의 자산으로 충분히 기능할 수 있는 유망한 투자처라고 주장하는 이들이 있다. 개중에는 암호화폐의 가치와 블록체인 기술을 찬양하는 열혈 추종자들도 적지 않다.

암호화폐 투자를 바라보는 시선은 극명하게 나뉘었다. 규제 기관과 감독청은 분명 이전보다 암호화폐에 더 큰 관심을 갖기 시작했지만, 여전히 이 새로운 자산을 어떻게 분류할지를 두고 논쟁을 벌이고 있다. 각국의 대처도 제각각이다. 중국처럼 노골적으로 암호화폐 개발과 채굴 자체를 금지하는 국가부터, 미국과 영국처럼 경고성 규제책을 마련하는 국가, 싱가포르처럼 정부가 정책적으로 이끌고 가는 국가, 일본이나 우리나라처럼 암호화폐에 대해 자유주의적 관용 정책을 펴고 있는 국가에 이르기까지 매우 다양하다. 가장 최근에는 홍콩 증권선물위원회가 가상자산 포트폴리오 매니저와 플랫폼 운영자들을 규제망 아래로 끌어들이는 것을 목표로 하는 새로운 규제 정책을 정리하기도 했다. 세계통화기금IMF은 현재까지 암호화폐가 국경을 넘나들며 국제 무역에 끼치는 악영향이 크지 않지만 앞으로 진화를 거듭할수록 금융 안정에 위험요소가 될 수 있다고 경고했다.

현재로서는 비트코인이 법정화폐를 대체할 가능성은 희박해 보인다. 법정화폐를 대체하기에는 가격 변동성이 지나치게 높은데다가 처리 속도도 너무 느리기 때문이다. 어쩌면 비트코인은 앞으로도 법정화폐를 대신하지 못할지도 모른다. 도리어 비트코인과 법정화폐는 나란히 존재할 것 같다. 마치 21세기에도 현금과 카드가 공존하고 있는 세상에서 살고 있는 것처럼 말이다. 다만 블록체인 기술은 끊임없이 진화하고 있다. 만여 개가 넘는 암호화폐 중 어떤 코인이 미래의 화폐로 각광받을 것인지 아직은 알 수 없다. 투자자 입장에서는 감질 나는 상황이지만 암호화폐의 철학에 충실하면서 일상에서 자유롭게 쓰일 수 있는 기능을 갖춘 것들이 살아남을 게 분명하다. 투자자라면 이런 한계와 가능성에 대해 모두 주목하면서 옥석을 가려내야 할 것이다.

암호화폐로 투자수익을 거둘 수 있는 방법은 단순히 시세차익을 노리는 것 외에도 여러 가지가 있다. 암호화폐 매수와 매도를 통해 적극적으로 얻은 수익을 **활동소득**active income이라고 하고 보유 중인 암호화폐를 예치하거나 대출해주며 소극적으로 얻는 이자 수익을 **수동소득**passive income이라고 한다. 활동소득은 많은 수익을 거둘 수는 있으나 자칫 잘못 투자할 경우 원금을 잃을 위험이 있다. 반대로 수동소득은 수익이 미미할 수는 있으나 손실을 볼 위험이 거의 없다. 수동소득이라도 네트워크에 많은 유동성을 공급하면 이자도 상당한 양이 될 수 있기 때문에 최근 안정적이고 인기 있는 투자처로 부상하고 있다. 여기서는 수동소득을 먼저 살펴보도록 하자.

1) 스테이킹

스테이킹staking은 특정 암호화폐 자산을 담보로 올려 블록체인 운영에 참여하는 행위다. 스테이킹은 법정화폐를 은행에 맡겨놓는 저축과 유사한 개념으로 자신이 가진 암호화폐를 블록체인 네트워크 운영에 활용할 수 있도록 지분처럼 맡기고, 그 대가로 이자와 비슷한 보상을 받는 구조다. 우리나라 말로 '**지분예치**'라고도 한다. 스테이킹이 된 만큼 네트워크의 다른 참가자들은 할당된 CPU와 네트워크 자원을 사용할 수 있기 때문에 좋고, 스테이킹으로 맡긴 투자자는 원금을 까먹지 않으면서 지분에 따라 꽤 쏠쏠한 수입을 거둘 수 있기 때문에 좋다. 서로가 좋은 윈-윈 전략인 셈이다. 스테이킹은 특히 지분증명POS을 합의 메커니즘으로 갖는 블록체인에 유리하다. 일반적으로 작업증명POW 방식의 암호화폐는 과도한 컴퓨팅 에너지 사용으로 탄소발자국을 비롯한 다양한 환경문제를 낳고, 확장성과 처리속도에 한계가 있어서 초당 수십만 건의 거래를 처리할 수 있는 POS 플랫폼이 각광을 받고 있다. 이처럼 스테이킹을 할 수 있는 프로토콜로는 솔라나, 알고랜드, 카르다노, 폴카닷 등이 있다. 이더리움은 작업증명 방식의 암호화폐지만, 이더를 네트워크에서 스테이킹할 수 있다. 이더리움이 높은 전산 자원 수요를 뒷받침할 수 있도록 현재 작업증명에서 지분증명으로 다년간의 전환을 진행하고 있는 것도 그 때문이다.

2) 이자농사

스테이킹과 유사하지만 그 형식이 다른 것 중에 이자농사도 있다. 이자농사yield farming란 DeFi 토큰을 구매해서 컴파운드나 에이브 같은 다양한 대출 플랫폼에서 대출해주고 이자를 받는 것을 말한다. 이는 전통적인 법정화폐의 예금 방식과 유사하다. 동일한 개념으로 이자농사는 은행이 아닌 대출 플랫폼에 유동성을 공급하고 대가를 받는 것이다. Defi에 예치된 암호화폐는 유동성 공급에 활용되어 네트워크 내에서 거래가 원활하게 이뤄질 때 발생하는 수수료를 공급자가 챙길 수 있다. 이때 거버넌스 코인을 이자로 받으면 기존 금융권에서 받는 것과는 비교할 수 없을 정도로 높은 이자를 받을 수 있다. 이자농사의 방식은 간단하다. 유동성 공급자가 유동성 풀에 자금을 예치하고, 사용자는 시장에서 토큰을 대출하고 차용 및 거래할 수 있게 풀을 이용한다. 이때 사용자는 플랫폼을 사용하는 비용을 지불해야 하며, 이는 유동성 풀의 지분에 따라 유동성 공급자에게 분배된다. 이자농사는 일반적으로 이더리움상의 ERC-20 토큰을 사용하며, 보상 또한 보통 ERC-20 토큰으로 받는다. 주로 이자농사를 사용하는 플랫폼으로는 컴파운드 파이낸스, 메이커다오, 유니스왑, 에이브, 커브 파이낸스 등이 있다.

3) 상장지수상품

ETP를 통한 추가수익도 암호화폐 투자자가 노릴 수 있는 수동소득 중 하나다. 일찍이 주식시장에서 개발된 **상장지수상품**Exchange-Traded Products은 흔히 알고 있는 ETF, 즉 상장지수펀드와 상장지수증권ETN을 포괄하는 개념이다. 이 ETP가 2021년 암호화폐 거래소에서도 그대로 만들어지면서 투자자들에게 좋은 투자처로 떠오르고 있다. 넣어두면 자동적으로 증식하기 때문에 꽤 안전하고 정기적인 수입을 얻을 수 있다. 암호화폐 ETP를 찾을 수 있는 일반적인 거래소로는 OTC 마켓의 OTCQX, 나스닥 노르딕, CME 그룹(암호 선물 및 옵션의 경우), 도이치 뵈르제의 Xetra, 스위스증권거래소, 캐나다의 토론토증권거래소 등이 있다. 아직 세계 최대 주식시장인 뉴욕증시에 암호화폐 ETP가 상장되지 않았지만 전문가들은 시간문제로 보고 있다.

이 밖에도 암호화폐를 통해 수동소득을 얻는 방법은 몇 가지 더 있다. 중요한 사실은 앞으로 블록체인 기술이 더 발전하고 그에 맞게 다양한 기능의 암호화폐들이 선보이면서 암호화폐 투자시장은 더욱 확대될 것이라는 점이다. 암호화폐의 수요가 단순히 투자를 통한 차익실현에 집중되기보다 이처럼 보유한 암호화폐를 스테이킹하고 대여하므로 은행의 이자 수익과 유사한 정기적인 소득을 노리는 방향으로 상당히 늘어날 전망이다.

암호화폐 선정과 투자

암호화폐 시장에도 우량주처럼 든든한 코인들이 존재한다. 암호화폐 3대장이라 불리는 비트코인과 이더리움, 리플이 1티어로 자리를 잡았고 그 뒤로 라이트코인, 이오스, 에이다, 비트코인캐시 등 메이저알트major alt 등이 그 뒤를 따르고 있다. 혹자는 반년 만에 가격이 80%나 빠지는 변동성을 가진 암호화폐가 안정적인 투자처가 될 수 있는지 의문을 품지만, 우리가 오늘날 대단하게 여기는 주식들도 지금까지 만만치 않은 변동성을 보여 왔다. 세계 경제에도 흐름과 사이클이 있듯이 주식과 암호화폐, 금과 석유 시장에도 일정한 사이클이 존재한다. 주식과 암호화폐의 사이클은 보통 3~4년을 주기로 크게 출렁인다. 장기투자를 진행하는 이유는 바로 이 사이클을 타기 위해서다. 암호화폐의 경우에도 이 사이클을 잘 타면 저점에서 매수하고 고점에서 매도하는 성공적인 투자가 가능하다. 예를 들면, 2020년 3~4월에 코로나로 최저점에서 매수한 투자자가 2021년 가을 최고가에 매도하여 엄청난 수익을 거둔 경우를 주변에서 볼 수 있다. 우리에게도 기회는 얼마든지 있다. 저가 매수로 보면 2020년을 기준으로 3~4년 후인 2022년 가을에서 2023년 봄이 되면 최저가 매수 기회가 올 것으로 예상된다. 고가 매도로 보면 2017년 11월에서 2018년 2월에 고점이 한 번 형성되었고, 이 고점 사이클이 다시 2021년 봄에서 가을에 왔다.

1) 시장 변동성에 주의하라

얼마 전 SNS에 200만 원으로 투자를 시작하여 3년 만에 코인판에서 100억을 만들었다고 주장한 40대 남성이 자신의 사연과 함께 통장 인증사진을 올려 화제가 된 적이 있다. 얼마 전에는 일찌감치 암호화폐에 투자해서 순수익 100억을 벌었다며 직장을 그만 둔 젊은 회사원 때문에 동료들과 선배들이 무력감과 허탈감을 호소해 한동안 사내 분위기가 어수선해졌다는 보도도 있었다. "나인-투-식스에 야근에 철야에 주말도 없이 열심히 일했던 내가 너무 바보 같이 느껴지네요." 한 동료는 지금까지 자신이 회사에서 해왔던 일이 무의미한 것처럼 느껴졌다고 고백했다. "비트코인으로 10배 수익을 얻었다고 자랑하면 '어쩌다 그것밖에 못 먹었어?'라는 대답을 듣는 게 이쪽 시장이에요." 코인 투자로 뭉친 세 명의 직장인이 2년 만에 비트코인 투자로 합계 100억이라는 자산을 보유하며 투자컨설팅 업체를 차려 한동안 투자 관련 유튜브 세계를 떠들썩하게 했다. 2021년 초에는 모 카드사 직장인이 암호화폐 투자로 120억 원대의 시세차익을 거두고는 "퇴직금은 남은 사람들끼리 나눠 가지세요."라고 말을 남기고 퇴사했다는 전설적인 이야기도 신문지상에 오르내렸다.

벌었다는 쪽이 있다면 밑졌다는 쪽도 있을 수밖에 없는 게 현실이다. 최근 가지고 있는 전 재산에 빚까지 내서 투자했던 코인이 상폐되면서 지금까지 일궈왔던 모든 걸 잃었다고 분통을 터뜨린 중년 남성의 사연이 TV를 탔다. 한 달 새 보유하고 있는 코인이 반 토막 났다며 "자고 일어났더니 하루아침에 알거지가 된 느낌"이라고 고통을 호소하는 피해자도 늘고 있다. 암호화폐 투자자들 사이에서 '비트코인 전도사'로 통하는 중앙일보 출신 경제 전문기자였던 비트코인 투자자 고란 씨는 2021년 초 대출을 끼고 비트코인 레버리지 투자를 이용했다가 39억 원의 빚을 떠안는 초유의 사태를 일으켰다. 상황이 이렇다 보니 최근 투자 실패로 극단적인 결정을 내리는 이들도 많아졌다. 2021년 초에는 비트코인 등 투자 실패를 비관해 20대 남성이 스스로 목숨을 끊었고, 11월에는 암호화폐 투자 실패로 4,000만 원 가량의 빚을 지고 아내와도 이혼한 채 회생절차를 진행하던 남성이 집에서 자고 있던 세 살 난 딸을 흉기로 수차례 찔러 살해하고 자신도 목숨을 끊으려 시도한 엽기적 사건이 벌어지기도 했다.

이 모든 사태는 암호화폐 시장이 갖는 변동성 때문이다. 암호화폐 시장은 대표적인 위험자산으로 분류되는 주식시장보다 더 급격한 가격 변동을 보여주는 시장이다. 고란 씨는 불과 열흘 만에 암호화폐 시장이 폭락하면서 그동안 수년 간 굴려왔던 자산이 8분의 1 토막으로 줄어드는 비극을 마주했다. 특히 암호화폐를 취급하는 대출플랫폼이 2017년 우후죽순 생겨나면서 '빚투'에 따른 위험성이 현저히 커졌다. 국내 투자자들이 시세차익이나 예대마진, 김치 프리미엄 등으로 더 큰 수익을 올리기 위해 대출 플랫폼을 이용하면서 최근 시장이 과열되는 양상을 보이고 있다. 암호화폐의 극악한 변동성은 주식시장이나 다른 투자시장에도 영향을 미치기 시작했다. 2021년 말, 버크셔 해서웨이 부회장인 찰리 멍거가 호주에서 열린 한 행사에서 "비트코인은 존재하지 말았어야 했다."며 암호화폐를 격렬하게 때리자 그다음 날 비트코인 가격이 20%까지 급락하기도 했다. 얼마 전에는 미국 증권거래위원회SEC가 리플이 암호화폐라기보다 미등록 증권과 유사하다며 제소하여 리플 시세가 바닥까지 폭

김치 프리미엄

국내 거래소에서 거래되는 암호화폐의 시세가 해외 거래소와 비교해 높은 현상을 지칭하는 용어다. 약칭 '김프'라고 한다. 2017년 불어닥친 암호화폐 붐으로 인한 국내의 높은 수요와 막혀있는 차익거래로 인해 생겨났으며 해외계좌 개설 및 송금 액수 제한 등 국내 거래소의 구조적 한계로 인해 아직까지 위력을 발휘하고 있다. 이를 이용하여 차익실현을 시도하는 세력도 등장했다. 김치 프리미엄과 반대로 국내 암호화폐 시세가 해외 거래소보다 낮은 경우 역프리미엄을 뜻하는 '역프'도 있다.

락하기도 했다. 요즘에는 암호화폐에 막대한 투기 자금이 몰려있기 때문에 국제 금값이 오를 것이라는 식의 전망을 공중파 뉴스에서도 심심찮게 들을 수 있다.

암호화폐 투자자라면 이러한 극악한 변동성을 예상해야 한다고 조언하고 싶다. 시장이 출렁이는 이유는 분석을 통해 여러 가지 찾아낼 수 있다. 중요한 건 암호화폐를 자산으로 보는 이들이 점점 많아지고 있다는 것이며, 이는 주식시장의 사례에서처럼 시장에 긍정적 신호와 부정적 신호 모두를 주고 있다는 점을 인식해야 한다. 발상의 전환을 해보자. 도리어 이러한 변동성이 투자자에게 좋은 기회가 될 수 있다. 아직 시장 안팎에서 여러 의구심과 부정적인 시각이 존재하고 떨쳐낼 수 없는 불안감이 상존하고 있을 때가 역설적으로 투자의 적기라고 생각해야 한다. 모두가 비트코인을 인정하고 투자하는 날이 오면 변동성은 미미해질 것이다. 그때는 차익실현의 틈새를 찾기 힘들지도 모른다.

"시장의 변동성이 도리어
투자의 적기를 마련해준다"

2) 외부의 악재를 견뎌라

오늘날과 같이 암호화폐 시장이 제 모습을 갖추기 시작한 건 고작 10여 년밖에 되지 않았다. 아직 사회 경제 제도권 안으로 편입되지 않았고 그래서 암호화폐와 관련한 법제화도 걸음마 단계에 있다. 때문에 암호화폐 시장은 외부의 악재에 매우 취약한 구조를 지니고 있다. 특정 국가의 정책이 갖는 유불리함을 가지고 암호화폐 시세가 급등과 급락을 겪고 정부나 기관, 관련 기업의 유명인이 던진 말 한마디가 시장을 출렁이게 만들 수 있다. 더군다나 반나절 돌아가는 주식시장과 달리 암호화폐 시장은 하루 24시간 돌아가다 보니 이러한 국내외 뉴스와 정보에 더 민감하게 반응하기도 한다.

대표적인 예로 인도가 비트코인을 법정화폐로 인정했다는 총리의 트위터가 공개되면서 비트코인 가격이 급등한 일이다. 비트코인 등 암호화폐 거래를 금지하는 법안을 추진 중이던 인도 정부의 파격적 행보에 재계는 발칵 뒤집어졌다. 결국 해킹에 의한 가짜 뉴스임이 밝혀지면서 웃지 못할 해프닝으로 끝났지만 시장은 이미 거세게 출렁인 뒤였다. 암호화폐 시장이 이미 작전세력들이 장악했다는 루머가 이미 2018년부터 투자자들을 중심으로 돌기도 했다. 자신을 시세 조작단에 속한 내부자라고 밝힌 관계자는 모 TV 시사교양 프로그램에 나와 고래와 개발사, 거래소가 짜고 슈퍼 계정을 만들어 코인 가격을 30배 부풀리는 수법으로 **러그풀**rug pull을 해왔던 그간의 작전을 소개했다. 일례로 2021년 넷플릭스 드라마 오징어게임의 인기를 등에 업고 스퀴드라는 암호화폐가 유통되었는데, 시장에서 거래가 시작되었을 당시만 해도 0.09달러에 불과했던 코인이 2,861달러(한화로 약 338만 원)까지 치솟았다가 단 5분 만에 0.00079달러로 폭락해버렸다. 암호화폐 광풍을 제도권 안에서 해결하기 위해 정부는 칼을 빼들었다. 2021년 11월, 금융위원회는 시세 조종이나 미공개 정보

러그풀

암호화폐 생태계에서 개발자가 갑자기 프로젝트를 중단하고 투자금을 가진 채 사라지는 사기 수법을 의미한다. 사람들이 서 있는 양탄자를 갑자기 끌어당겨 모두 넘어지게 만드는 상황에서 유래한 명칭이다. 개발자와 거래소가 앞에서 끌고 투자계의 큰손이 뒤에서 받쳐주면 일정 기간 동안 시세를 조작할 수 있다. 대부분 알트코인 프로젝트는 러그풀 가능성을 어느 정도 가지고 있기 때문에 투자할 때 개발자와 백서 등을 꼼꼼히 따져보는 자세가 필요하다.

이용 등으로 부당 이득을 얻는 이른바 '코인 작전 세력'을 형사 처벌하는 법안을 마련하려고 준비 중에 있음을 공개적으로 밝혔다. 5억 원 미만의 부당 이익을 갈취할 때는 1년 이상의 징역, 5억에서 50억 원까지는 3년 이상, 50억 원 이상에는 5년 이상의 징역형을 골자로 하는 법안이다.

경제학자들은 대체로 암호화폐에 대해 부정적인 입장을 견지해 왔다. 미국 연준의 미쉬킨 교수는 일찍이 비트코인에 대해 시장 가격이 너무 불안정하며 가치 저장의 수단으로서 기능을 못하기 때문에 진정한 미래의 화폐가 될 수 없을 것이라고 평가절하했다. 뉴욕대 애스워드 다모다란 교수 역시 동일하게 가치의 저장성과 교환의 매개성에 있어 통화의 가치 기준을 전혀 충족시키지 못하고 있기 때문에 비트코인은 화폐로서 한계가 있다고 지적했다. 반면 이들과 달리 비트코인을 하나의 통화로 바라봐야 한다는 주장도 만만치 않다. 애플의 공동창업자로 유명한 스티브 워즈니악은 한 콘퍼런스에 참석해 "비트코인이 금보다 가치 있다고 생각한다."며 장세가 널뛰는 비트코인이 믿을 수 없다면 낙폭이 더 심한 미국 달러화는 어떻게 믿을 수 있는가 되물었다. 이와 같은 맥락에서 모건스탠리의 CEO 제임스 고먼은 2017년 「월스트리트저널」이 주최한 행사에 참석해서 "익명의 통화라는 개념은 매우 흥미로운 개념"이라며 "비트코인이 일시적인 유행 이상의 의미가 있다."는 긍정적인 평가를 내놓았다. 페이팔의 창업자로 알려진 피터 틸도 사우디아라비아에서 열린 한 포럼에 참석해서 "비트코인이 사이버 금에 그친다고 할지라도 엄청난 잠재력이 있으며 사람들이 이러한 비트코인을 과소평가하고 있다."고 강조했다. 세계적인 헤지펀드 투자자 조지 소로스는 다보스포럼에서

"난민 문제 해결에 암호화폐와 블록체인 기술을 활용할 수 있다."는 새로운 주장을 내놓아 세간의 주목을 받았다. 블록체인 기술을 이민자들이 자신의 가족들과 소통하고 돈을 안전하게 보관하고 옮기는 방법으로 쓸 수 있다면, 돈 때문에 붙들려 국경을 넘지 못하는 난민들에게 돌파구가 될 수 있다고 말했다.

암호화폐가 갖고 있는 현실과 이상의 간극은 아직 누구도 무시할 수 없는 수준이다. 아직 재계 유력한 인물의 한두 마디나 중국의 규제 소식으로 시장은 출렁인다. 어제 20퍼센트 올랐다고 좋아했다가 오늘 바로 10퍼센트가 빠지는 하락장이 이어지며 하루에도 여러 번 천당과 지옥을 오간다. 전문가들도 암호화폐에 관해 의견이 극명하게 엇갈린다. 심지어 한 전문가는 앞서 했던 발언을 완전히 뒤집고 전혀 상반된 입장을 내놓아 사람들을 어리둥절하게 만들기도 한다. 200만 원으로 100억을 벌었다며 자신의 투자 성공담을 담은 단행본을 내놓는 저자가 있는가 하면, 일확천금을 노리고 수억 원의 빚을 내서 투자에 들어섰다가 한마디로 쪽박을 차고 이혼하는 가장도 있다. 아마 평등과 자유를 기치로 내건 암호화폐의 철학에 반대하는 사람은 거의 없을 것이다. 다만 암호화폐가 현실적으로 투자의 가치가 있는가, 전망을 낙관할 수 있는가에 대해 이견이 존재한다. 암호화폐에 투자할 때에는 누구라도 이런 이상과 현실의 간극을 명심하고 진입해야 한다. 악재를 견디는 힘은 확신과 신념에서 나온다.

3) 기술과 가치에 집중하라

암호화폐에 투자할 때에는 현재 시세나 시장의 평가보다 향후 가치에 더 관심을 둘 필요가 있다. 무수히 많은 알트코인 중에서 어떤 암호화폐가 미래에 유력하게 쓰일 것인지 아무도 확신할 수 없다. 심지어 개발 당사자들조차 자신들의 코인이 미래에 유력한 통화가 될지 장담할 수 없다. 상황이 이렇다 보니 일부 투자자들은 지푸라기라도 잡는 심정으로 어디서 주워들은 한 톨의 정보에 의지해 코인에 몰빵하는 경우도 심심찮게 나오고 있다. 리딩방의 피해는 더 심각하다. 코인 투자 정보를 주겠다고 속여 입회금 명목으로 수십만 원에서 수백만 원까지 갈취한 뒤 사라지거나 엉뚱한 정보를 주는 사기가 들끓고 있다. 지난 2021년 4월 기준 피해 현황을 보면 그 심각성을 알 수 있다. 코인 셜록에 접수된 피해액의 평균을 연령대별로 보면, 20대가 3,816만 원, 30대가 7,015만 원, 40대가 4,783만 원, 50대가 2,333만 원의 피해를 입은 것으로 조사됐다. 60대는 피해액이 무려 3억 2,420만 원에 이르렀다. 심지어 70대도 5,000만 원이나 피해를 봤다. 컴퓨터 환경에 익숙하지 못한 60대에서 가장 많은 피해액이 나왔으며, 인터넷 사기에 자신 있다고 생각하는 20~30대에서도 적지 않은 피해액이 보고되었다. 그만큼 리딩방의 사기 수법이 다양하고 전문적이어서 차트나 해외 뉴스 등은 간단히 조작하고 성공 수익을 보여주는 통장도 꾸몄다. 심지어 전문가도 속을 정도였다.

"투자할 때는 암호화폐가 가진 기술에 집중하라"

각기 암호화폐가 가진 독자적 기술이 그 코인의 투자 가치가 된다. 지금 차트와 시세에 집중하다 보면 시장의 불안감과 맹신 사이를 오가며 실기와 오판을 반복할 수 있다. 코인판에 잠행하는 작전세력에 놀아날 수도 있다. 매수 추천종목을 자기들끼리 매수하여 시세를 뻥튀기한 다음 아무것도 모르는 투자자들에게 매수 시그널을 준 뒤 가격이 가파르게 오르면 고점에서 팔아치우는 일명 '설거지'라는 수법이 최근 판을 치고 있다. 친구 따라 강남 간다는 말이 요즘엔 친구 따라 코인판 간다는 말로 바뀌었다고 자조적인 농담이 떠도는 걸 보면 '이게 좋다.' '저게 좋다.'는 식의 무책임한 조언들에 투자자들이 얼마나 휘둘리는지 알 수 있다. 투자의 주체가 자신이라는 책임감을 가지고 각 암호화폐를 공부하고 내재적 가치를 찾아내는 일을 게을리 해선 안 되는 이유가 여기에 있다.

4) 잃을 수 있다는 걸 각오하라

암호화폐뿐 아니라 모든 투자에는 리스크가 따른다. 하다못해 자식농사가 됐든 연애농사가 됐든 투자 대비 결과가 미미하거나 밑질 수 있다. 그러나 암호화폐 투자는 더욱 손실의 가능성을 염두에 둬야 한다. "까짓 거 인생 뭐 있어? 인생은 한 방이야!"를 외치며 불나방처럼 뛰어들기에는 암호화폐는 일반인들이 상상하는 것 이상으로 위험한 시장일 수 있다. 발 없는 말이 천 리를 간다면 암호화폐로 돈 벌었다는 말은 만 리를 간다. 실패담보다 성공담이 더 크게 메아리친다. 그런데 어찌된 영문인지 소문난 잔치에 먹을 게 없다고 돈을 벌었다는 소문만 무성할 뿐 진짜 수익을 보여주는 사람이 주변에 많지 않다. 고위험 고수익 투자로서 투자자들은 암호화폐 투자를 균형 있게 바라봐야 한다. 다른 사람의 성공담에 눈이 멀어 학자금이나 대출금, 전세자금을 빼서 투자하는 도박은 하지 말기 바란다. 100% 확신한다 해도 블랙스완이 출몰할 수 있다. 잃는다면 깨끗이 잊어버릴 수 있는 수준의 밑천을 가지고 시작하는 게 바람직하다. 위험 부담이 큰 상품을 즐기는 투자자라도 암호화폐 만큼은 적은 금액으로 먼저 거래를 시작하고 수익을 볼 만한 것만 투자하는 게 좋다. 일단 투자에 익숙해진 다음 다양한 코인들에 대해 공부하고 그 미래 가치와 전망을 이해한 다음 투자의 파이를 키워도 늦지 않다.

"반드시 빚투는 피해야 한다"

암호화폐는 규제가 없고 매일 새로운 코인들이 탄생하기 때문에 어떤 기능과 유형의 암호화폐에 투자할지 선택할 때 각별한 주의가 필요하다. 투자에 진입하기 전에 해당 암호화폐의 백서를 꼼꼼히 살피고 개발자와 재단이 개발 이전에 어떤 이력을 갖고 있는지, 개발의 경험은 풍부한지, 그들의 프로젝트가 너무 허황되지는 않은지, 무엇보다 그들의 홈페이지가 제대로 갖추어져 있는지 매의 눈을 갖고 들여다봐야 한다. 당국의 규제에 발목이 묶이거나 프로젝트가 도중에 공중 분해되지 않는 안정적이고 신뢰할 만한 플랫폼을 찾아 투자해야 한다.

투자 핵심 암호화폐 종류

주식투자든 암호화폐 투자든 사실 모든 투자는 동일한 원칙을 갖고 있다. 계란을 한 바구니에 담지 마라. 분산투자하라. 가치투자, 장기 투자를 지향하라. 가능한 많은 파이프라인을 건설하라. 목마르기 전에 우물을 파라. 센티멘털보다 펀더멘털에 집중하라. 결국 암호화폐도 주식과 마찬가지로 자산상품이기 때문에 앞서 언급했던 사항들이 그대로 적용될 수 있다. 이번 장에서는 이런 공통된 방정식은 제외하고 암호화폐 투자만이 가진 속성과 각 암호화폐의 특징에 대해 설명할 것이다. 다음은 필자가 투자를 진행하면서 기술 분석을 통해 자산가치를 인정한 암호화폐들이다. 초보 투자자라면 다음의 코인들부터 조금씩 매수해보는 것도 좋을 것이다.*

* 암호화폐에 대한 추천이 아니며 투자의 책임은 투자자 본인에게 귀속됨을 알려드린다.

주요 암호화폐 종류

코인 종류	용도 (응용분야)	시총 (조)	최저가 (원)	최고가 (원)	매수가/매도가
비트코인 (BTC)	전자화폐, 거래수단 자산가치, 디지털금	1,100	1,300만	8,300만	최저가기준 매수/ 최고가기준 매도
이더리움 (ETH)	분산플랫폼서비스 세계적 마케팅망	580	45만	570만	〃
리플 (XRP)	실시간 결재시스템	53	300	2,400	〃
카르다노 (ADA)	분산플랫폼서비스 이더리움 경쟁 코인	61	160	3,000	〃
이오스 (EOS)	분산플랫폼서비스 이더리움 단점 보완	4	3,000	18,000	〃
폴카닷 (DOT)	분산플랫폼서비스 이더리움 경쟁 코인	38	5,600	61,000	〃
체인링크 (LINK)	디파이 코인, 블록 연결용	13	5,000	64,000	〃
퀀텀 (QTUM)	분산플랫폼서비스	1	2,580	42,700	〃
코스모스 (ATOM)	인터레져 이종간 중계BC	8	9,000	54,000	〃

1) 비트코인(BTC)

블록체인 기술이 활용된 디지털 전자화폐 중 실제로 유통된 세계 최초의 암호화폐로 꼽힌다. 오늘날 이더리움, 리플과 함께 암호화폐 3대장으로 불리며 그중에서 전 세계 암호화폐 시총과 거래량을 견인하는 대표 주자다. 세계에서 통용되는 기축통화에 달러가 있다면 암호화폐 시장에는 단연 비트코인이 있다. 블록 생성 주기는 10분이고, 총 발행량은 2,100만 개로 고정되어 있다. 시가총액은 단연 1위다.

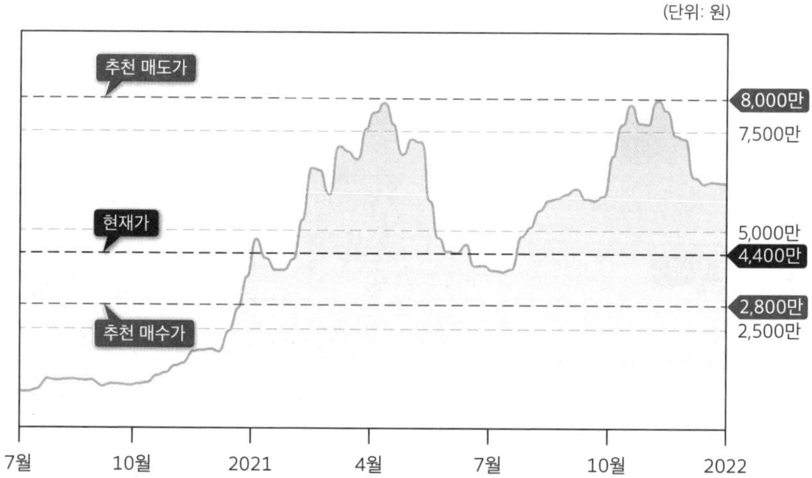

2) 이더리움(ETH)

비트코인이 블록체인1.0이라면 이더리움은 블록체인 2.0으로 불린다. 비트코인과 함께 암호화폐 시총을 동반 견인하는 대표 암호화폐로 비트코인이 '디지털 금'이라면 이더리움은 '암호화폐의 인터넷'이라고 불리며 알트코인들의 디앱 플랫폼으로 쓰이며 암호화폐의 생태계 역할을 한다. 이더리움의 가장 큰 장점은 스마트 계약이다. Defi를 포함한 다양한 서비스들이 이더리움 블록체인 위에서 구동되면서 서비스 운영에 필요한 이더리움 수요가 증가하고 있다.

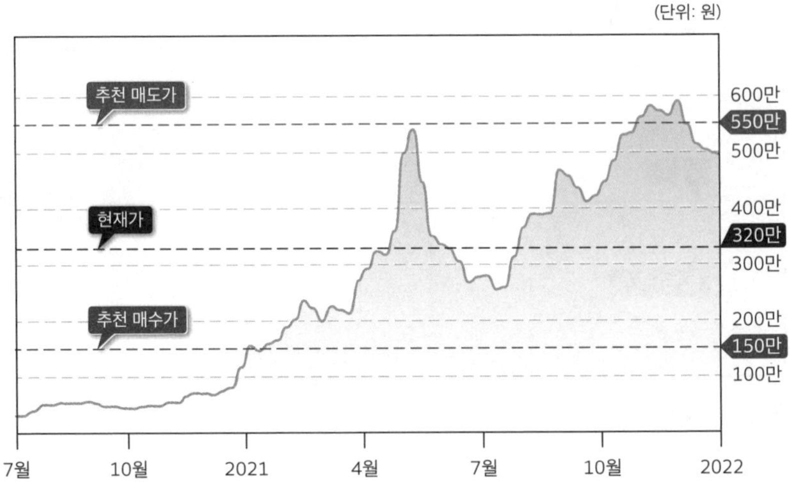

3) 리플(XRP)

리플은 금융 거래에 특화된 기능으로 송금과 결제, 청산 등에서 편리함과 효율성을 구현하며 SBI, 아메리칸 익스프레스 등 약 40개국 300여 개 금융기관과 파트너십을 맺고 있다. 채굴 없이 프로토콜에 따라 총 1,000억 개가 일괄 생성되었으며, 더 이상 코인이 발행되지 않도록 설계되어 있다. 때문에 시간이 지나면서 리플의 희소성이 증가하여 가격이 상승될 것으로 예상된다. 비트코인이나 이더리움에 비해 가격 상승폭이 크지 않다는 특징이 있다.

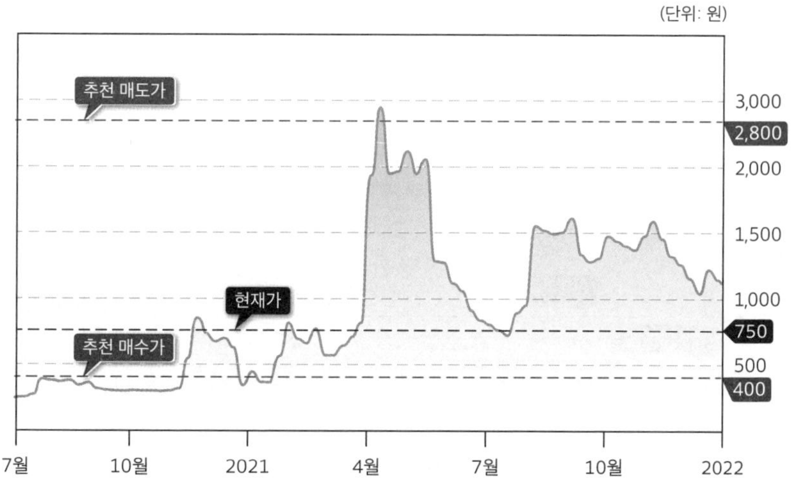

4) 카르다노(ADA)

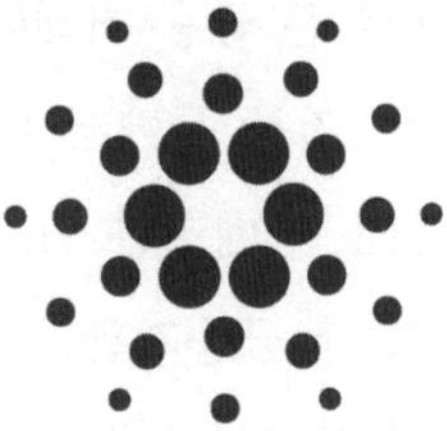

비트코인 핵심 개발진이자 전 이더리움재단의 CEO였던 찰스 호스킨슨이 개발한 암호화폐 플랫폼이다. 지분증명의 문제점을 극복하고자 채굴 없이 지분에 랜덤성을 추가한 우로보로스 지분증명 방식을 채택했다. 하드포크 없이 오직 소프트포크를 통해서만 업그레이드를 할 수 있으며, 효율성과 확장성을 염두에 두고 설계된 에이다 에코 시스템은 지금까지 구축된 어떤 암호화폐보다 완전하고 유용한 암호화폐 프로젝트라고 평가받는다.

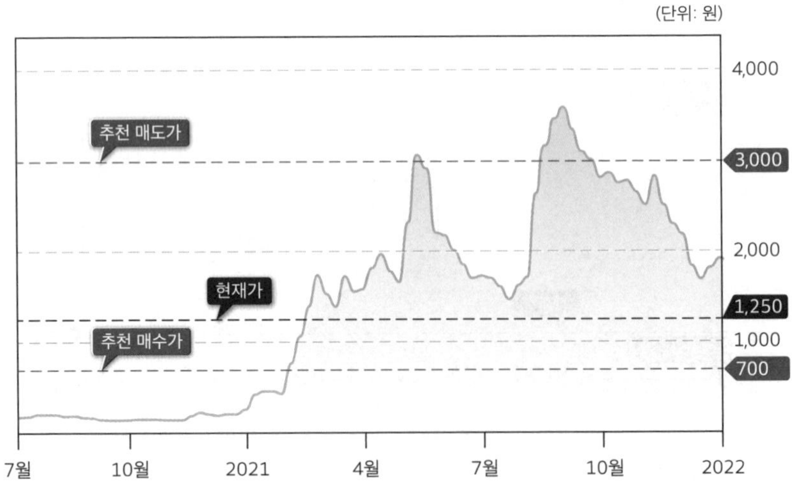

5) 이오스(EOS)

위임지분증명 방식을 사용하는 제3세대 암호화폐로 스마트 계약 등을 웹브라우저에서 빠르게 실행할 수 있어 '이더리움의 킬러 코인'으로 불린다. 이오스는 의료 정보 플랫폼, 카페 네트워크, 교육 플랫폼, DAO 등 분산 플랫폼에 응용되는 암호화폐로서 수수료가 저렴하고 처리 속도가 빠르기 때문에 각광을 받고 있다. 수수료를 지불하지 않고 개발자가 비용을 지불하는 사용자 친화적 정책을 쓰고 있어 투자자들 사이에 인기가 높은 편이다.

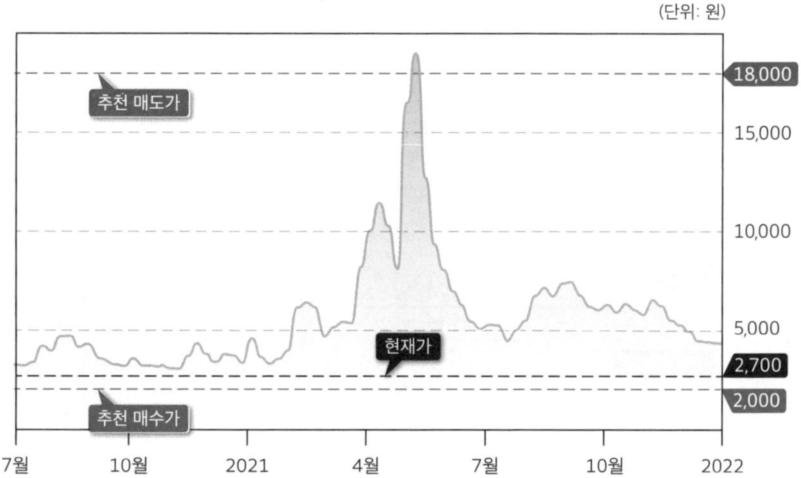

6) 폴카닷(DOT)

이더리움 공동창업자들이 개발한 인터체인 암호화폐로 개별 암호화폐를 연결하는 기능으로 주목받았다. 자체 블록체인 위에서 구동되었던 암호화폐들이 서로 호환되지 않았던 문제를 극복하고 블록체인들을 서로 연결시켜 확장성과 보안성을 향상시켰다. 네트워크를 통한 거버넌스와 스테이킹, 본딩이라는 세 가지 목적을 달성한다. 생태계가 크고 안전성이 높아 상대적 경쟁 우위에 있다.

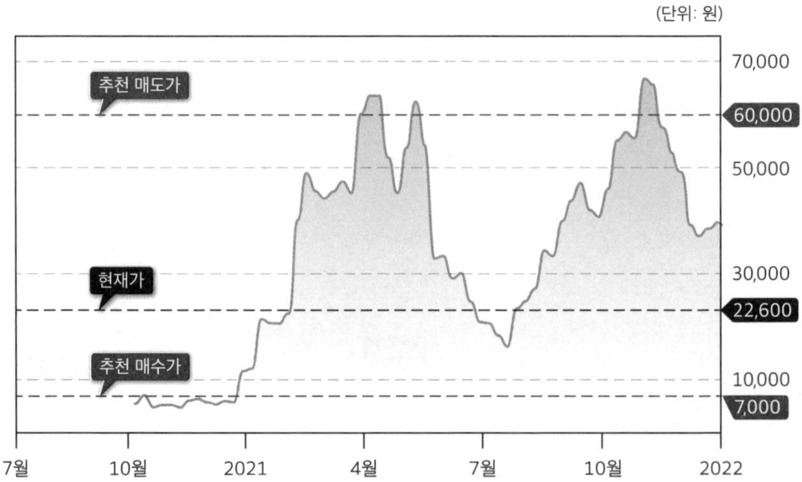

7) 체인링크(LINK)

블록체인의 스마트 계약을 블록체인 외부의 데이터, 결제, API 등에 연결하기 위해 사용하는 블록체인 미들웨어 플랫폼이자 암호화폐다. 체인링크의 핵심 기술적 목적은 온체인과 오프체인, 이 두 환경을 연결하는 것이다. 작업증명 방식을 채택하고 있으며 10억 개가 일괄 발행되었다. 체인링크는 전 세계 수많은 은행들의 연합체인 국제은행간통신협정(SWIFT)과 사업적 제휴 관계를 맺고 있어 각국의 은행 간 지급, 송금업무 및 데이터 교환을 할 수 있다.

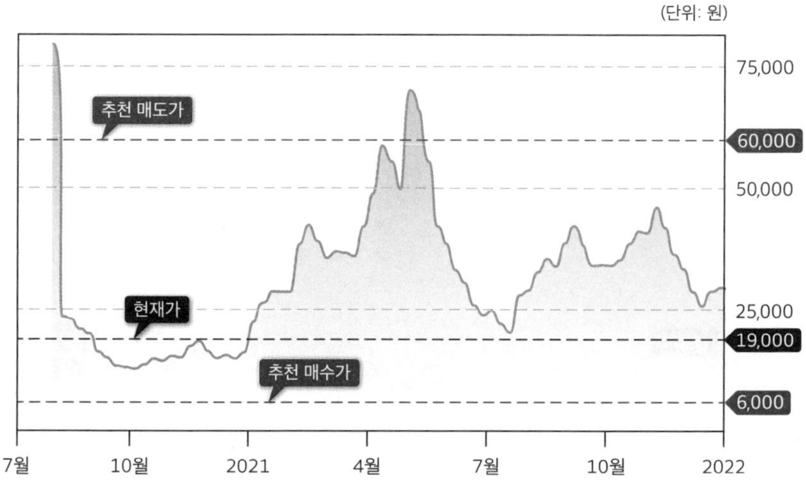

8) 퀀텀(QTUM)

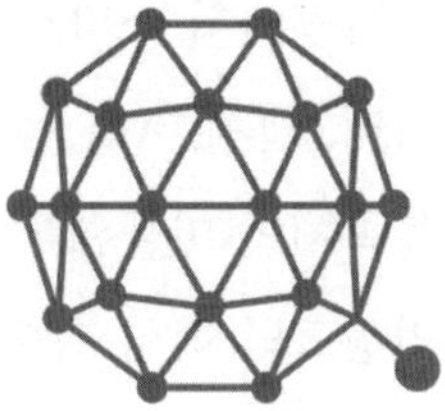

'중국의 이더리움'으로 불리며 비즈니스 친화적인 블록체인을 추구하는 퍼블릭 블록체인으로서 지분합의증명 방식을 채택하여 비트코인의 보안성과 이더리움의 확장성을 동시에 지닌 차세대 하이브리드 블록체인으로 평가받고 있다. 특히 비트코인의 느린 처리 속도를 보완하여 빠른 전송속도를 보장하고, 이더리움의 스마트 계약 기능까지 추가하여 다양한 디앱 적용이 가능한 플랫폼이다. 세계 최초로 암호화폐 인공위성을 발사하여 큰 관심을 받기도 했다.

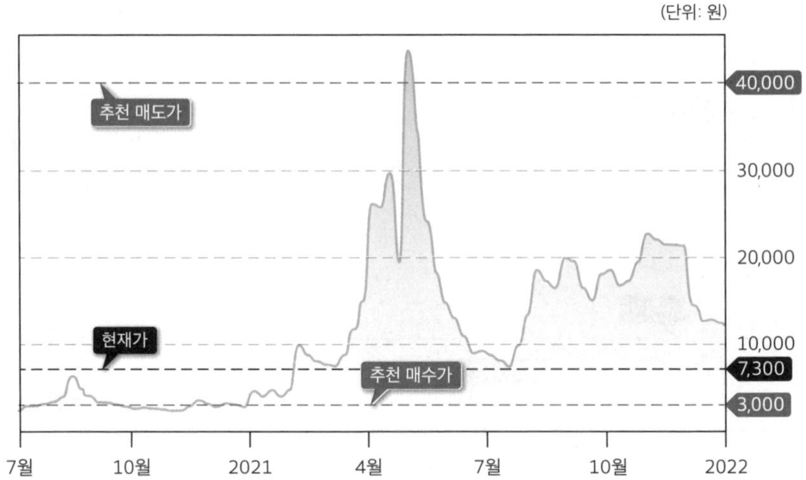

9) 코스모스(ATOM)

개별 블록체인들을 연결하는 인터체인 암호화폐로 한국계 미국인인 권용재가 개발했다. '허브'와 '존'이라는 두 종류의 블록체인을 가진 모듈형 구조로 되어 있다. 네트워크 내 거래 수수료를 지불하기 위해 아톰 코인을 발행했다. 2019년 2월 19일 한국의 암호화폐 거래소인 코인원이 전 세계 처음으로 코스모스체인의 아톰을 상장했다. 유사 프로젝트인 폴카닷과 시장에서 경쟁자 관계에 있다.

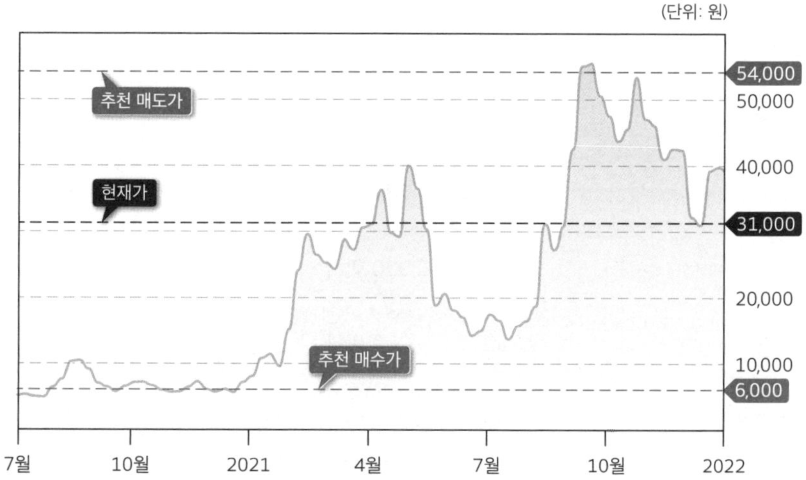

상위 9개의 암호화폐는 기술 분석과 시장 가치를 감안하여 필자가 고른 유망한 코인들이다. 필자는 위 코인들을 대부분 보유한 적이 있으며 적절한 매수와 매도를 통해 상당한 수익을 거두었다. 이 책을 집필하는 현재는 모두 현금화했고 리플만 보유하고 있는 상태다. 초보 투자자들은 우선 이더리움을 투자 1순위로 놓고 매수를 진행하면 좋고, 비트코인과 카르다노(에이다)를 2순위로 진입하면 안전하다. 자세한 투자 시점은 암호화폐 시장 사이클과 차트를 보고 판단

주요 암호화폐의 추천 매수가와 매도가

코인 종류	현재가(원)	미래 추천 매수가(원)	미래 추천 매도가(원)	미래 가치 (매수추천순위)
비트코인(BTC)	44,000,000	2,800만 이하	8,000만 이상	2
이더리움(ETH)	3,200,000	150만 이하	550만 이상	1
리플(XRP)	750	400 이하	2,800 이상	4
카르다노(ADA)	1,250	700 이하	3,000 이상	3
이오스(EOS)	2,700	2,000 이하	18,000 이상	5
폴카닷(DOT)	22,600	7,000 이하	60,000 이상	4
체인링크(LINK)	19,000	6,000 이하	60,000 이상	4
퀀텀(QTUM)	7,300	3,000 이하	40,000 이상	4
코스모스(ATOM)	31,000	6,000 이하	54,000 이상	4

하면 좋다.

초보자들을 위한 코인 투자 방법과 절차를 간단히 정리하면 다음과 같다.

암호화폐 투자를 처음 시작하려는 코인이들을 위한 가이드

1. 구글 검색기 크롬으로 인터넷에 접속한다.
2. 제일 먼저 국내 코인거래소 업비트와 빗썸, 코인원, 코빗 등 암호화폐 거래 사이트에 접속하여 회원가입을 진행한다.
3. 회원 가입 후, 인증 레벨에 따라 이메일, 휴대전화, 입출금계좌, 주소 등을 인증한다. 입출금계좌가 없는 경우에 해당 은행에 가서 미리 개설하는 게 좋다. 입금과 출금은 인증 통해 등록된 계좌로만 가능하다.
4. 위 3번을 진행하는 과정에서 거래소에서 발행하는 가상계좌를 부여받게 된다.
5. 부여 받은 가상계좌로 현금을 입금한다. 자유롭게 입출금하려면 인터넷뱅킹을 미리 신청해두어야 한다.
6. 계좌에 돈을 입금한 다음, 거래소 사이트에서 자기 자산에 원화가 들어가 있는지 확인하고 투자를 고려하는 코인을 구매한다.
7. 매수할 때는 시세를 고려하여 호가 신청을 하고 예약을 걸어놓으면 자동적으로 거래가 완료된다.
8. 시가총액 기준 초우량 상위 코인으로 비트코인(BTC), 이더리움(ETH), 리플(XRP), 카르다노(ADA), 이오스(EOS), 폴카닷(DOT), 체인링크(LINK) 중 성장 가능성이 가장 높은 이더리움을 저가에 매수한다.

8
불멸의 투자 마인드

"어떤 사람들은 자신이 장기투자자라고 생각하지만 시장이 폭락하거나 조금만 오르면 그 시점에 단기투자자로 돌변하여 손절하거나 푼돈을 조금 챙기고 주식을 모두 팔아버린다. 이처럼 투자라는 변덕스러운 사업에서는 공포에 빠지기 쉽다."

- 피터 린치 -

"아는 것에 투자하라."는 말로 대표되는 전설적인 투자가 피터 린치는 펀드매니저로 출발해 마젤란펀드를 세계 최고의 펀드사로 만든 인물이다. 그는 전쟁이 끝나기 1년 전인 1944년 미국에서 출생해 펜실베이니아대학 와튼스쿨 경영전문대학원을 졸업한 이후 25세라는 젊은 나이에 월가에 입성했다. 1977년 약 2천만 달러에 불과했던 마젤란펀드를 1990년 140억 달러로 키워 연평균 수익률 30%를 달성했다. 같은 시기 S&P의 연평균 수익률이 15% 수준이었던 점을 감안하면 거의 2배에 달하는 수준이었다. 린치의 투자는 생활 속에서 아이디어를 발견한 것으로 유명하다. 아내와 딸이 백화점에 가서 쇼핑을 하는 걸 따라다니면서 잘 팔리는 상품을 눈여겨보고 거기에 투자해 큰 수익을 거둔 일화는 오늘날도 투자자들 사이에서 전설처

일상에서 투자 아이디어를 끌어냈던 전설적인 투자자 피터 린치
출처: google.com

럼 회자되고 있다.

특히 버핏에게 코카콜라가 있었다면 린치에게는 던킨도너츠가 있었다. 그는 어느 날 아침 수많은 직장인들이 너나할 것 없이 커피에 도너츠를 먹는 장면을 포착하고 큰 깨달음을 얻었다. 평소 도너츠 같이 달달한 디저트를 좋아하지 않았던 린치는 그때까지 주변 사람들이 그렇게 도너츠를 많이 먹는 줄 전혀 눈치 채지 못했다. 그러면서 그는 매일 아침 미국에서 소비되는 엄청난 양의 도너츠에 관심을 갖기 시작했다. 이후 철저한 기업 분석을 거친 후 당시 최고의 도너츠회사였던 던킨도너츠 투자에 나섰다. 이후 결과는 여러분들이 더 잘고 있을 것이다. 린치가 펀드매니저로 성공하는 데 던킨도너츠의 매출이 절대적인 도움이 되었고, 한 매스컴과의 인터뷰에서 "내가

마젤란펀드를 성공적으로 이끌 수 있었던 가장 큰 원동력은 바로 던킨도너츠 투자에 성공했기 때문"이라 밝혔다.

그뿐 아니었다. 우연히 맛본 부리또 맛에 빠져 투자한 멕시코 레스토랑 타코벨 역시 던킨도너츠처럼 그가 일상에서 관찰과 경험으로 건져 올린 투자 상품이었다. 이처럼 린치는 일상에서 투자 아이디어를 발견하는 걸로 유명했다. 위대한 투자란 도너츠 하나도 허투루 넘기지 않고 맹렬히 연구하는 가운데 얻어진다. 이번 장에서는 투자의 원칙과 마인드를 점검하고 이를 어떻게 흔들리지 않는 신념으로 만들 것인지에 대해 살펴보도록 하자.

투자는 멘털이 전부다

버핏은 이렇게 말했다. "평범한 지능을 갖고 있다면 무엇보다 조바심을 조절할 수 있어야 한다. 조바심 때문에 많은 투자자들이 문제에 부딪힌다." 평범한 지능을 가진 대부분의 투자자는 이성보다는 감정에 휘둘리며 좋은 뉴스 혹 나쁜 뉴스 한 편에 희비쌍곡선을 오간다. 자신이 투자한 해당 주가가 오르면 천국을 맛보는 것처럼 행복해하다가도 그 주가가 떨어지면 금세 지옥으로 곤두박질치는 것 같은 경험을 한다. 금리가 오른다는 소식이라도 들리는 날에는 벌써 손이 부들부들 떨리며 휴대폰의 MTS를 켜고 매도 버튼을 누르는 자신을 발견한다. 그렇게 하루에도 몇 번씩 롤러코스터를 타고 상승과 하락을 오가며 인생의 희로애락을 느끼다가 장이 마감하고 나서야 비로소 현실로 복귀한다. 대체 우리는 왜 이럴까?

버핏은 주식투자에서 가장 중요한 지혜가 감정을 다스리는 것에서 나온다고 말했다.
출처: google.com

사실 주식이든 암호화폐든 가장 중요한 투자 비결은 바로 이 멘털mental을 바로 잡는 데 있다. 소위 '정신줄을 잘 잡는 것'이야말로 성공적인 투자의 모든 것인 셈이다. 앙드레 코스톨라니는 주식시장의 90%는 심리학이 지배한다며 정신줄을 놓고 있는 투자자들에게 이런 엽기적인 제안을 하기도 했다. "일단 우량주 몇 종목을 산 다음, 수면제를 먹고 몇 년 동안 푹 자라. 깨어나면 자신이 부자가 되어 있는 걸 발견하게 될 것이다." 하루에도 수백 번은 주식창을 들여다보는 자신을 통제하기 위해 휴대폰에 증권사 거래앱들을 모조리 지워버렸다는 사람도 본 적이 있다. 24시간 돌아가는 암호화폐 거래소앱 때문에 일에 집중할 수 없다며 앱에 락을 걸었다는 지인도 있다. 그렇게 해서라도 스스로를 다잡을 수 있다면 자기 딴에는 처절한 결단을 내린 셈이다. 주식뿐 아니라 모든 투자의 비책은 현명한 결정을 내리는 게 아닌 멍청한 결정을 내리지 않는 것에 있다. 덜 어리석은 사람들이 성공하는 곳이 투자시장이다. "카드놀이를 잘하려면 상대편의 생각을 알아야 하는 것과 같이, 세상에서 일어나는 일들과 경제 사건들을 바보들이 어떻게 분석하는지를 듣고 배우는 것도 중요하다. 투자자는 자기가 똑똑해서 이익을 얻기보다는 다른 사람들의 어리석음으로부터 더 많은 이익을 올릴 수 있다."*

"정신줄을 잡는 게 투자의 핵심이다"

냉철한 감정을 유지하고 시장의 지표를 이성적으로 해석할 수 있는 투자자라면 훨씬 성공적인 투자를 할 수 있을 것이다. 뜬금없는 공포나 이유 없는 과신, 억측 수준의 선입견, 확증편향과 판단보류 등 투자를 실패로 몰아넣는 심리적 장애물은 우리 예상보다 훨씬 거대하다. 사실 투자에 대한 정보는 넘쳐난다. TV나 유튜브, 블로그나 증권사 홈페이지를 보면 그날의 증시와 주가 예측, 산업 동향, 투자 전망들이 쏟아진다. 각종 SNS를 통해 해외 증시와 관련된 피드를 하루에도 몇 차례나 받아볼 수 있다. 문자나 DM으로 리딩방에서 보낸 정보가 한 꾸러미에 이른다. 과유불급이다. 정보가 너무 많아서 선택장애에 빠진다. '대체 어떤 주식을 사라는 거지?' 정보를 따라가다 보면 어느새 정보에 매몰되어 옴짝달싹 하지 못하는 자신을 발견하게 된다. 그 과정에서 많은 투자자들이 가장 중요한 마음을 놓친다.

* 앙드레 코스톨라니, 『투자는 심리게임이다』, 정진상 역, 미래의창, 232.

평정심을 잃고는 실기와 착각, 과욕과 오판, 불신과 미망에 빠진다. 정작 투자에서 중요한 것은 **정보**information가 아니라 **정서**emotion일지 모른다. 제어되지 않고 욕심과 조급함으로 가득 찬 정서는 그간 주워 담았던 가치 있는 정보들을 한낱 소용없는 휴지조각처럼 만들어 버린다.

1) 확증편향

인도의 15세 소년 아비냐 아난드는 예언가로 알려져 있다. 중학교 중퇴라는 보잘것없는 학력과 아무런 배경도 없는 이 소년이 사람들의 주목을 받기 시작한 것은 2019년부터였다. 아난드는 2019년 코로나 사태가 터지기 3달 전에 전 세계를 휩쓸고 지나갈 전염병이 도래할 것과 그로 인해 가장 큰 피해를 입을 국가가 중국이 될 것이라는 예언이 적중하면서 명성을 얻기 시작했다. 그런 그가 2020년 비트코인이 최고가를 갱신할 것이라는 예언을 다시 적중시키며 암호화폐 투자자들 사이에서 뜨거운 관심을 받기에 이르렀다. 그런데 이후 그의 입을 통해 나오는 예언들은 암호화폐 투자자들을 실망시키기에 충분했다. 아난드는 2022년 초 주식시장이 전반적으로 암울할 것이며 암호화폐는 거품이 꺼지며 급락할 것이기 때문에 금과 은에 투자하는 게 더 안정적일 것이라고 예언했기 때문이다. 또한 2022년 1월부터 5월까지 아시아와 유럽 여러 국가들에 홍수 등 자연재해가 잇달아 일어날 것이며 그로 인해 많은 사람들이 실종되거나 죽을 것이라고 예언했다.

흥미로운 건 아난드의 이런 예언을 믿고 진짜 투자했던 암호화폐를 매도하는 이들이 생겨났다는 사실이다. 비트코인 가격이 다시 폭락하면 저점에서 다시 매수를 진행할 것이라는 투자자가 필자 주변에도 있을 정도다. 하지만 이런 예언을 가장한 이야기들은 소위 하루에 두 번은 맞는다는 '**고장 난 시계 이론**broken clock theory'과 다를 바 없다. 역사적으로 예언가를 자처한 수많은 사람들이 나타났지만 확증편향만 심어주고 사라져 버렸다. 아난드 역시 마찬가지다. 그의 수많은 예언들 중에 우연히 맞은 예언들만 기억할 뿐 빗나간 예언들은 대수롭지 않게 여긴다. 그는 일찍이 2020년 미국과 이란, 인도, 파키스탄이 참전한 3차 세계대전이 발발할 것이라고 예언했으며 2021년 2월 전례 없던 경제 위기가 전 세계를 집어삼킬 것이라고 주장했으나 보기 좋게 빗나갔다. 우리가 알다시피 세계대전은 그 비슷한 것조차 일어나지 않았으며 세계를 집어삼킬 듯한 경제 위기도 없었다.

투자에서는 근거 없는 불신, 끝도 없는 의심도 나쁘지만, 밑도 끝도 없는 그릇된 자기확신만큼 위험한 건 따로 없다. "지금까지 난 언제나 운이 좋았어." "주식은 파도야. 내려갈 때가 있으면 올라갈 때가 있지." 더 무서운 확증편향은 "이제까지 떨어졌으니 이제는 오를 때가 되었다."는 마인드다. 주가는 누구도 예측할 수 없다. 예측할 수 있다는 확신이야말로 확증편향이며 지금까지 기가 막히게 타이밍을 맞췄다는 건 일종의 사후정당화다. 심리학에서는 이를 확증편향이라고 한다. **확증편향**confirmative bias은 자신의 신념과 일치하는 정보는 받아들이고 신념과 일치하지 않는 정보는 무시하는 경향으로 일종의 인지부조화 상태를 제거하고 일관성을 지키기 위해 뇌가 자동적으로 벌이는 자기방어다. 확증편향에 빠져들면 자신이 옳고 주변은 모두 틀렸다는 착각에 빠지게 된다. 투자자가 갖는 긍정적인 신념과 확증편향은 전혀 다르다. 확고한 신념은 철저히 학습된 경험과 투자 습관에서 생성되는 청수清水요 정수精髓다. 반면 확증편향은 미숙한 경험과 오해, 그릇된 불안감과 비뚤어진 자아관이 갖는 자기방어다.

2) 손실혐오

많은 사람들이 주식시장에서 두려움과 신중함을 구별하지 못한다. 정확한 타이밍에 매수와 매도를 단행하지 못하는 것을 두려워서가 아니라 자신이 신중하기 때문이라고 자위한다. 그러나 정작 자신의 발목을 잡고 있는 건 투자금을 잃을 것에 대한 두려움이다. 사실 세상에서 두려움이 없는 사람이란 없다. 그것도 상당한 금액을 투자하고 있는 상황이라면 하루 하루가 간이 떨릴 것이다. '이것마저 잃는다면 나에겐 남은 게 하나도 없구나.' 사람이라면 누구나 손실을 회피하려는 본능을 갖는다. 이를 심리학자들은 손실혐오라고 부른다. **손실혐오**loss aversion는 앞으로 얻을 이익보다 앞으로 잃을 손실을 더 크게 여기는 사고방식이다. 손실혐오에 관한 유명한 실험이 있다. 미국의 경제심리학자 대니얼 카너먼은 전망이론을 설명하면서 이런 실험 결과를 제시한다. 예를 들어, 1억 원의 손실이 확정된 A안과 2억 원의 손실 가능성이 55%, 손실을 전혀 입지 않을 가능성이 45%인 B안이 있다면, 다수가 B안을 선택한다고 한다. 사실 따져보면 B안의 예상 손실은 1억 1,000만 원에 달하기 때문에 누가 보더라도 A안을 선택하는 게 합리적일 것 같지만, 많은 사람들이 2억 원의 손실이 날 가능성을 너무 크게 느낀 나머지 대신 B안을 선택하는 실수를 저지른다는 것이다.

실험을 하나 해보자. 다음 두 질문을 읽고 A와 B 중에서 어떤 걸 선택할지 각자 선택해보자.

질문 1
A: 100만 원을 무조건 받는다.
B: 절반의 확률로 200만 원을 받는다.

질문 2
A: 100만 원을 무조건 잃는다.
B: 절반의 확률로 200만 원을 잃는다.

〔질문 1〕에서는 대부분이 A번 100만 원을 받는 쪽을 택한다. 반면 〔질문 2〕는 한결같이 B번 200만 원을 잃는 쪽을 고른다. 사실 위 두 질문은 A나 B나 동일한 기댓값을 가지고 있다. 하지만 사람들은 마치 짜기라도 한 것처럼 전혀 다른 선택을 한다. 왜 그럴까? 밑바탕에는 손해를 보지 않겠다는 손실혐오가 자리하고 있다. 〔질문 1〕에서는 200만 원을 받을 수 있다는 가능성보다 확실하게 100만 원이라도 받겠다는 정서가 작동한다. 반면 〔질문 2〕에서는 100% 잃을 상황보다는 아예 안 잃을 수 있는 가능성으로 움직이려고 한다. 둘 다 100만 원을 잃을지 모른다는 손실혐오가 우리의 결정에 영향

을 주었고 이익을 최대화하려는 쪽보다는 손실을 최소화하려는 쪽으로 나아가도록 추동했다.

손실에 대한 두려움을 극복하지 못하면 주식투자에서 좋은 성과를 얻을 수 없다. 주식은 본래 변동성이 심한 위험자산이기 때문에 하루에도 수십 번 오르내리는 주가의 흐름에 한 번 정신을 빼앗기면 대번 손실혐오의 오류를 범하고 만다. 냉철하게 말해서, 수익에 대한 욕심이든 손실에 대한 혐오든 모든 실수는 자신이 주가를 예측할 수 있다는 착각에서 비롯한 것이다. 일부 사람들은 차트에 일정한 상승과 하락의 원리가 숨어 있고 이를 관찰로 알아낼 수 있다고 주장한다. 보통 주식창을 여러 개 띄워놓고 '단봉'이니 '쌍봉'이니 각종 규칙과 데이터를 수집하는 차티스트chartist들이 여기에 속한다. 이를 두고 버핏은 내년 오늘의 일기예보를 알아맞히려는 것과 같다고 비판했다. 과거 차트의 흐름에서 원리를 찾으려는 노력은 뒷궁리에 불과하다. 아무리 과거 차트의 흐름을 줄줄이 꿰고 있어도 당장 내일 개장과 함께 주가가 어떻게 될지 맞출 수 있는 전문가는 없다.

3) 공돈효과

옷장 정리를 하다가 코트 안주머니에서 5만 원짜리 지폐를 발견하거나 길을 가다가 우연히 공돈을 줍게 되면 사람들은 그 돈을 보통 쓸데없는 것을 사는 데 허비한다. 그 돈을 획득하려고 노력하거나 시간과 노동을 들인 적이 없는, 애초에 없던 돈이니 단순 유흥이나 오락거리를 구매하는 데 써버리는 것이다. 이스라엘의 경제학자 마이

클 랜즈버거는 이러한 심리를 **공돈 효과**House-money effect라고 정의했다. 예기치 않은 공돈이 수중에 들어왔을 때 사람들은 더 의미 있거나 계획적인 방향으로 돈을 투자하지 않고 즉흥적인 감정으로 써버린다는 것이다. 미국 워싱턴주립대 존 노프싱어 교수는 동전 던지기 실험에서 돈을 잃은 사람은 41%만이 다시 배팅을 한 반면 돈을 딴 사람은 77%가 다시 배팅에 참여했다고 한다. 공돈을 얻은 사람은 손실혐오나 위험 기피의 성향이 낮아진다는 사실을 보여주는 사례다. 노프싱어는 보통 수중에 있는 돈은 어디에 쓸지 용처를 미리 생각하는 반면 공짜로 얻은 돈은 그러한 심리적 회계를 제대로 거치지 않는다고 주장했다. 흔히 한 달 간 땀 흘려 번 알바비는 피 같은 돈이지만 신년에 부모님에게 받은 새뱃돈은 하늘에서 떨어진 공돈처럼 느껴지는 것과 같은 이치다.

이런 공돈효과가 실제로 주식투자에서도 투자자에게 상당한 손실을 준다는 사실을 밝혀낸 학자는 미국 코넬대 리처드 탈러 교수다. 탈러 교수는 피실험자를 두 집단으로 나누고 A집단에 일정액의 돈을 나눠주고 도박에 참여할지 의견을 물었고, B집단에는 먼저 도박에 참여하면 A집단에 지급했던 것과 동일한 금액을 베팅시켜주겠다고 제안했다. 쉽게 말해, A집단은 돈을 먼저 주고 도박 참여의 선택권을 주었다면, B집단에게는 도박 참여의 선택권을 먼저 주고 그 여하에 따라 돈을 나중에 주겠다고 한 것이다. 결과는 첨예하게 갈렸다. A집단은 돈을 받고 70%가 바로 도박에 참여하겠다고 한 반면, B집단은 43%만 도박에 참여하겠노라고 답했다. 사실 A집단이든 B집단이든 결과는 조삼모사처럼 동일했다. 하지만 사람들은 자신의 수중에 들어온 공돈을 위험에 더 배당하는 경향을 보였다. 실현되지 않은 수입에 대해서는 신중한 경향을 보였던 것과 묘한 대조를 이뤘다.

한탕 긁어모은 도박꾼들이 전보다 더 많은 돈을 배팅하는 것처럼, 투자자들 역시 한 종목에서 큰 수익을 거두고 난 다음에 리스크가 더 큰 종목으로 그 수익을 옮기는 성향을 보였다. '이 돈은 원래 나에게 없던 돈이었으니 날리는 셈치고 좀 더 과감히 투자하자.'는 의식에 사로잡히는 것이다. 앞서 말한 손실효과와 정반대의 결과가 벌어진다. 종잣돈이 내 돈이라고 생각했을 때에는 그토록 신중하게 따지고 체크하던 사람도 일정한 수익이 발생하면 점점 신중함보다 과감함이 커진다. 결국 그렇게 애써 번 돈을 너무 쉽게 날리고 만다. 외투 주머니에서 5만 원을 발견하고는 공돈이 생겼다고 좋아해선 안 된다. 원래 자기 돈인데 잊고 있었던 것뿐이다. 사실 인플레이션을 감안하면 오히려 손해에 가깝다. 주머니 속에서 고이 잠자고 있는 동안 그 돈에는 이자가 붙지 않았기 때문이다. 투자 수익 역시 마찬가지다. 수익은 운 좋게 생긴 공짜돈이 아니라 원금이 열일을 해서 가져다 준 보상이다.

투자에 있어 탐욕과 두려움만큼 무서운 적은 없다. 그래서 주식창을 열어보기 전에 자신의 심리를 잘 들여다보고 수양과 명상을 먼저 해야 한다. 결국 투자는 멘털 게임이기 때문이다.

성공 투자의 신념화 7단계

부의 로드맵은 이제 마지막 단계까지 왔다. 투자의 마중물이 깊은 자본의 암반 속에서 지속가능한 수익의 생수를 끌어올리고 나면 투자의 습관화는 비로소 신념화로 이어진다. 신념은 아무나 가질 수 있는 능력이 아니다. 신념은 지독한 만난萬難과 고독한 승부를 극복하고 운마저 기운을 잃은 절체절명의 순간에도 당당히 죽음의 골짜기를 건넌 투자자들이 승리의 전리품을 갖는 트로피다. 습관이 제2의 천성이 되어 내 몸과 정신 속에 하나처럼 무르익을 때 투자에 대한 신념이 가슴 한 구석에서 한 올씩 싹트기 시작한다. 잘 모르고 무식한 사람이 신념을 가질 때 자신은 비극을, 세상은 재앙을 경험한다. 반면 경험과 철학이 동반된 신념은 무질서를 극복하고 몰이해를 돌파하는 데 가장 큰 무기가 된다. 그래서 철강왕 카네기는 "자신의 생활과 행동을 그 위에 쌓아올리지 않은 신념은 아무런 값어치도 없다."고 못 박았다.

투자야말로 신념이 필요한 정신의 세계다. 신념은 숫자와 돈을 다루는 물리계를 넘어 사상과 이념을 다루는 정신계로 넘어가는 데 반드시 거쳐야 하는 관문이다. 투자의 신념화 과정은 다음과 같은 단계로 이루어진다. 필자가 지금까지 실제 경험을 통해 내재화한 투자정신의 신념화 과정은 다음과 같은 단계로 이루어진다. 이는 건강과 교육, 재정 분야에도 적용 가능하다.

투자의 신념화 7단계

1 긍정적 사고	자기암시를 통한 긍정적 사고로 삶을 재구성하는 단계
2 목표 설정	달성하고 싶은 인생의 목표와 투자의 목표를 설정하는 단계
3 행동과 실천	목표에 맞게 계획을 세우고 행동과 실천으로 이행하는 단계
4 단기 성취	작은 포스트를 정복하며 자신감을 얻고 초기 목표를 성취하는 단계
5 중간 성취	중간 포스트를 정복하며 확신을 얻고 중간 목표를 성취하는 단계
6 장기 성취	장기 포스트를 정복하며 신념을 얻고 장기 목표를 성취하는 단계
7 꿈 실현	투자 신념의 완결, 경제적 꿈 실현, 재정의 자유를 달성하는 단계

① 첫 번째는 자기암시를 통한 긍정적 사고의 장착이다. 부자는 태어나는 게 아니라 만들어지는 것이다. 성공으로 나아가는 길은 끊임없는 자기암시와 긍정적 사고로 점철되어 있다. 2016년 브라질 리우데자네이루 올림픽에서 “할 수 있다.”를 외치며 대한민국에 금메달을 선사한 펜싱 에페 종목의 박상영 선수가 암담했던 패배의 그림자를 마주하고도 주눅 들지 않을 수 있었던 건 끊임없는 자기암시

덕분이었다고 한다. 일이 계획했던 것대로 술술 잘 풀릴 때보다 인생의 먹구름이 앞길을 가릴 때 도리어 **자기암시**self-suggestion가 더 필요하다. 나폴레옹 힐은 "자기암시의 원칙을 이용할 줄 아는 능력은 주어진 욕망이 타오르는 집착이 될 때까지 집중할 수 있는 능력에 주로 달려있다."고 말했다.

서든미시시피대학 연구팀은 자기암시와 관련한 흥미로운 실험을 진행했다. 그들은 피실험자들을 A와 B집단으로 나누고 동일하게 아나그램anagram이라고 하는 단어변형조합 문제를 푸는 과제를 냈다. 예를 들어 when, cause, itch 등의 간단한 단어가 제시되면 이를 가지고 10분 뒤에 hewn, sauce, chit과 같은 어려운 단어들을 만드는 일이었다. 단 A집단의 피실험자들에게는 과제를 시작하기 전에 '할 수 있다I can.'라는 문장을 선언적으로 외치도록 했고, B집단에게는 '할 수 있을까Can I?'라는 질문을 하게 했다. 결과는 흥미로웠다. '할 수 있다.'는 선언적 문장을 외친 A집단은 '할 수 있을까?'라는 의문문을 외친 B집단보다 과제에 있어 50%나 더 높은 성취동기를 드러냈다. 일련의 연구에 고무된 연구팀은 이번에는 똑같은 실험을 단 한 가지 부분만 바꿔 다시 진행했다. 과제 이전에 해당 문장을 각기 외치게 했던 저번 실험과 달리, 이번에는 문장들을 종이 위에 쓰게 했다. 동일한 명제를 종이 위에 쓰게 했더니 A집단과 B집단의 차이는 80%로 더 벌어졌다. 자기암시가 생각에 머무르지 않고 실제 행동으로 표출될 때 더 강력한 힘을 발휘한다는 사실이 간단한 실험으로 밝혀진 셈이다.

“행동으로 표출된 자기암시는
강력한 힘을 발휘한다”

② 두 번째는 미래에 자신이 목표로 하는 정상에 우뚝 설 것이라는 자기암시를 구체적으로 실현하기 위해 목표를 설정하는 단계다. 이 단계에서 꿈을 이루기 위한 목표를 설정하며 그 목표를 달성하기 위한 세부적 계획을 수립한다. 목표는 삶의 중요한 자산이다. 멍청한 사람은 24시간이라는 하루의 시간을 자산이라고 생각하지 않는다. 그들에게는 오직 수중의 돈만이 자신의 자산을 구성한다고 믿는다. 반면 현명한 사람은 시간을 돈으로 환산할 수 있는 능력을 갖고 있다. 그래서 그들은 부채도 시간이 추가되면 자신의 자산이 될 수 있다고 믿는다. 반면 뛰어난 사람은 이 모든 것들에 더해서 인생의 꿈과 목표도 자산이라는 사실을 잘 알고 있다. 목표 설정은 보이지 않는 것을 보이는 것으로 바꾸는 마법이다. 『흔들리지 않는 돈의 법칙』을 쓴 작가 토니 로빈스는 “목표 설정이야말로 비가시적인 것을 가시적인 것으로 전환하는 첫 번째 단계”라고 말했다. 그럼 어떻게 목표를 설정할까? 영국의 코칭 전문가이자 『성과 향상을 위한 코칭 리더십』의 저자 존 휘트모어는 목표 설정에 네 가지 필수적인 단계가 필요하다고 조언한다. 그의 네 단계 모델은 각각 목표 설정과 현실 점검, 옵션 확인, 실천 의지로 첫 머리글자를 따서 그로우GROW로 알려져 있다.

GROW: 목표 설정의 방법

Goal	목표 설정의 단계 "나는 투자를 통해 3년 뒤 (　　　　)를 만들겠다."
Reality	현실 점검의 단계 "지금 나는 투자를 하기에 (　　　　)이 필요하다."
Options	옵션 확인의 단계 "목표를 이루는 데 현재 내가 (　　　　)를 활용할 수 있다."
Will	실천 의지의 단계 "목표를 이루기 위해 나는 (　　　　)을 할 것이다."

③ 세 번째는 자신이 수립한 계획을 철저히 실천하여 작은 것부터 하나씩 이루어나가는 것이다. 목표에 따라 실제로 투자를 연습하고 경제 원리들을 공부한다. 2부에서 설명한 주식과 펀드, 암호화폐의 기본 지식들을 습득하고 부지런히 익히는 것이 바로 이 단계다. 이 과정에서 더 필요한 부분이 있다면 도움을 받을 수 있는 멘토를 찾아나선다. 멘토는 내가 부족하기 때문에 필요한 존재가 아니다. 반대로 내가 부족해지기 위해서 멘토가 필요하다. 이게 무슨 말이냐면 혼자 공부한 사람이 스스로 볼 수 없는 사각지대를 멘토를 통해 확인하며 자신의 부족과 한계를 절감하는 것이다. 라로쉬푸크는 "큰 결점을 갖는다는 오직 위대한 사람만의 특권"이라고 말했다. 모든 영웅은 자신만의 결점, 즉 하마르티아hamartia를 갖고 있었다. 그 하마

르티아를 이용하여 운명의 반전, 즉 페리페테이아peripeteia를 가져온 인물만이 영웅으로 대접을 받았다. 거울을 들여다보면서 자신의 얼굴에 묻은 검댕을 발견하고, 멘토를 만나면서 비로소 자신의 결점을 알게 된다.

"투자의 멘토를 찾아나서라"

④ 네 번째는 실천 과정에서 작은 포스트를 성취하며 단기 목표를 이루는 단계다. 작은 일들이 하나씩 이루어지면서 잃었던 자신감이 하나씩 싹트고 더 큰 도전정신이 뇌를 지배하게 된다. 백만 원에서 3천만 원 사이의 투자 수익은 다시 새로운 도전의 불쏘시개가 되어 더 큰 규모의 포트폴리오를 짤 수 있게 힘을 준다. 지속적인 투자는 자신이 설정해둔 여러 개의 포스트post들을 하나씩 정복해가면서 탄력을 받는다. 이렇게 작은 포스트들이 하나씩 달성되면서 중간 목표가 이뤄지게 되고, 급기야 자신의 중기 목표(5~10년 단위)가 하나 가시권에 들어오게 된다. 중기 목표로는 천만 원에서 1억 정도가 적당하다.

⑤ 다섯 번째는 작은 성취를 넘어 중기 목표를 이루는 단계다. 이 단계에서는 더 높은 포스트를 정복하며 투자가 본 궤도에 오르게 된다. 투자의 철학이 정립되며 점차 투자에 자신감이 생긴다. 주변의 말들에 휘둘리지 않게 되며 자신의 판단에 각종 부정적인 감정들로 오염되지 않은 확신을 갖게 된다. 감정의 절제가 명민한 판단력을 주며 투자의 신념화가 강화된다. 중기 목표가 달성되면서 장기 목표(10~30년)가 가시권에 들어오게 된다. 장기 목표로는 1억에서 10억

정도가 적당하다.

⑥ 여섯 번째는 중기 목표를 넘어 장기 목표를 이루는 단계다. 이 단계에서는 장기적인 재정의 안정을 이루며 투자에 차가운 신념을 확보하는 단계다. 재정적 성공을 이룬 투자자는 장기 목표 너머를 꿈꾼다. 바로 자아실현과 나눔의 단계다. 이를 전체적인 도표로 나타내면 다음과 같다.

초기, 중기, 장기 목표와 그 구성

구분	돈이 적은 사람 일반인의 경우	돈이 있는 사람 중산층 이상의 경우
초기 목표	100만 원~1,000만 원	1,000만 원~1억 원
중기 목표	1,000만 원~1억 원	1억 원~10억 원
장기 목표	1억 원~10억 원	10억 원~100억 원

⑦ 마지막 일곱 번째 단계는 진정한 성취를 통해 자신의 꿈을 실현하고 투자의 신념이 확고히 자리 잡는 단계다. 이때 자신이 수립한 계획 중에 있는 작은 일이 10개가 이루어지고, 중간 수준 일이 3개가 이루어지며, 큰일이 하나 이루어지게 된다. 투자금도 덩달아 불어나면서 1억에서 10억 단위의 수익을 거두게 된다. 이렇게 작은 일부터 큰일까지 순차적으로 성공을 여러 번 반복하면, 절대 바뀌지 않는 투자 철학과 흔들림 없는 굳은 신념이 머릿속에 자연적으로 자리

잡게 된다. 이를 투자의 신념화라고 한다.

이 투자의 신념화는 필자가 경제 활동과 투자 경험을 통해 얻은 소중한 정신적 가치이다. 필자는 대학교 교수로 봉직하면서 우연한 기회에 2002년부터 펀드투자를 시작했다. 처음엔 원금을 잃지 말아야 한다는 생각에 안정적인 투자를 진행했고 2009년까지 7년간 주식형 적립식 펀드에 월 250만 원에서 350만 원씩 정기적으로 넣었다. 처음엔 딱 5년만 하자는 생각이었다. 당시에는 투자의 신념화가 다져지고 있는 과정이었기 때문에 '내가 지금 가고 있는 이 길이 맞는가?'라는 끊임없는 질문을 스스로에게 던져야 했다. 중간에 목돈이 들어가야 할 일이 있어서 여러 번 고비도 있었고 더 좋은 투자처가 있다며 필자에게 다른 플랜을 제시하는 지인도 있었지만, 끝까지 목표대로 진행했다. 그렇게 목표보다 2년을 더 진행해서 7년 후 약 4억 5천만 원으로 불릴 수 있었다. 원금은 2억 원 정도였고, 수익률은 125%쯤 되었던 것 같다. 당시 이 부분이 ④번째 단계쯤이었던 것 같다.

물론 만족스러운 투자였지만 필자는 배가 고팠다. 그래서 투자의 궤도를 수정하기로 마음먹었다. 2008년에는 펀드에 있던 자금을 모두 빼서 주식투자로 갈아탔다. 처음에는 주식을 잘 몰랐기 때문에 여러 책들도 참고하고 투자를 먼저 진행했던 분들의 도움도 받아가면서 종목을 선정했다. 필자는 집에 아무 것도 기대할 게 없는 전형적인 흙수저 출신이었기 때문에 아무리 수익이 좋다 하더라도 원금을 날리는 위험한 투자는 할 수 없었다. 그만큼 원금을 지키는 처절한 투자를 진행한 셈이다. 당시 국내 주식 코스피와 코스닥에 상장된 우량한 종목들을 고루 투자할 때만 해도 최소한 10년 정도는 보유하고 있자는 심정이었다. 그렇게 2021년 현재까지 국내 주식을 갖고 있으며 거기서 평균 70% 정도 수익을 거두었다. 2020년에는 투자 범위를 넓혀 미국 나스닥에도 진출했다. 애플과 마이크로소프트, 구글(알파벳) 등에 투자하여 60%의 수익률을 올렸고, 이 주식들 역시 지금도 보유하고 있다. 개인적으로 여기까지 ⑤번째 단계에 도달한 셈이다.

주식을 하면서도 필자는 위험이 있더라도 좀 더 수익이 높은 투자처를 꾸준히 찾았고 2015년 국내 최고의 암호화폐 전문가를 만나며 암호화폐 투자에 눈을 뜨게 되었다. 당시만 하더라도 암호화폐는 막 시장이 형성되는 시기였고, 누구도 미래를 장담할 수 없었다. 하지만 필자는 암호화폐와 블록체인 기술을 전문적으로 연구하면서 이 분야는 절대 사라지지 않고 앞으로 주식보다 더 유망한 시장이 될 것이라는 확신을 얻게 되었다. 이때부터 비트코인과 이더리움에 투자를 하기 시작했다. 목표를 수정한 셈이나 ⑥번째 단계에 도달한 셈이다. 현재까지 비트코인(20%), 이더리움(70%), 리플(5%), 이더리움클래식(3%), 에이다(2%) 등에 투자를 진행하여 약 900% 이상의 수익률을 올렸다. 2021년 1월부터 5월 사이에 리플을 제외한 모든 암호화폐를 매도했으며, 저가 매수를 위해 지금은 단기 금융상품에 묻어두고 있다. 필자가 목표로 하는 추후 매수가는 비트코인의 경우에 3천만 원 이하, 이더리움은 150만 원 이하, 리플은 500원 이하, 에이다는 800원 이하를 염두에 두고 있다. 이렇게 본인은 ⑦번째 단계를 향해 순항 중이다. 부의 로드맵에서 투자의 신념화는 투자의 자신감을 얻고 실질적으로 눈에 보이는 수익을 거둬들이는 매우 중요한 단계라 할 수 있다.

투자의 화룡점정

투자는 멘털 게임이다. 미국인들은 '풍문으로 들었다'는 표현을 흔히 '포도송이에서 들었다hear through the grapevines'고 말한다. 포도송이처럼 소문이 소문을 낳고, 루머가 루머를 낳으면서 하나의 이야기에 여러 개의 말들이 주렁주렁 달려 있기 때문이다. 투자자는 시장의 루머를 견딜 수 있는 힘이 있어야 한다. 신념이 소문과 루머를 넘을 수 없을 만큼 허약하다면 다시 기본으로 돌아가서 신념을 길러야 한다. 필자는 그간 투자를 진행하며 주변의 몰이해와 질시, 부정적 평가와 억측에 시달려왔다. 그중에서 가장 큰 공격 중에 하나는 확증되지 않은 소문을 가지고 필자를 설득하는 이들로부터 왔다. 사회학자 고든 올포트와 레오 포스트먼은 루머를 연구하며 다음과 같은 수식을 만들었다.

$$R \propto I \times a$$

여기서 R은 루머rumor를 의미하고 I는 중요성importance, a는 모호성ambiguity의 정도를 의미한다. 즉 세상의 모든 루머는 당사자에게 중요할수록, 그리고 내용이 모호할수록 정비례한다는 것이다. 이를 올포트는 **오류적 진실 효과**illusory truth effect라고 불렀다. 자신에게 중요하지 않은 루머는 퍼지지 않는다. 게다가 뉴스나 신문기사처럼 명확한 소식도 루머로 기능을 하지 못한다. 소문은 전달 내용이 자신에게 중요할수록, 그리고 상황과 내용이 불확실할수록 그 강도가 더 강해진다. 투자도 마찬가지다. 투자자들을 현혹하는 온갖 루머와 소문들이 수집되고 유포되는 곳이 바로 증권가다. 필자 역시 찌라시를 받아 보았고 무슨 무슨 주식이 오를 거라는 둥, 무슨 무슨 기업이 실적이 나빠질 거라는 둥 소문들을 많이 들었다. 하지만 투자의 신념화가 이루어진 투자자는 루머에 휘둘리거나 소문에 결정을 번복하지 않는다. 어떻게 이런 일이 가능할까?

리처드 니스벳과 에드워드 존스는 1971년 **행위자-관찰자 편향** actor-observer bias을 발표했다. 자신의 행동에 대한 원인을 찾을 때, 행위자는 자신의 행동을 스스로 볼 수 없기 때문에 주로 외적인 요인에 주목하는 성향이 강하지만, 타인의 행동에 대한 원인을 찾을 때는 관찰자이기 때문에 그 사람 자체에 주목하게 된다는 것이다. 우린 이런 현상을 일상에서 얼마든지 경험한다. 바둑을 직접 두는 사람보다 훈수 두는 사람이 패를 더 잘 보는 이유가 여기에 해당할 것이다. 이를 입증하는 실험도 행해졌다. 거울 없이 공부하게 했을 때는 외부적인 요인 때문에 공부를 한다고 답했던 아이들에게 자신이 공부하는 모습을 거울로 보면서 공부하게 하자, 자신이 공부를 좋아하기 때문에 공부를 한다고 답했다는 것이다.

투자 신념화는 자신을 객관화하여 관찰자의 입장, 제3자의 입장이 되어 평가할 수 있는 안목을 갖는 것이다. 보통 우리는 자신을 객관적 실체로 보는 데 실패한다. 평소 자신에게는 매우 너그럽고 남에게 매우 엄격한 것도 다 그런 이유다. 그러나 자신의 모습을 비디오로 촬영하고 이를 다시 돌려보면 자신이 남들에게 어떻게 비춰지는지 간접적으로 체험할 수 있다. 투자도 마찬가지다. 남들이 투자를 어떻게 하는지는 잘 보여도 내가 투자하는 나를 돌아보는 건 쉽지 않다. 궁극적인 성취는 자기객관화가 이루어진 철두철미한 신념의 투자자가 이룰 수 있다.

투자의 신념화를 통해 이룬 최종 성취는 매슬로우의 욕구 피라미드에서 자아실현의 단계에 해당한다. 인생에서 절정경험을 하는 것이다. 필자는 일찍이 『퓨쳐드림』에서 이 과정을 설명했다. 필자가 2002년부터 약 19년간 펀드와 주식, 암호화폐에 장기 투자하여 얻은 성과를 돌아보면 그냥 운이나 단순한 의욕으로 수익의 사다리를 오르지 않았다는 것이 명확해진다. 작은 성공이 투자에 자신감을 주었고 7년 간 주식형 펀드에 투자한 수익을 갖고 국내 코스피와 코스닥에 진출할 수 있었다. 이 과정에서 필자의 자신감은 확신으로 바뀌었으며, 미국 나스닥과 QQQ에도 투자를 이어갈 수 있었다. 확신은 점차 굵은 덩어리를 이루어 신념으로 자라났고 2015년부터 비트코인과 이더리움, 리플 등 시총 상위 10위에 오른 암호화폐에 투자하여 평균 1,100%의 수익률을 달성할 수 있었다.

필자의 경험을 비추어 보면, 성공 투자의 비결은 루머를 극복하고 자신감과 확신을 투자 신념으로 만들어낸 투자 원칙이라고 감히 말하고 싶다. 필자는 2018년 1월~2월에 찾아온 암호화폐 시장의 폭발적인 상승기에서 주저하다가 좋은 매도 기회를 놓치고 말았다. 암호화폐 투자는 처음 가는 길이라 당시 시장을 잘못 읽은 이유도 있었지만, 무엇보다 신념을 들여다볼 수 있는 자기객관화가 완전히 이루어지지 못한 탓도 있었다. 이후 여러분도 알다시피 3년이라는 기나긴 암흑기를 오직 차가운 신념을 비장의 무기 삼아 견딜 수밖에 없었다. 개인적으로 이더리움을 가장 높은 비율로 보유하고 있었는데, 2020년 10만 원 선까지 떨어진 적도 있었다. 철두철미한 신념이 없었더라면 아마 필자도 그 혹독한 시간을 견디지 못했을 것이다. 필자 주변의 모든 투자자들 중에 그 기간 동안 시장에 실망하여 암호화폐를 처분하지 않은 사람이 없었다. 오로지 필자만 그 투자의 빙하기를 견디어 냈다. 그 결과 2021년 봄 다시 한 번 암호화폐가 비약적인 그래프를 그리며 폭등했고, 필자가 설정한 목표치에 도달한 날 차례로 처분하여 백만장자라는 1차 목표를 달성할 수 있었다. 이제 필자는 전 인생을 통하여 얻은 냉철하고 차돌 같은 신념을 바탕으로 2025년 억만장자의 꿈에 접근하기 위해 준비하고 있다. 주식시장과 암호화폐 시장의 거대한 매수 사이클을 다시 한 번 타기 위해 신념을 가지고 기다리고 있다. 이 기회에 여러분들을 초대하고자 한다.

나가는 글

일상의 모든 게 투자입니다. 대학교 졸업장을 따기 위해 시간과 돈을 들이는 것도, 친한 친구나 사랑하는 연인과 시간을 보내는 것도, 자녀에게 학원비다 등록금이다 넣어주는 것도, 이렇게 몇 개월의 시간을 들여 책을 쓰는 것도 모두 투자입니다. 사람들은 무의식중에 투자에서 어느 정도 수익을 올릴 수 있는지 계산합니다. 즉 본전 의식이 작동하는 겁니다. 단순히 경제적인 상황뿐 아니라 우리가 소위 이해관계가 없는 인간관계라고 치부하는 상황에도 알게 모르게 본전 의식을 갖고 있습니다. 그래서 지난 해 생일선물로 지인에게 10만 원 넘는 상품권을 선물했는데 올해 그로부터 고작 5만 원 문화상품권으로 돌려받으면 말은 못해도 '내가 그간 얼마나 해줬는데 어떻게 나한테 이럴 수 있어?'라고 섭섭해 합니다. 밤새 그의 인생 푸념을 들어주고 술잔을 기울여줬는데 정작 내가 힘들어 전화를 하면 바쁘다고 못 나간다고 거절하는 친구에게 "야, 그동안 내가 너한테 투자한 시간이 얼만데."라며 쏘아붙입니다. 투자에서 수익을 거두고 싶은 속셈이 나쁜 건 아닙니다. 어쩌면 돈이 아닌 시간 같은 무형의 자산에 손실이 발생한 것을 민감하게 생각하는 것이 더 바람직할지도 모릅니다. 다만 시간을 바라보는 관점이 사람마다 다르다는 데에서 문제가 발생하는 겁니다.

투자를 불안하게 생각하도록 만드는 건 여러 가지 요인이 있습니다. 대표적인 것이 손실혐오입니다. 누구나 더 가지는 건 몰라도 가진 걸 빼앗기는 건 극도로 싫어하는 성향을 가지고 있습니다. '손에 있는 새 한 마리가 숲에 있는 새 두 마리보다 낫다.'는 속담이 이런 인간의 심리를 표현한 말입니다. 지극히 인간적인 불안감이 모든 방식의 투자에 스며들어 있습니다. 주식시장에서는 이런 정서적 요소들을 보통 퍼드FUD라고 부릅니다. 공포fear와 불확실성uncertainty, 의심doubt의 약자인 퍼드는 감정이 지배하는 주식시장의 현실을 정확하게 보여주는 단어입니다. 그래서 사람들은 불확실한 영역에서 확실성을 얻고자 다양한 지표들을 만들어 냈습니다. 하지만 시장을 예측하려고 들어선 안 됩니다. 시장은 예측을 불허하는 무대입니다. 존 케네스 갤브레이스는 "경제 예측의 기능은 점성술을 그럴듯하게 보이도록 하는 것이다."라고 말했습니다. 귀신도 모르는 게 주식이라는 말입니다. 지금 당장 유튜브를 켜면, 내일의 주식시황을 전망하는 무수한 채널들이 쏟아집니다. TV며 신문이며 짧게는 내일 길게는 이번 주 전망을 내놓지 않는 매체를 찾기 힘들 정도입니다. 그러나 우린 알고 있습니다. 그 모든 예측과 전망이 그대로 일치하지 않는다는 사실을.

인간관계든 주식투자든 투자를 하는 여러분들에게 마지막으로 당부하고 싶은 조언은 이런 불확실성에서 오는 불안감을 극복해야 한다는 겁니다. 작은 씨앗과 같던 불안감은 어느새 눈덩이처럼 불어나 정신을 온통 지배합니다. 무서운 건 하락장이 아니라 무너지는 자신의 신념입니다. 세계적인 투자자들이 투자를 마인드 게임이라고 하는 이유가 바로 여기에 있습니다. 각종 뉴스나 주식 전망이 아니라, 투자의 신념화를 통하여 여러분들을 지킬 수 있도록 해야 합니다. 투자의 세계에 뛰어든 여러분, 그 무엇보다 마음을 지키십시오.

마지막으로 필자의 경험을 바탕으로 제안한 투자 성공의 8단계 원리와 투자 신념화 7단계를 다시 정리하면 다음과 같습니다.

① 본서에 성공적 투자를 위한 부의 로드맵이 있다.

② 부의 로드맵에는 투자 성공의 8단계 원리가 들어 있다.

③ 8단계 원리에서 7단계에 있는 투자 신념화가 가장 중요하다.

④ 투자 신념화 7단계에 필자의 구체적 투자 철학과 비결이 녹아 있다.

⑤ 필자는 흔들림 없는 평정심과 냉철한 투자 신념으로 억만장자를 꿈꾸고 있다.

폴 그라이스는 일찍이 대화의 격률conversational maxims을 제시하며 대화가 네 가지의 격률에 의해 이뤄진다고 주장했습니다. 그가 말한 대화의 격률에는 양의 격률과 질의 격률, 관계의 격률, 방식의 격률이 있는데, 이 네 가지 격률을 지킬 때 비로소 온전한 대화가 가능하다고 말했습니다. 양의 격률은 대화를 할 때 상대에게 필요한 정보를 충분하게 제공해야 한다는 것이고, 질의 격률은 소문이나 거짓이 아닌 진실한 정보만 제공해야 한다는 것이며, 관계의 격률은 상대방에게 의미 있고 관계가 있는 정보를 제공해야 한다는 것이며, 방법의 격률은 정보를 말할 때 모호하거나 애매하게 전달하지 말고 명료하고 간결하게 제시해야 한다는 것입니다. 책도 저자와 독자 사이의 대화라고 한다면, 이러한 네 가지 격률을 지킨 책이 양서라고 할 수 있을 것입니다. 최선을 다했지만 필자가 이러한 격률을 충실히 지키면서 책을 썼는지 모르겠습니다. 아무쪼록 여러분들에게 의미 있고 충실한 정보들이 잘 전달되었기를 바랍니다.

여러분 모두 부의 로드맵을 따라 재정적 자유에 도달하시기 바랍니다. 감사합니다.